Eliot Higgins

DIGITALE JÄGER

Ein Insiderbericht aus dem Recherchenetzwerk Bellingcat

Übersetzung aus dem Englischen
von Wolfgang Seidel

QUADRIGA

Dieser Titel ist auch als Hörbuch und E-Book erschienen

FSC
www.fsc.org
MIX
Papier aus verantwortungsvollen Quellen
FSC® C014496

Titel der englischen Originalausgabe:
»We Are Bellingcat: An Intelligence Agency for the People«

Textredaktion: Ulrike Strerath-Bolz
Umschlaggestaltung: ZERO Werbeagentur, München
Einband-/Umschlagmotiv: © ibrandify gallery / shutterstock.com;
Liu zishan / shutterstock.com
Satz: Dörlemann Satz, Lemförde
Gesetzt aus der Adobe Caslon
Druck und Einband: GGP Media GmbH, Pößneck

Printed in Germany
ISBN 978-3-86995-106-5

2 4 5 3 1

Sie finden uns im Internet unter quadriga-verlag.de
Bitte beachten Sie auch: lesejury.de

EINFÜHRUNG

Hastig eilten Minister und hohe Staatsbeamte zu einem unterirdischen Konferenzsaal mitten im Regierungsviertel von London. Es ging um die aktuelle COBRA-Attacke: Offenbar hatte es auf englischem Territorium einen Chemiewaffenangriff auf bestimmte Personen gegeben. Es sah nach einem Mordversuch mit einem Nervengift aus. Die Betroffenen, Vater und Tochter Skripal, befanden sich im Krankenhaus, wo sie beatmet und mit hohen Dosen von Atropin behandelt wurden. Sie waren sediert und wurden von bewaffneten Einsatzkräften streng bewacht. Großbritannien musste auf diesen Angriff angemessen reagieren. Man vermutete, dass der Kreml diesen Mordangriff in Auftrag gegeben hatte. Eines der beiden Opfer, der Vater, war früher Oberst des russischen Militärgeheimdienstes gewesen. Am 4. März 2018 hatte man ihn und seine Tochter in bewusstlosem Zustand zusammengesunken auf einer Parkbank im idyllischen südenglischen Städtchen Salisbury gefunden. Beide waren bereits dem Tode nahe. Moskau stritt jegliche Verwicklung in den Vorfall ab.

»Mit sehr ernsten Gesichtern und Pathos in der Stimme verkünden unsere englischen Kollegen, dass sie Russland eine Lektion erteilen würden, die es niemals vergessen würde, falls sich herausstellen sollte, dass unser Land tatsächlich hinter dieser Tat steckt«, sagte der russische Außenminister Sergej Lawrow. »Das halten wir für sehr unehrlich. Das ist reine Propaganda. Damit wird lediglich Hysterie angefacht.«

Indes war der Kreml bereits früher in ähnliche Rachegiftmorde an »Abtrünnigen« involviert. Am bekanntesten war der Fall von Alexander Litwinenko, ebenfalls ein ehemaliger russischer Geheimdienstoffizier, der zu den Briten übergelaufen war und sich mit ätzender Kritik am russischen Präsidenten Putin hervortat. Am 1. November hatte sich Litwinenko mit zwei früheren KGB-Agenten im *Millennium Hotel* in London getroffen. Bereits am gleichen Abend wurde er krank. Innerhalb weniger Wochen war er tot. Todesursache war Kontakt mit radioaktivem Polonium 210.

Zufällig befindet sich die maßgebliche Forschungseinrichtung des britischen Verteidigungsministeriums, die sich mit der Analyse von Kampfgiften und Chemiewaffen aller Art beschäftigt, Porton Down, ganz in der Nähe von Salisbury. Deren Experten analysierten umgehend Blutproben des sechsundsechzig Jahre alten Sergej Skripal und seiner dreiunddreißigjährigen Tochter Julia, um herauszufinden, was den beiden zugestoßen war. Die Resultate lauteten wie folgt: Es handelte sich um Nowitschok A234, ein Nervengift, das in den Siebziger- und Achtzigerjahren in der Sowjetunion entwickelt worden ist; damals war Wladimir Putin noch ein einfacher Geheimdienstoffizier beim KGB. Bereits ein kleiner Auftrag dieses Gifts auf der Haut kann zum Verlust des Sehvermögens – in Verbindung mit massiven Atembeschwerden, ständigem Erbrechen und Krämpfen – und schließlich zum Tod führen. Inzwischen hatten technische Spezialisten der britischen Nachrichtendienste herausgefunden, dass die Russen Telefonate und Nachrichten zwischen Skripal und seiner Tochter abgehört hatten. Die Tochter stand im Begriff, zu einer zweiwöchigen Urlaubsreise nach England aufzubrechen, wo sie ihren Vater besuchen wollte. So hatten die Russen den Aufenthaltsort ihres Vaters in England aufgespürt.

»Entweder handelt es sich um einen bewusst herbeigeführten Angriff auf unser Land«, sagte Premierministerin Theresa May daraufhin im Unterhaus, »oder die russische Regierung hat über ein hochgefährliches, potenziell tödliches Nervengift die Kontrolle verloren, wodurch es in die Hände von Dritten gelangen konnte.« Moskau wurden achtundvierzig Stunden eingeräumt, um zu dem Vorfall Stellung zu nehmen. May fuhr fort: »Falls wir keine glaubwürdige Antwort erhalten, werden wir die Schlussfolgerung ziehen, dass es sich um einen unrechtmäßigen Gewaltakt des russischen Staates gegen das Vereinigte Königreich handelt.«

Über diverse Medienkanäle setzte die russische Regierung Verschwörungstheorien in Form von »Nachrichten« in die Welt, wonach die Skripals angeblich gegen ihren Willen von den Briten festgehalten wurden. Oder wie es sein könne, dass die Opfer nicht zu Tode gekommen seien, wenn es sich doch angeblich um Nervengift für den militärischen Einsatz gehandelt hatte. Das war eine geschickte Behauptung mit einer Zweifachwirkung, indem sie einerseits die britischen Behauptungen in Zweifel zog, andererseits die unterschwellige Drohung beinhaltete, dass der Kreml niemals halbe Sachen machen würde, sondern unfehlbar das erreicht, was er sich vorgenommen hat. Jedenfalls erklärten die Briten dreiundzwanzig russische Diplomaten zu unerwünschten Personen, mit der Begründung, es handele sich in Wahrheit um russische Geheimdienstleute. Einige mit dem Vereinigten Königreich eng verbundene Staaten zeigten ihre Solidarität, indem sie ebenfalls angebliche russische Diplomaten des Landes verwiesen. Das betraf allein in den USA sechzig russische Botschaftsangehörige; dazu verhängten die Amerikaner Exportsanktionen und froren Bankkonten ein. Moskau reagierte darauf, indem es seinerseits viele Diplomaten nach Hause schickte.

Bei Bellingcat haben wir die Vorgänge aufmerksam beobachtet und auf den Moment gewartet, wo wir einhaken können. Auf der ganzen Welt waren unsere Mitarbeiter ständig online. Wir lassen bei der Untersuchung von Kriegsverbrechen nicht locker und hinterfragen im Internet herumschwirrende Desinformationen. Unsere Informationen beruhen auf Hinweisen, die im Netz frei zugänglich sind, sei es in Postings in sozialen Medien, geleakten Datenbanken oder auf frei zugänglichen Satellitenkarten. In einem Zeitalter, in dem so viel Desinformation unterwegs ist wie nie zuvor, erhält man paradoxerweise auch so viel handfeste, nachprüfbare Fakteninformation wie nie zuvor. Bei uns arbeitet eine Kernmannschaft von achtzehn Leuten, die von einer Vielzahl von Freiwilligen in aller Welt unterstützt werden. Unsere Berichte werden von Hunderttausenden von interessierten Nutzern wahrgenommen, dazu gehören auch Regierungsmitarbeiter, einflussreiche Journalisten in allen möglichen Medien und politische Entscheider. Wir haben kein Programm, aber wir haben ein Credo: Es gibt einen Unterschied zwischen Fakten und Faktenbeweisen einerseits und Fake News andererseits, und es gibt Menschen, denen dieser Unterschied wichtig ist.

In den Wochen und Monaten, die folgten, erholten sich die Skripals allmählich. Für Scotland Yard indes war es nicht leicht, den Fall aufzuklären. Sergej Skripals Haus und vor allem die Haustür standen nicht unter Videoüberwachung; sie galt den Ermittlern aber als der wahrscheinlichste Kontaktpunkt der Kontamination mit dem Nervengift. Die Ermittler beugten sich über elftausend Stunden Videomaterial der Überwachungsanlagen aus der näheren Umgebung, werteten Kreditkartenzahlungen und Mobiltelefontracking aus. Während sie damit noch beschäftigt waren, kam es zu weiteren Vergiftungsfällen. Ein drogenabhängiger Mann aus der Gegend von Salisbury hatte beim Durchwühlen von Abfallbehältern einen Flakon Nina Ricci *Premier Jour*-Parfum gefunden und ihn als Geschenk für seine Freundin mitgenommen. Nachdem sie ein wenig davon auf die Handgelenke gesprüht hatte, wurde sie sofort krank. Erst am 8. Juli konnte sie aus der Intensivstation entlassen werden. Bei der Organisation für das Verbot Chemischer Waffen (OVCW) in Den Haag wurde die in dem »Flakon« enthaltene Substanz chemisch analysiert und festgestellt, dass sie Nowitschok enthielt. »Bei diesem Nervengift handelt es sich um eines der seltensten, kaum bekannten chemischen Kampfmittel auf der ganzen Welt. Dass es nun zweimal kurz hintereinander in einem derart begrenzten Gebiet entdeckt wurde, kann kein Zufall sein«, verlautbarte die britische Terrorabwehr. Offensichtlich hatten die Skripal-Attentäter das Glasbehältnis denkbar fahrlässig einfach in einem Müllcontainer »entsorgt«. Der Flakon enthielt noch so viel Flüssigkeit, dass es dazu ausgereicht hätte, Tausende von Menschen umzubringen.

Ein halbes Jahr nach dem Attentat veröffentlichte die Polizei dann endlich Ergebnisse, mit denen wir etwas anfangen konnten: Sie führte Bildmaterial vor, auf dem zwei Russen zu sehen waren, wie sie wenige Tage vor dem Attentat am Flughafen Gatwick, südlich von London, ankamen. Weitere Aufnahmen zeigten, dass sie an mehreren Tagen hintereinander von London aus nach Salisbury in Südengland fuhren und dort das Haus des Überläufers ausspionierten. Die Polizei war nun auf die Hilfe der Bevölkerung angewiesen, um die Verdächtigen anhand von veröffentlichten Fotos identifizieren zu können. Die Männer waren unter den Namen »Alexander Petrow« und »Ruslan Boschirow« eingereist. Scotland Yard hoffte, dass sich jemand an die beiden erinnerte.

Der Kreml tat das auf jeden Fall. »Wir wissen, um wen es sich handelt«, sagte Putin. »Ich kann nur hoffen, dass sie sich bald zu erkennen geben und eine Aussage machen. Das wäre das Beste für alle Beteiligten. An der ganzen Sache ist überhaupt nichts dran, das kann ich Ihnen versichern. Niemand hat eine kriminelle Handlung begangen. Es wird sich bald alles aufklären.«

Wenn der Präsident »bald« sagt, entwickeln sich die Dinge

auch wirklich sehr schnell. Schon am Tag nach seiner Ankündigung, am 13. September, gaben die beiden Verdächtigen ein Interview bei *Russia Today*, dem internationalen Nachrichtensender des Kreml. Auf dem internen Chat-Forum von Bellingcat schwirrten die Kommentare nach dieser überaus verblüffenden Sendung nur so hin und her. Die beiden Männer gaben sich völlig unschuldig als zwei Freunde, die sich kurzentschlossen zu einem Kulturtrip nach England aufgemacht hätten, um die gotische Kathedrale von Salisbury zu besichtigen. »Petrow« starrte feindselig in die Kamera und erweckte den Eindruck, als sei er sehr verärgert, dass man ihn vor die Kamera gezerrt hatte. »Boschirow« wand sich vor Verlegenheit, sein Gesicht glänzte vor Schweiß. Beide versicherten hoch und heilig, keine Mörder zu sein, sondern Inhaber von Fitnessstudios.

RT-Moderator: »Was haben Sie dort gemacht?«

Petrow: »Freunde von uns haben uns schon vor langer Zeit empfohlen, diese wunderschöne Stadt unbedingt zu besuchen.«

Moderator: »Und? Ist Salisbury tatsächlich so eine wunderschöne Stadt?«

Petrow: »In der Tat.«

Moderator: »Und was konkret macht sie so wunderschön?«

Boschirow: »Na, es handelt sich um einen echten Anziehungspunkt für Touristen. Sie haben eine berühmte Kathedrale. Sie ist in ganz Europa bekannt und von daher auch weltberühmt, nehme ich mal an. Ganz bekannt ist ihr 123 Meter hoher, spitzer Vierungsturm. Außerdem ist die Stadt bekannt für ihre Kathedraluhr. Es ist die älteste noch funktionierende Kirchturmuhr der Welt.«

Am Tag vor dem Giftanschlag waren die beiden erstmals nach Salisbury gefahren, und zwar mit dem Zug, was hin und zurück etwa drei Stunden in Anspruch nimmt. In Salisbury hatten sie sich aber nur eine halbe Stunde aufgehalten; angeblich hatte der Schnee die beiden stämmigen Russen vertrieben. Am nächsten Tag fuhren sie wieder hin. Angeblich hatten sie keine Ahnung von Skripal und wussten nicht, wo er wohnt. Dann fragte der Moderator nach dem Parfumflakon.

Boschirow: »Meinen Sie nicht, dass die Vorstellung, zwei gestandene Männer hätten ein Damenparfum im Rucksack, ziemlich albern klingt? Beim Zoll wurden wir gründlich durchsucht. Wenn wir so etwas Auffälliges und Verdächtiges dabeigehabt hätten, hätte man sicher nachgehakt. Weswegen sollte ein normaler Mann ausgerechnet Damenparfum dabeihaben?«

…

Moderator: »Arbeiten Sie für die GRU (den russischen militärischen Abwehrdienst)?«

Petrow (an den Moderator gewandt): »Und Sie? Arbeiten Sie für die?«

Moderator: »Wieso ich? Selbstverständlich nicht. Und Sie?«

Petrow: »Ich selbstverständlich auch nicht.«

Boschirow: »Ich genauso wenig.«

In unserem internen Forum waren wir einhellig der Meinung, dass die beiden lügen. »123 Meter hoher Vierungsturm …« Welcher normale Mensch redet denn so im Jargon eines Wikipedia-Eintrags? Wenn die britischen Ermittler nicht in der Lage waren, die wahren Identitäten der beiden herauszufinden, dann würden wir es tun. Aber die Ausgangslage war sehr dürftig. Es gab nur die Fotos und die Namen der beiden, bei denen es sich mit größter Wahrscheinlichkeit um Decknamen handelte.

Wir knackten den Fall innerhalb weniger Tage.

Durch unsere Skripal-Ermittlungen gerieten wir umgehend weltweit in die Schlagzeilen, allerdings wurden auch Zweifel und Fragen laut. Wie konnte es einem Team von autodidaktischen Internet-Ermittlern gelingen, ein russisches Anschlagsduo zu identifizieren? War so etwas überhaupt denkbar? Was für eine Truppe war denn dieses Bellingcat?

Für die Antwort muss man ungefähr ein Jahrzehnt zurückgehen, in die Anfangsphase von Smartphones und Social Media. Social Media steckten damals noch in Kinderschuhen als Plattform für persönlichen Austausch und private Beziehungen, den Austausch von Meinungen und Fotos. Ohne dass dies zunächst beabsichtigt gewesen wäre, gaben Menschen in einem Ausmaß, wie es in der Geschichte ohne Beispiel war, offenherzige, fast verräterisch tiefe Einblicke in ihr Privateben – in aller Naivität. Wer spielerisch und unschuldig mitmachte, dem war nicht klar, wie viel er von sich preisgab. Doch selbst wer absichtsvoll handelte, machte sich keine rechte Vorstellung.

Zu jener Zeit war ich selbst ein begeisterter Computerfreak wie tausend andere, hatte mit Anfang dreißig einen langweiligen Bürojob und ein großes Interesse an Neuigkeiten und Nachrichten. Eines Tages hatte ich eine Erleuchtung. Bei der Internetsuche konnte man auf Informationen stoßen, die weder in der Presse auftauchten noch irgendwelchen Experten bekannt waren. Ein paar versprengte Leute hier und da hatten wohl ähnliche Wahrnehmungen, und so bildete sich ein Online-Community, die sich mit Nachrichten und Ereignissen befasste, die ihre Spuren auf Youtube, Facebook, Twitter und anderen Plattformen hinterlassen haben. Wir bündelten unsere Kräfte und unser Wissen, brachten uns gegenseitig die neuesten investigativen Tricks und Hacks bei. So entstand allmählich ein neuer Bereich, in dem Journalismus, Bürger- und Menschenrechtsengagement und Verbrechensermittlung eine ganz neue Mixtur bildeten.

Wir konnten den Nachweis erbringen, dass der syrische Diktator Bashar al-Assad chemische Waffen gegen seine eigene

Bevölkerung einsetzte. Wir ermittelten, wer für den Absturz von Flug MH17 in der Ukraine verantwortlich war. Wir machten IS-Unterstützer in Europa ausfindig. Wir identifizierten die Neonazis, die in Charlottesville randalierten. Wir trugen unseren Teil dazu bei, die Flut an Desinformation im Zusammenhang mit Covid-19 einzudämmen. Wir enttarnten ein vom Kreml gesteuertes Killerkommando.

Dieses Betätigungsfeld ist so neu, dass es dafür noch nicht einmal einen Namen, ein griffiges Wort gibt. International am häufigsten verwendet wird das Kürzel OSINT für »Open Source Intelligence« (etwa: Nachrichtendienst aus offenen Quellen). Aber diese Bezeichnung lehnt sich zu nahe an die konventionellen Nachrichtendienste mit ihren klandestinen Praktiken an. So arbeiten wir nicht bei Bellingcat; das entspricht nicht unserem auf Transparenz und Öffentlichkeitsinformation gerichteten Selbstverständnis. Eine bessere Bezeichnung wäre »Online-Recherchen in offenen Quellen«. Allerdings umfasst unsere Tätigkeit weit mehr als einfache Internetrecherche. Wir kämpfen aktiv gegen die kontrafaktischen Kräfte, die unsere Gesellschaften einlullen wollen. Wir beharren auf Beweisen für Behauptungen. Und wir zeigen den normalen Bürgern, wie man missbräuchliches Handeln enthüllt und die Mächtigen zur Verantwortung zieht.

Der Privatermittler Michael Bazzell – ein Guru der Open-Source-Szene – hatte während seiner Arbeit für das FBI mithilfe von Datenbanken nach Kriminellen gefahndet, Datenbanken, die so teuer waren, dass sie für Amateure unerschwinglich sind. »Aber im Rahmen von OSINT kann ich 98 Prozent aller Informationen, die ich benötige, auch so über eine Person herausfinden, ohne dafür etwas bezahlen zu müssen. Deswegen habe ich mich voll auf die Seite der OSINT-Ermittler geschlagen. Mir wurde klar, dass jedermann damit umgehen kann, wenn er will.«

Als General Michael Flynn die Defense Intelligence Agency

DIA, den militärischen Nachrichtendienst der USA, leitete (bevor er sich im Dienst der Trump-Administration lächerlich machte), bemerkte er einmal, dass 90 Prozent der handfesten, verwertbaren Informationen aus geheim ermittelten Informationen stammen. Seit es soziale Medien gibt, ist das Verhältnis genau umgekehrt: 90 Prozent der wirklich relevanten Informationen für die Dienste stammen aus offenen Quellen, die im Prinzip für jedermann zugänglich sind.

Geheimdienste haben sich seit jeher natürlich auch aller verfügbaren offenen und offiziellen Informationsquellen bedient und systematisch Zeitungen ausgewertet und Radiosendungen aufgezeichnet. Aber bei ihnen stand dieses Material nie in hohem Ansehen. Sie verließen sich lieber auf ihr Geheimmaterial, das ihre aufgeblähten Budgets und ihren Einfluss garantierte. Für alle Normalsterblichen besteht die Problematik der Geheimdienste darin, dass wir denjenigen vertrauen sollen, die sie kontrollieren. Doch das Vertrauen der Öffentlichkeit ist spätestens zu dem Zeitpunkt brüchig geworden, als eine Militärkoalition der Willigen unter Führung der USA eine Invasion im Irak unter dem Vorwand durchführte, Saddam Hussein verfüge über Massenvernichtungswaffen. Was einfach nicht stimmte.

Das heutzutage verbreitete Misstrauen in der Gesellschaft ist ein tiefer verwurzeltes und breiter angelegtes Problem als einfach nur Skepsis der Massen gegenüber der herrschenden Klasse. Bestimmte Gruppen von Bürgern stehen anderen Gruppen mit klaren Vorbehalten, wenn nicht Verdächtigungen gegenüber; jeder politische Indianerstamm bewegt sich nur noch innerhalb seiner eigenen Blase. Es besteht eine Tendenz, dass sich beispielsweise Leser dieses Buches, also Menschen, die sich entschieden gegen jede Art von Desinformation wenden, für eine ganz andere Kategorie Mensch halten als solche, die auf Täuschungen und Verschwörungstheorien hereinfallen. Was jeder von uns glaubt oder für richtig hält, ist immer nur ein Reflex auf etwas, was ein Dritter ihm erzählt hat. Deswegen sind Experten so wichtig. Aber es genügt nicht mehr, ihnen blind zu vertrauen. Eine Vorstellung von Wahrheit allein auf eine Form von Gruppenloyalität zu gründen hat sich als desaströs erwiesen. Heutzutage müssen Behauptungen für alle sichtbar klar dargelegt und begründet werden. Hier setzt unsere Bellingcat-Methode an: Klicken Sie auf entsprechende Links, und ziehen Sie selbst ihre Schlussfolgerungen.

Vor etlichen Jahren wurde das Internet als schöne neue Cyberwelt für jedermann und im besten, wohlwollendsten Sinn gepriesen. Inzwischen ist das Pendel der öffentlichen Meinung darüber genau ins Gegenteil geschwungen: Das digitale Zeitalter wird als Abbruchunternehmen betrachtet, das den traditionellen Journalismus, die Zivilgesellschaft und die Politik zerstört. Bei Bellingcat teilen wir diesen Cyber-Pessimismus nicht. Das Wunderwerk des Internets kann sich immer noch als Segen erweisen. Allerdings sind der Schutz der Gesellschaft und die unbedingte Suche nach Wahrheit nicht mehr das ausschließliche Privileg oder die Aufgabe bestimmter Organe oder Institutionen, sondern sie obliegen uns allen.

Es geht hier nicht um Zugang zu Topsecret-Informationen oder darum, die wichtigsten Informationen einem kleinen Kreis von Eingeweihten vorzubehalten. Bellingcat ist etwas vollkommen Neues, das es bisher nicht gab: ein Nachrichtendienst für jedermann.

ERSTES KAPITEL

Revolution auf dem Laptop – die Entdeckung der Online-Recherche für Ermittlungen

Im Anschluss an das tägliche Nachmittagsgebet rollten am 2. Februar 2011 ganze Pulks von Bussen auf den Tahrir-Platz in Kairo. Abertausende von Demonstranten hielten diesen Verkehrsknotenpunkt im Zentrum von Kairo seit Tagen besetzt. Sie verlangten den Rücktritt beziehungsweise die Ablösung von Staatspräsident Hosni Mubarak, der Ägypten seit dreißig Jahren diktatorisch regierte. Die Männer, die in diesen Bussen ankamen, stiegen mit Macheten, Baseball-Schlägern und Rasiermessern in der Hand aus. Sie hatten nicht die Absicht, sich den Protestierenden anzuschließen, sondern sie anzugreifen und zu verjagen.

Zunächst umzingelten sie den Platz und stießen Drohungen aus. Aus einer Nebenstraße kamen Männer auf Pferden angetrabt; es gab auch Kamelreiter. Diese versuchten, in die Menschenmenge vorzustoßen, und schwangen ihre Schwerter. Die wagemutigsten Demonstranten versuchten, die anderen mit kreisförmigen untergehakten Menschenketten zu schützen. Doch die Menschenmassen auf dem Platz wurden auch von oben angegriffen. Regimeanhänger warfen Steine und Ziegel auf die Menge oder schütteten kochendes Wasser auf Menschen, die flüchten wollten. Tränengas wurde ebenfalls eingesetzt; nur durchfeuchtete Schals oder nasse Tücher boten dagegen einigermaßen Schutz. Die anwesenden Soldaten sahen ungerührt zu, als auch Journalisten angegriffen wurden. Viele Demonstranten rissen das Straßenpflaster auf und warfen Steine, um sich gegen die Angriffe zu wehren. Ein Panzerführer hatte den Befehl erhalten, nichts zum Schutz der Unschuldigen zu unternehmen; darüber war er so verwirrt, dass er sich lieber selbst den Lauf seiner Pistole in den Mund steckte und sich eher selbst umgebracht hätte, als tatenlos zuzusehen. Viele andere Soldaten hatten einfach ihren Posten im Stich gelassen. Als die Nacht hereinbrach, gab es immer noch da und dort Scharmützel. Die meisten Reporter und Journalisten hatten den Schauplatz indessen verlassen, um möglichst rasch ihre Berichte abzusetzen.

Einer der Journalisten, Andy Carvin vom amerikanischen Hörfunksender *National Public Radio*, wich den ganzen Tag nicht von seinem Platz. So konnte er fortlaufend über die Kamelschlacht von Kairo Bericht erstatten. Dabei musste er kein einziges Mal in Deckung gehen, und er brauchte auch keinen essiggetränkten Lappen, um seine Atemwege gegen das Tränengas zu schützen. Er saß nämlich einfach vor seinem Bildschirm in Washington und erstellte die Chronik dieses bemerkenswerten Tages im Arabischen Frühling allein mithilfe von Social Media.

»Dank jedes neuen Tweets, der mich erreichte, konnte ich mir die Situation vor Ort immer genauer vorstellen«, schrieb er später. »Die Menschen auf dem Tahrir-Platz befanden sich zwar mitten im Geschehen, aber jeder hatte natürlich nur seine begrenzte Sicht im Blickfeld. Über das, was an anderen Stellen vor sich ging, konnten sie keine Aussage machen. Für mich war es hingegen so, als würde ich mit einem Hubschrauber über den Platz fliegen und von oben auf das Schlachtfeld hinunterblicken. Aus den verschiedenen Einzeleindrücken konnte ich mir im Kopf ein Gesamtbild zusammensetzen. Wäre ich selbst dort gewesen, wäre das in dieser Form gar nicht möglich gewesen.«

Carvin dokumentierte monatelang die Aufstände des Arabischen Frühlings in Tunesien, Ägypten, Bahrein, Libyen, Jemen und Syrien und versuchte, sie seinem Publikum zu vermitteln. Oft verbrachte er bis zu achtzehn Stunden am Tag vor dem Bildschirm, an sieben Tagen in der Woche. Manchmal erreichten ihn über tausend Tweets pro Tag. Das ging so weit, dass Twitter eines Tages seinen Account sperrte, weil man ihn für einen Spammer hielt.

Es gibt etliche Auslandskorrespondenten, die sich in solchen Situationen vor Ort durchaus Gefahren für Leib und Leben aussetzen und darauf auch in gewisser Weise stolz sind; aber sie geben das, durchaus selbstkritisch, nicht immer als echtes Reporterhandwerk aus. Für Medien, die sich heutzutage mit reduzierten Budgets herumschlagen müssen, ist ein »Outsourcing« der unmittelbaren Vor-Ort-Recherche in die sozialen Medien eine interessante Variante. Aber können sich Journalisten, die solche in Tausenden von Kilometern Entfernung abgesetzten Tweets ohne Kenntnis der jeweiligen Landessprache und ohne Kenntnis der politischen, alltäglichen, soziokulturellen Zusammenhänge zur Kenntnis nehmen, wirklich ein zutreffendes Bild der Lage vor Ort machen?

Im Zuge der Ereignisse des Arabischen Frühlings rückte erstmals die Frage der Verifikation als ernst zu nehmendes Problem der Nachrichtenverbreitung im digitalen Zeitalter in den Mittelpunkt des Interesses. Woher sollte man wissen, dass das, was man sah, ein authentisches Ereignis war? Woher wusste man eigentlich, was man da sah?

Diese Frage stellte ich mir schon während meines Verwaltungsjobs in Leicester, wo ich meine Pausen am Schreibtisch damit verbrachte, mir Live-Videos anzusehen, die von einem Hotelfenster am Tahrir-Platz aus aufgenommen waren. Ich konnte erkennen, wie die Polizei die Demonstranten zurückdrängte, dann wiederum wurden die Polizisten zurückgedrängt. Das Ganze wirkte ein bisschen wie ein absurdes Spiel, wie Ebbe und Flut. Mal dehnten sich die Protestierenden aus, dann wurden sie wieder zusammengedrängt; Tränengaswolken schwebten über der Szene, Pflastersteine flogen durch die Luft, Wasserwerfer spritzten alles triefnass.

Schon seit Längerem hatte ich mich mit dem Gedanken getragen, Journalist zu werden; vielleicht würde ich eines Tages auch über solche Ereignisse live vor Ort berichten. Aber im College hatte ich mich nicht wirklich angestrengt, hatte mein Studium schließlich abgebrochen und schlug mich mit unbefriedigenden Bürojobs durch. Aus meiner Froschperspektive beobachtete ich Politiker, berühmte Leute und Journalisten, als wären sie eine höhere Spezies. Ich fand für mich keinen Platz in dieser Welt und machte mir keine Hoffnungen, jemals etwas Bedeutungsvolles zu erreichen. Stattdessen suchte ich meine Zuflucht in Videospielen, von denen ich regelrecht besessen war. Und es gelang mir, Spielernetzwerke mit einer ganzen Reihe von Teilnehmern aus anderen Ländern zu organisieren. Aber durch 9/11, das Flugzeugattentat auf die Hochhäuser des World Trade Centers, änderte sich das. Ereignisse passierten so schnell, die Nachrichten darüber verbreiteten sich so schnell, aber die Zeitungen waren so langsam! Ich wollte mehr wissen und entdeckte eine Online-Nachrichtenplattform. Sie nannte sich »Something Awful«. Hier gab es kontroverse Meinungen und interessante Einsichten zu beinahe jedem Thema, das man sich vorstellen kann. Und so hatte ich eine neue Obsession gefunden: das Zeitgeschehen – aktuelle Ereignisse und Nachrichten. Ab 2011 war der wichtigste Teil des Tages für mich der frühe Morgen, weil ich schon lange vor dem normalen Arbeitsbeginn im Büro war. Da konnte ich mir in aller Ruhe, allein am Computer, die neuesten Updates über den Arabischen Frühling reinziehen.

Eine der besten Quellen zu diesem Thema war »Middle East Live«, ein Blog mit aktuellen Nachrichten auf der Website der englischen Zeitung *The Guardian*. Was mich dort zuerst am meisten fesselte, waren die Threads über den Bürgerkrieg in

Libyen. Der war ausgebrochen, nachdem der langjährige Diktator Muammar al-Gaddafi Massenproteste in der Hafenstadt Bengasi im Osten des Landes gewaltsam hatte unterdrücken lassen. Die Reaktion war ein bewaffneter Aufstand. Männer ohne besondere militärische Ausbildung, die aber Waffen besaßen, vor allem AK-47, sprangen spontan auf die Ladeflächen von Pick-up-Trucks und ließen sich an die Front fahren. Gaddafi wiederum drohte: »Ich werde mich an die Spitze der Volksmassen setzen, um Libyen Schritt für Schritt von jeglichem Ungeziefer zu befreien, Haus für Haus, Zimmer für Zimmer, Straße für Straße, einen nach dem anderen. Im März 2011 autorisierte der UN-Sicherheitsrat militärische Maßnahmen zum Schutz der Zivilbevölkerung in Form von Luftschlägen, welche die NATO gegen Stellungen der Regierung durchführte. Der Bürgerkrieg wendete sich zugunsten der Rebellen. Sie stießen auf die Hauptstadt Tripolis vor sowie auf Gaddafis Heimatort Sirte.

Ich las dazu jeden englischsprachigen Artikel, den ich finden konnte, scrollte durch die Nachrichtenforen von »Something Awful« und sah mir regelmäßig die Twitter-Kommentare von Carvin und anderen an. Allerdings war das Internet in ganz Libyen abgeschaltet, sodass es nicht leicht war, an Informationen zu kommen. Auf einigen prominenten Twitter-Accounts gab es immer starke Sprüche zu lesen, aber man merkte ihnen an, dass sie deutlich voreingenommen waren, entweder für die Revolution oder für Gaddafi. Um diese Äußerungen richtig einordnen zu können, las ich außerdem regelmäßig die Tweets von Journalisten vor Ort, die das Kampfgebiet besuchten. Man hatte den Eindruck, diese Reporter verfügten über weit mehr Material, als man in kurzen Artikeln veröffentlichen konnte. Es kam mir so vor, als würden sie ihre gesammelten Fakten aus ihren Notebooks dort hineingießen, denn es waren auch viele Dinge dabei, die man sonst nirgendwo zu lesen bekam.

Eines Tages fuhr eine Journalistengruppe zufällig an der

Stadt Tawergha vorbei, nicht weit entfernt von einer der Rebellenhochburgen, Misrata. Schon aus einiger Entfernung konnte man erkennen, dass Gebäude brannten. Gleichzeitig lag das Augenmerk der Nachrichtenwelt aber auf der Gaddafi-Hochburg Sirte, wo heftige Kämpfe tobten. Erst später kam heraus, was sich in Tawergha abgespielt hatte. Diese Stadt war ebenfalls pro Gaddafi; doch als sie in die Hände der Rebellen geriet, rächten die sich, indem sie die Bevölkerung vertrieben, ungefähr zehntausend Menschen. Danach wurde Tawergha verwüstet und in Brand gesteckt und so in eine Geisterstadt verwandelt. Solchen Tweets über brennende Wohngebäude, die man aus einem vorbeifahrenden Auto wahrgenommen hatte, konnte man erste Anzeichen für »ethnische Säuberungen« entnehmen.

Jedes Mal, wenn ich auf eine interessante Einzelbeobachtung stieß, für die in den Artikeln kein Platz war, postete ich das bei Something Awful oder in den Kommentaren zu den Live-Blogs des *Guardian*. Ich entwickelte einen gewissen Ehrgeiz, indem ich nach solchen und anderen übersehenen Hinweisen Ausschau hielt, um sie posten zu können. Jeden Morgen durchkämmte ich in der Frühe im Büro das gesamte Material über Libyen, das über Nacht ins Netz gestellt worden war, und stellte einen Block mit Links zusammen. Im Laufe der Monate erweiterte ich meine Quellenbasis, indem ich auch Berichte von Menschenrechtsgruppen, Youtube-Filmmaterial, Facebook-Kommentare und Fotos auf Tumblr berücksichtigte. So richtete ich mir im Lauf der Zeit meine eigene kleine Nische in der Nachrichtenwelt ein, indem ich besonders auf sonst übersehene Details achtete und diese publizierte. Ich unternahm gar nicht erst den Versuch, eine ganze Geschichte von A bis Z zu erzählen, wie es der Ansatz der meisten Journalisten ist. Vielmehr suchte ich nach den Trüffeln, die andere verarbeiten konnten.

Dieser im Grunde simple Ansatz erwies sich als sehr viel bedeutender, als mir selbst zunächst klar war. In jener Zeit bildete sich ein ganz eigenes Medienbiotop heraus: Es entstand eine ganze Reihe von zweifelhaften Websites, die einseitige Videos und Bilder präsentierten, um eine bestimmte politische Sichtweise zu forcieren. Im Gegensatz dazu war ich in Bezug auf den Arabischen Frühling völlig neutral: Ich war nicht involviert und hatte keine Absicht, irgendeine politische Meinung zu vertreten. Ich war lediglich von den Möglichkeiten fasziniert und lauerte auf die kleinen Nachrichten-Leckerbissen. Davon waren eigentlich jede Menge im Umlauf, aber es waren auch jede Menge Fehlinformationen dabei. Ich wollte mich aber ganz auf nachprüfbare Information konzentrieren. Daher legte ich jede meiner Quellen offen, gab an, woher meine Informationen stammten, und wies auch stets auf die Unvollständigkeit meiner Erkenntnisse hin. Aus diesem Ansatz entwickelte sich eines der wesentlichen Grundprinzipien der Arbeit von Bellingcat: *Die Antwort auf Informationschaos kann nur völlige Transparenz sein.*

Auch am frühen Morgen des 12. August 2011 fuhr ich etwas ungeduldig den Computer in meinem Büro hoch, gespannt zu erfahren, was es im Umfeld des Arabischen Frühlings Neues gab. Hunderttausende hatten im Jemen protestiert und den Rücktritt von Präsident Ali Abdullah Salih verlangt, der sich gerade von einem Mordanschlag erholte. In Syrien hatten regierungstreue Sicherheitskräfte damit begonnen, in mehreren Städten auf prodemokratische Demonstranten zu schießen – Präsident Bashar al-Assad weigerte sich, die Macht abzugeben. Und in Libyen hatten sich die Kämpfe rund um Brega verstärkt. Dieser Ort mit nur wenigen Tausend Einwohnern an der Großen Syrte ist die südlichste Hafenstadt des Mittelmeers.

Diese triste Siedlung war wegen ihrer Ölraffinerie, einer Landepiste für Flugzeuge und des Hafens von strategischem Interesse für die kämpfenden Parteien. Nach sechsmonatigen Gefechten hatte Gaddafis Armee die Stadt besetzt, aber nun war sie von Rebellen vertrieben worden, was man als Wendepunkt dieses Bürgerkriegs auffasste. Im Osten der Stadt gab es immer noch heftige Gefechte. Man verzeichnete Artilleriebeschuss in beide Richtungen. Am Abend zuvor hatten die Rebellen bereits verkündet, die Oberhand in Brega gewonnen zu haben. An diesem Morgen des 12. August behauptete die libysche Regierung jedoch, *sie* kontrolliere ganz Brega.

Bei Youtube erschien eines der neuerdings gängigen Rebellenvideos. Dieses relativ neue Genre bestand im Wesentlichen aus Soldatenselfies, die sich vor der Kamera mit ihren Heldentaten brüsteten. In verwackelten Bildern sah man einen kahl rasierten bärtigen Kämpfer, der durch Straßen des angeblich wiedereroberten Brega stolzierte. Die Gebäude waren verrammelt, und die Straßen lagen verlassen da, bis auf eine Handvoll weiterer Rebellen in sandfarbener Camouflage-Uniform. Dies konnte man als Siegesbeweis deuten. Aber es bestand auch die Möglichkeit, dass diese Rebellen etwas vortäuschten.

Klassische Journalisten versuchen immer, einen Informationsvorsprung gegenüber anderen Journalisten zu haben, sozusagen Exklusiv-Nachrichten zu ergattern. Im Netz hingegen gilt der Grundsatz, alles, was von Interesse sein könnte, zu posten und im Nachhinein zu einem möglichst kohärenten Bild zusammenzusetzen. Von Anbeginn herrschte im Netz dieser Kooperationsgeist, der Bellingcat bis auf den heutigen Tag beflügelt. Aber diese etwas wildwüchsige Ansammlung von Onlinefakten führt auch zu heftigen Debatten, wenn anonyme Unterstützer der einen oder anderen Position gegen »Erkenntnisse« lostrommeln, die ihrer eigenen Sichtweise widersprechen. Als ich das Soldaten-Video aus Brega mit der Behauptung über den Sieg der Rebellen in den Kommentaren des *Guardian*-Live-Blogs postete, wurde ich von einem anderen Kommentator sogleich niedergemacht: »Was für ein Beweis soll denn das sein? Woher willst du denn WISSEN, dass es tatsächlich in Brega aufgenommen wurde? So was kann man ÜBERALL filmen.«

Damit hatte er in gewisser Weise recht. Wie konnte ich, der ich nie in Brega gewesen war, behaupten, dass es sich tatsächlich um diesen Ort handelte? Ich schaute mir das Video noch einmal genau an, um zu sehen, ob ich etwas entdeckte, was den Ort zuverlässig identifizierte. Irgendetwas wie etwa ein Ladenschild würde mir nicht weiterhelfen, da ich kein Arabisch konnte. Zudem war der Bildausschnitt im Wesentlichen von dem Gesicht des Soldaten ausgefüllt; es gab kaum »Hintergrund«. Das Einzige, was man vage im verwackelten Bild erkennen konnte, waren einstöckige weiß getünchte Betonbauten und ein paar Straßenlaternen.

Ich klickte auf Pause und drehte eine Runde durch das menschenleere Büro, um meine Gedanken zu sortieren. Dann nahm ich mir ein Blatt Papier aus dem Drucker, griff nach einem Stift und ließ das ganze Youtube-Video noch einmal durchlaufen. Der Soldat bewegte sich fortlaufend sprechend eine zweispurige Straße entlang und wandte sich mal hierhin, mal dorthin. Wieder drückte ich die Pausetaste und zeichnete eine Art Karte von den Straßen, die ich auf seinem Weg wahrnehmen konnte. Er war dort gestartet, wo die Straße eine enge Kurve macht, dann bog er an einer T-förmigen Kreuzung nach links ab, wo ein anderer Rebell an der Ecke saß. Er kam zu einer weiteren T-Kreuzung und bog abermals links ab. Dann klickte ich Google Maps an, gab »Brega« ein und schaltete Satellitenbilder über den angezeigten Stadtplan. In der Stadt gab es drei voneinander unterscheidbare Wohnviertel. In einem überwogen mehrstöckige Gebäude. Das konnte es nicht sein: In dem Video waren nur einstöckige Bauten zu sehen. Die beiden Wohnviertel im Westen und im Osten kamen eher infrage. Ich sah mir jedes genau an und verglich den Stadtplan mit meiner Kartenskizze. Auf meiner Skizze hatte ich ja nicht einmal einen Hinweis, wo Norden lag, also drehte ich das Blatt mehrere Male und verglich es mit dem Straßenlayout auf der Google-Karte.

Dann fiel mir etwas auf: Nur in dem östlichen Wohngebiet gab es überhaupt Straßen mit Kurven. Das war ein Punkt, an dem ich ansetzen konnte. Ich starrte auf das Straßenlabyrinth auf dem Bildschirm und drehte gleichzeitig weiter meine Skizze. Und auf einmal ergab sich tatsächlich ein Muster, wo meine Skizze zu der Google-Straßenkarte passte. Zum Gegencheck ließ ich das Video wieder von vorn laufen und verknüpfte nun jedes sichtbare Detail mit der Google-Karte. Falls ich recht hatte, sollten die sichtbaren Details nun dazu passen. Entsprach dieser freie Straßenraum hinter dem sein Handy haltenden Soldaten dem, was man auf dem Satellitenbild sehen konnte? Allerdings. Auch die weiteren Bilder stimmten mit den Lokalitäten überein. Bingo! Da hatte ich doch tatsächlich einen kleinen Knüller gelandet! Damit war der Beweis erbracht, dass die Rebellen einen Teil von Brega erobert hatten, jedenfalls dieses »Neu-Brega« genannte Wohnviertel. So erklärte sich auch, warum die Gaddafi-Anhänger ebenfalls behaupten konnten, sie hätten in Brega die Oberhand: Sie hielten möglicherweise noch den westlichen Stadtteil.

So hatte ich von meinem Büro im Mittelengland aus einen Tausende Kilometer entfernten Frontverlauf in einem Kampfgebiet in einem mir unbekannten Land geklärt. Alles, was ich dazu brauchte, waren ein Youtube-Clip und Google Maps sowie meine händische Kartenskizze auf Papier. So schnell ich konnte, tippte ich meine Erkenntnisse in den Live-Blog des *Guardian* und tweetete ein Bild von meiner Skizze in Übereinstimmung mit der Karte. In den folgenden Jahren sollte Twitter mein Haupttool werden, um solche Erkenntnisse und Nachrichten zu publizieren. Mittlerweile habe ich eine Viertelmillion Tweets abgeschickt. Dieser war erst mein siebter Tweet. Ich stand also noch ganz am Anfang. Aber ich hatte bereits damals einen Faktenbeweis gefunden, den sonst niemand hatte, nicht einmal die Journalisten vor Ort. Nun beobachtete ich, wie meine Entdeckung sich durch die Nachrichtenforen verbreitete. Selbst gestandene Nachrichtenprofis wurden darauf aufmerksam.

Das Ganze war in aller Eile geschehen, aber daraus konnte man eine Lehre ziehen: Mit etwas Einfallsreichtum konnte man Video-Bilder von einer Top-down-Perspektive konstruieren, ein dreidimensionales Bild in eine flache Ebene ziehen und verwackelte Aufnahmen mit einer präzisen Karte verknüpfen. Dann musste man das Ganze nur in Ruhe abgleichen. Durch Zufall und ganz von selbst hatte ich die Technik der Ortung erfunden; im Zusammenhang mit dem Internet mittlerweile »Geolocation« genannt. Mittlerweile gehört diese Technik zum kleinen Einmaleins des Digitalermittlers.

Bei jeder Gelegenheit suchte ich nun die Herausforderung. Der nächste Werktag im Büro war Montag, der 15. August. Libysche Rebellen behaupteten, die kleine Stadt Tiji eingenommen zu haben. Als Beweis posteten sie online ein Video. In dem circa fünf Minuten langen Clip sah man hauptsächlich einen Schusswechsel in einer nichtssagenden Wüstensiedlung. Gegen Ende tauchte in dem Clip ein Panzer auf, der auf einer Straße an einer Moschee vorbeifuhr. Tiji war so klein, da konnte es nicht viele Moscheen geben. Auch die Straße selbst lieferte ein paar Anhaltspunkte, um das Ganze näher einzugrenzen. Sie verfügte über einen durchgezogenen Mittelstreifen. Ich hielt den Clip kurz an, um besser abschätzen zu können, wie breit die Straße war, die sich in größter Nähe zur Kamera befand, und kam zu dem Schluss: etwa zwei Panzerbreiten. Gegenüber der Moschee standen ein paar einstöckige Häuser.

Auch Tiji ließ sich bei Google Maps finden und ein Satellitenbild darüberlegen. Nach kurzer Suche fand ich eine Liste der Moscheen in Tiji und konnte anhand dessen die Straßen ausfindig machen, wo die Moscheen lagen. Im Handumdrehen hatte ich eine passende Straße gefunden, in der sich eine Moschee mit einem Minarett an der Südseite des Gebäudes befand. Auf dem

Video befand sich das Minarett nahe an der Straße und die Kuppel rechts vom Minarett. Das passte genau zu der Satellitenaufnahme. Sowohl auf dem Video als auch auf dem Satellitenbild waren einige Bäume zu sehen, an denen der Panzer vorbeifuhr, außerdem eine Mauer neben der Moschee und die nordwärts gerichtete Biegung der Straße. Je mehr Details ich verglich, desto mehr Übereinstimmungen fand ich. Alles passte perfekt zusammen. Am nächsten Tag gelang es mir, den Aufstellungsort einer brennenden Plakatwand mit Gaddafi-Porträts ebenfalls mithilfe von Google Maps zu lokalisieren. Sie befand sich in der im Südwesten Libyens gelegenen Oase Sabha. Gleich darauf veröffentlichte ich meine Entdeckung im Live-Blog des *Guardian.*

Bis zu diesem Zeitpunkt war ich ein passiver Nachrichtenkonsument gewesen und hatte in den Entdeckungen von anderen herumgestöbert. Jetzt hatte ich meine eigenen Erkenntnisse gewonnen. Die Flut von Nachrichten und Neuigkeiten, die aus dem Internet hereinströmte, schien unermesslich zu sein. Aber wenn man sie geschickt sortierte und strukturierte, konnte man wirklich etwas Relevantes finden.

Am 20. Oktober 2011 strömten viele der Rebellen zu einer bestimmten Stelle an einem Abwasserkanal am Stadtrand von Sirte. Aus einem mit Abfall gefüllten Loch zogen sie den Körper eines neunundsechzigjährigen Mannes mit dem bekanntesten Gesicht des Landes. Gaddafi wirkte benommen, er war blutverschmiert und nicht mehr Herr des Landes. Er blickte sich verwirrt um und fragte die umstehenden Rebellen: »Was habe ich euch getan?« Die Menge schleifte Gaddafi durch den Sand; viele der Umstehenden hielten ihre Smartphones in die Höhe. Sie zerrissen sein Hemd und schlugen auf ihn ein. Es dauerte nicht lange, bis Gaddafi tot war – und das Bildmaterial online.

Von nun an wird die Geschichte nicht mehr nur von den Siegern geschrieben. Auch die Besiegten, die zufälligen Passanten, die Nachbarn – sie alle haben ebenfalls Handys.

Die Presse stirbt, aber die Nachrichten leben

Immer wenn ich neue Erkenntnisse unter den Kommentaren auf der Website des *Guardian* postete, erschienen sie auch kurz oben, verschwanden dann aber wieder in der Masse der nachfolgenden Beiträge. Daher kam ich auf den Gedanken, eine Art Archiv meiner Entdeckungen und Erkenntnisse anzulegen, und begann, unter meinem Online-Namen Brown Moses (ein Name aus einem Frank-Zappa-Song) einen Blog zu verfassen.

Außerdem nahm ich mir vor, dass mein Brown-Moses-Blog noch weitere Themen außer den Kämpfen in Libyen behandeln sollte. Die Zahl infrage kommender Themen stieg in der Tat ständig. Nach Gaddafis Tod richteten die News-Junkies, die vor allem die Ereignisse rund um den Arabischen Frühling verfolgten, ihre Aufmerksamkeit wieder mehr auf andere Länder dieser Region, besonders auf Syrien, wo sich die Lage gerade rapide verschlechterte. Vom Assad-Regime wurden laufend Oppositionelle und Protestierende verhaftet und umgebracht; daraufhin griff die Opposition zu den Waffen, und der multiple Konflikt geriet außer Kontrolle. Die sozialen Medien waren voll von Behauptungen und Gegenbehauptungen; man musste also genau nachhaken. Aber zunächst beschäftigte mich eine Geschichte über Nachrichtengeschichten als solche.

Die britische Zeitungspresse wurde 2011 von einem Telefon-Hacking-Skandal heimgesucht. Durch diesen Skandal kam eine ganze Reihe von illegalen und unethischen Verhaltensweisen ans Tageslicht, die in der britischen Presse offenbar durchaus an der Tagesordnung waren. Mit dem Aufkommen der Mobiltelefone in den Neunzigerjahren waren insbesondere Reporter der Boulevardpresse dahintergekommen, wie man sich, auch dank der Nachlässigkeit der Benutzer, in Mobiltelefon-Mailboxen einhacken und Ansagen und elektronische Nachrichten abhören und mitlesen konnte. Betroffen waren in erster Linie Prominente aller Art. Es gab genug Journalisten, die sich, ohne mit der Wimper zu zucken, neben anderen Machenschaften wie der Bestechung von Polizisten für Informationen skrupellos auch dieser Tricks bedienten. Sie veröffentlichten dann Artikel und Informationen, als stammten sie aus legalen Quellen. Mich interessierte, ob ich online Nachweise für solchen Missbrauch finden konnte. Darin lag eine gewisse Ironie: Ich hatte mir vorgenommen, mit einer neuen Form des Investigativjournalismus, der sich ausschließlich auf offene Quellen stützt, die Methoden des herkömmlichen klandestinen Journalismus zu enthüllen, der Informationen aus verdeckten Quellen schöpft.

Im Mittelpunkt dieses Skandals stand ein preisgekrönter Teil des Medienimperiums von Rupert Murdoch, *The News of the World*. Diese überaus erfolgreiche britische Sonntagszeitung verkaufte mit jeder Ausgabe 3,5 Millionen Exemplare, das Dreifache der Auflage der täglich erscheinenden *New York Times*. »Ich kann Ihnen gleich sagen, dass ich sofort gegen die Zeitung geklagt habe, als ich mich beleidigt fühlte und als meine Privatsphäre in derart ungeheuerlicher Weise verletzt wurde«, sagte der prominente Schauspieler Hugh Grant im Jahr 2011; er wurde in der Öffentlichkeit zu einer der wesentlichen Wortführer gegen diesen Missbrauch durch die Boulevardpresse. »Dabei habe ich die übelsten Praktiken einiger Zeitungen noch nicht einmal kritisiert. Damit hätte ich mit ziemlicher Sicherheit die übelsten Verleumdungen seitens dieser Presse auf mich gezogen.«

Auch Politiker leben in ständiger Furcht vor der Murdoch-Presse, zu der ferner die auflagenstarke *Sun*, ebenfalls ein Boulevardblatt, sowie die bürgerliche Traditionszeitung *The Times* gehören. Politiker und Parlamentsabgeordnete, die in Murdochs Reich in Ungnade gefallen waren, mussten damit rechnen, dass ihr ganzes Dasein, auch ihre Privatsphäre, permanent überwacht wurde und dass alles versucht wurde, um sie in der Öffentlichkeit zu blamieren und zu demütigen bis hin zur Zerstörung ihrer politischen (und manchmal auch beruflichen) Existenz.

Erst der aufsehenerregende Fall der dreizehnjährigen Milly Dowler, die 2002 von einem Serienmörder umgebracht worden war, brachte dieses System zum Erliegen. Nachdem Milly verschwunden und ihr Schicksal ungewiss war, wurde ihre Mailbox von einigen Journalisten abgehört, die sich illegal Zugang dazu verschafft hatten. Dann bemerkten die Eltern dieses Schulkindes, dass die Aufzeichnungen auf der Voicemail gelöscht worden waren, und hofften deshalb, ihre Tochter sei noch am Leben. Als das im Jahr 2011 ans Licht kam, verstand auch die Öffentlichkeit endlich, dass hier Grenzen des Anstands und der Legalität überschritten worden waren und dass jeder Opfer solcher Praktiken werden konnte, nicht nur Politiker und Prominente.

Nachdem der Skandal öffentlich geworden war, stellte sich heraus, dass es noch eine Unzahl weiterer Fälle mit einer Fülle weiterer Details gegeben hatte, über die in der gedruckten Presse nie berichtet worden war. Dieses Material erschien aber jetzt online. Dazu gehörten eine große Menge E-Mails, die nun geleakt wurden und von denen ich hoffte, sie würden Beweise für unerlaubte Kontakte zwischen Angehörigen der Polizei und der Murdoch-Presse enthalten, vielleicht sogar Hinweise auf Korruption. Dieses Leak bestand aus vierzehntausend E-Mails des ehemaligen Polizeiobersten Ray Adams, der seinen Dienst bei der Polizei aufgegeben und eine Stelle im Murdoch-Konzern übernommen hatte. Die Wirtschaftszeitung *Australian Financial Review* hatte das Material als unstrukturierte Textrohdateien zugespielt bekommen und trat mit der Bitte um Unterstützung bei der Durchsicht an die Internetgemeinde. Nur eine Handvoll all der Leute, die den ganzen Skandal auf *Something Awful* geradezu obsessiv mitverfolgt hatten, machte sich diese Mühe. Die wichtigsten und erstaunlichsten Ergebnisse postete ich in meinem Blog – unter Links zu bulgarischen Hackern und einem News-Corporation-Ableger, also einem der zahlreichen Tochterunternehmen von Murdoch, bis hin zu Hinweisen auf Schwarzgeld- bzw. Schmiergeldkassen.

In diesem Umfeld bildeten sich erste Ansätze von Online-Investigativgruppen. Das alles war noch sehr überschaubar, und mir fehlte noch eine Vision für das, was wir uns für die kommenden Jahre vornehmen könnten. Fürs Erste war ich ganz zufrieden damit, dass mein Blog im ersten vollen Monat zehntausend Seitenaufrufe erreichte; das war im April 2012. Meinen Blog promotete ich via Twitter, wo ich lediglich ein paar hundert Follower hatte. Was unsere Community auszeichnete, sozusagen unser Produkt, waren überprüfte, verlässliche Informationen – wer die konkreten Fakten jeweils ausgegraben und verifiziert hatte, war nicht so wichtig, abgesehen davon, dass es eine Empfehlung war, demjenigen auch auf Twitter zu folgen. Dieses Grundprinzip gilt auch für Bellingcat. Bei Open-Source-Ermittlungen kommt es weniger auf Zeugnisse und Diplome an. Es sind die Ergebnisse, die die Reputation ausmachen.

Das lässt sich anhand meiner ersten engen Mitarbeiterin sehr schön veranschaulichen, die sich als begabter Online-Spürhund entpuppte, ohne die geringste journalistische Vorbildung zu haben. Es handelte sich um eine pensionierte Geschichtslehrerin, die ein kleines Gästehaus in Südwestengland betrieb. Den Skandal um die abgehörten Voicemails hatte sie genau verfolgt, und sie war zutiefst empört über das, was da herauskam. Uns beiden fiel auf, was wir jeweils in dem *Something Awful*-Forum dazu geschrieben hatten. Daraufhin fragte ich sie eines Tages, ob sie sich vorstellen könnte, auch mal einen Post auf Brown Moses einzustellen. Sie wollte lieber anonym bleiben, und so wurde sie »The Regular Contributor« (in etwa: Die ständige Korrespondentin).

Die ständige Korrespondentin durchforstete nun Aberhunderte Stunden von Zeugenaussagen und Material aus der Untersuchung zu dem Voicemail-Hack. Dabei fand sie Links zu früheren Fällen, sie durchsuchte Online-Geschäftsberichte von Firmen, fand finanzielle Verbindungen und Abhängigkeiten zwischen verschiedenen Verdachtspersonen und durchstöberte digitalisierte Aufzeichnungen von Justiz und Gerichten. Sie verknüpfte die Gründlichkeit archivalischer Studien mit dem Dschungel des Internets. Die ständige Korrespondentin hatte wesentlichen Anteil daran, dass sich um meinen Blog ein höchst interessiertes Publikum bildete, das die Berichterstattung zu den Vorgängen in der Presse und den sonstigen Medien unzureichend fand. Dazu gehörten in erster Linie Journalisten, aber auch Politiker. Es wurde viel spekuliert, ob es sich bei ihr um eine ehemalige Parlamentsabgeordnete handeln könnte oder um einen Maulwurf in der Presse. Dabei war die Wahrheit ganz offensichtlich: Das Geschäftsmodell von Zeitungen und herkömmlichen Medien bestand darin, dass nur sie Zugang zu den Sphären der Macht hatten und Leser oder Zuschauer nur durch sie Einblicke gewinnen konnten. Deswegen hegten und pflegten sie ihre vertraulichen Quellen und Informationszuträger und übten ihren Einfluss aus, um an die gewünschten Informationen zu kommen. Im Gegensatz dazu verfügte die ständige Korrespondentin über keinerlei Einflussmöglichkeiten oder Druckmittel, und sie wollte auch auf keinen Fall im Rampenlicht stehen. »Wenn jemand mit einer angeblichen Insider-Information ankam, dann berücksichtigte ich das bewusst nicht«, erinnert sie sich. »Das war ein anderer Schlag von Menschen mit ihren Kontakten und Beziehungen zu dem einen oder anderen Insider, aber das war nichts für mich.«

In der Rückschau kann man feststellen, dass der Skandal um den Voicemail-Hack eine tiefgreifende, nachhaltige Wirkung hatte: Er bestätigte das bereits seit Langem bestehende Bild von Journalisten als einer abgekochten, sich elitär gebenden Clique, die mit unlauteren Methoden arbeitet, ebenso korrupt wie korrumpierbar.

Dieses inzwischen tief verwurzelte Stereotyp, das zwischen dem skrupellosen und dem verantwortungsvollen Berichterstatter nicht mehr unterscheidet, ist natürlich wiederum ein gefundenes Fressen für Politiker und wird von manchen schamlos bedient; im Moment ist der amerikanische Präsident Donald Trump dafür das bekannteste Beispiel. Solche Politiker denunzieren echte Fakten im Handumdrehen als »Fake News«, wenn sie ihnen nicht passen. Was Brown Moses anbelangt, markierte der Hacking-Skandal ein wichtiges erstes Stadium, den Einstieg in die Bellingcat-Methode. Bereits damals war ich mir vollkommen darüber im Klaren, dass unsere Arbeit das diametrale Gegenteil zu diesem landläufigen Schmierenjournalismus sein musste. Unsere Arbeit, unser Umgang mit den Quellen musste so weit wie möglich transparent und für die Öffentlichkeit nachvollziehbar sein. Wir wollten keine politischen Absichten oder Programme unterstützen. Alle Erkenntnisse sollten von faktenbasierten Zitaten und Aussagen gedeckt sein. Und zu guter Letzt wollten wir keine Exklusivbranche werden, deren Geschäftsmodell auf der Nähe zur Macht beruht. Wir waren eine für alle offene Gemeinschaft von Amateuren, die auf der Suche nach verifizierbaren Fakten frei zusammenarbeitete.

Der Medienkritiker Jay Rosen sagte bereits vor längerer Zeit das Aufkommen eines Bürgerjournalismus voraus, der in dem Maß an Einfluss gewinnen würde, in dem die traditionellen Informationshüter die Kontrolle verlieren. »Die Menschen, die man bis jetzt als ›das Publikum‹ bezeichnet hat, lassen die Medien wissen, dass es sie tatsächlich gibt und dass sie das Informationsgeschäft selbst in die Hand zu nehmen wünschen«, schrieb Rosen 2006. Ein stark konzentriertes Mediensystem hat die Menschen an sich und an die Mächtigen gebunden, sie aber nicht mehr untereinander verbunden. Mittlerweile ist der horizontale Informationsfluss von Bürger zu Bürger genauso real und wirksam wie die bisherige Nachrichtenstreuung »von oben«.

Syrien: der Krieg, über den Journalisten nicht berichten konnten

Die Manipulationen des britischen Boulevard- und Sensationsjournalismus stehen zweifellos für die verabscheuungswürdigste Seite medialer Berichterstattung. Am anderen Ende der Skala repräsentiert jemand wie Marie Colvin von der *Sunday Times*, wie Reporter vorbildlich handeln. Anfang 2012 gehörte sie zu den wenigen Auslandsjournalisten, die das Risiko einer Fahrt nach Homs auf sich nahmen, einer Stadt in Syrien, die von Truppen des Assad-Regimes bombardiert wurde. Die sechsundfünfzigjährige Marie Colvin war eine erfahrene Kriegsberichterstatterin, bekannt für ihren Mut und für ihre Augenklappe, die sie aufgrund einer Verletzung bei einem anderen Einsatz trug. Von Homs aus stellte sie in einer Live-Schaltung mit CNN fest: »Bei der Behauptung, die syrische Armee würde hier Terroristen bekämpfen, handelt es sich um eine glatte Lüge. Sie feuern einfach Granaten auf die Stadt und töten oder verwunden die frierende, hungernde Zivilbevölkerung.« Noch am gleichen Abend gab es einen gezielten Angriff der Assad-Armee auf das provisorische Nachrichtencamp in Homs, bei dem Colvin getötet wurde. Etliche Kollegen sind der Meinung, dass das Assad-Militär durch die Direktübertragung mittels GPS-Daten den genauen Standort des Camps ermitteln konnte.

Nach dem Tod von Marie Colvin trauten sich noch weniger westliche Journalisten nach Syrien. Und da niemand da war, der über diesen Bürgerkrieg berichten konnte, wurde er immer grausamer. Wenn es das Internet nicht gegeben hätte, hätte die Welt so gut wie nichts von den Kriegsgräueln in Syrien erfahren. Nie zuvor in der Geschichte wurden die sozialen Medien in solchem Ausmaß Teil der Kriegführung. Sowohl die kriegführenden Parteien als auch die Opfer protokollierten Bombardierungen und Kampfhandlungen auf Hunderten Youtube-Kanälen und Blogs. Es ging dabei vor allem darum, Außenstehende, Teile der Weltöffentlichkeit jeweils auf die eigene Seite zu ziehen. Bereits lange zuvor, 1982, hatte das syrische Assad-Regime in der Stadt Hama einen Aufstand brutal niedergeschlagen, wobei Tausende Menschen umgebracht worden waren. Die genaue Zahl wurde nie bekannt, da das Regime dieses Verbrechen zu vertuschen versuchte. Das war damals noch möglich, »aber heute haben wir das Internet«, sagte ein syrischer Aufständischer im Jahr 2012. »Wir fotografieren und filmen alles, und es gibt ja den Nachrichtensender Al Jazeera, wo das alles gezeigt wird. Daher weiß die Welt, was hier los ist, was hier passiert.« Die syrische Regierung versuchte alles Mögliche, um diese Nachrichtenübermittlungen zu unterbinden; beispielsweise wurden die Stromversorgung und die Telefonverbindungen in die von der Opposition beherrschten Städte gekappt oder die Mobiltelefonverbindungen unterbrochen oder das Internet abgeschaltet. Aber die Betroffenen wussten sich zu helfen, indem sie mit einfachen Mitteln eigene »Nachrichtencamps« einrichteten, meist in einer Wohnung, in der Satellitenempfang möglich war.

Zur gleichen Zeit, als der Bürgerkrieg in Syrien tobte, durchlitt die klassische Medienbranche eine schwere Krise: Die Zeitungsauflagen sanken rapide, damit verbunden auch die Anzeigenerlöse, und in der Folge wurden die Redaktionen drastisch verkleinert, die Journalisten also entlassen. Auf der einen Seite gab es mehr Informationen als je zuvor, nur waren diejenigen, deren Aufgabe es war, diese Informationen und Fakten zu sortieren, zu bewerten und zu präsentieren, völlig überfordert. Wer hatte in den Redaktionen denn noch die Zeit, all das Bildmaterial über den Syrienkonflikt, mit dem das Internet geflutet wurde, zu sichten und zu bearbeiten?

Nun, dafür war ich ja da.

Obwohl ich nicht Arabisch spreche und nie in meinem Leben in Syrien gewesen war, gewann ich tiefe Einblicke in diesen Bürgerkrieg und konnte via Youtube beobachten, wie die Verzweiflung der Zivilbevölkerung von Tag zu Tag größer wurde. Aus Tausenden von Kilometern Entfernung bekam ich mit, wie das Regime »aufständische« Städte wie Daraa und Homs flächendeckend und unterschiedslos bombardierte, was dazu führte, dass Hunderte einander ebenfalls bekämpfende Rebellengruppen Rache schworen. Noch in der Anfangszeit meines Brown-Moses-Blogs hielt ich an meiner Praxis fest, einfach nur Listen besonders bemerkenswerter Videos anzulegen:

- *Ein Panzer schießt auf einen Kameramann; Ort unbekannt*
- *Sicherheitskräfte von Assad schlagen und misshandeln einen verhafteten Studenten in der Universität von Aleppo*
- *Ein Militärhubschrauber der Assad-Armee beschießt die Stadt Taftanaz mit Raketengeschossen*

Jedes einzelne Thema, mit dem ich mich befasste – Libyen, der britische Presseskandal mit den abgehörten Voicemails und jetzt Syrien –, brachte mir neue Twitter-Follower sowie Links zu anderen Internet-Teilnehmern, die ebenso wie ich davon beseelt waren, die Ströme von Online-Informationen zu kanalisieren. Twitter wird oftmals kritisch als Echokammer bezeichnet, wo die Leute nur denjenigen folgen, deren Meinungen sie ohnehin teilen. Aber in den kleinen Nischen, in denen wir uns bewegen und wo Erkenntnisse mehr zählen als Meinungen, können sich Netzwerke bilden, wo viele Einzelne etwas zu einer echten Weiterentwicklung beitragen.

Zu dieser losen Verbindung auf Twitter gehörten etliche

freischaffende, unabhängige Auslandskorrespondenten, die auch große Medienorgane zunehmend mit Informationen versorgten. Das lag auch daran, dass sie vergleichsweise billig und bereit waren, vor Ort Risiken auf sich zu nehmen. In der Regel waren solche Reporter noch ziemlich jung und eng verbunden mit sozialen Medien. So bildete sich ein Kooperationsmuster zwischen den Journalisten vor Ort und den Online-Investigatoren heraus: Die einen lieferten authentische Details; wir trugen das Unsere mit Erkenntnissen aus den sozialen Medien bei. Diese Art von Informations-Triangulation führte näher an die Wahrheit heran.

Allerdings konnte diese Art von Zusammenarbeit in dem von Kämpfen zerrissenen Syrien nicht lange aufrechterhalten werden. Die Gewalt kam von allen Seiten, nicht nur vom Assad-Regime, sondern auch von den verschiedenen Rebellengruppen und einfach von Kriminellen, die in westlichen Reportern Freiwild sahen, das man nach Belieben abschießen konnte. Einer meiner Tweet-Kontakte war Austin Tice, freier Korrespondent der *Washington Post*. Er verschwand im August 2012 von der Bildfläche. Zur Zeit der Niederschrift dieses Buches ist er immer noch nicht wiederaufgetaucht; möglicherweise befindet er sich irgendwo in Gefangenschaft. Kevin Dawes, ein etwas problematischer Amerikaner aus Kalifornien, der schon in Libyen in die Kämpfe verwickelt war und den ich seinerzeit für meinen Blog interviewt hatte, wollte nun in Syrien als freier Korrespondent arbeiten. Er wurde im Oktober 2012 verhaftet und verschwand in Assads berüchtigten Gefängnissen, aus denen er erst 2016 wiederauftauchte. Der amerikanische Freelancer James Fowley veröffentlichte einen Tweet auf Brown Moses, wenige Stunden bevor er Ende 2012 entführt wurde. Zwei Jahre später sah man ihn auf einem IS-Video wieder, nachdem er gerade geköpft worden war.

Die einzig wirklich realistische Option war, unter diesen mörderischen Umständen alles zu verfolgen, was die Syrer selbst posteten, und sich darauf den bestmöglichen Reim zu machen. Diese neue Form der Kriegsberichterstattung eignete sich noch am besten für Schauplätze derart grausamer Konflikte, wo ein unverhältnismäßig hohes Risiko für Leib und Leben besteht. Es liegt auf der Hand, wie viel mehr äußere Sicherheit Online-Beobachtungen und -Untersuchungen zu bieten haben. Allerdings besteht hier durchaus ein Risiko für die Psyche des Beobachters. Jedes Mal, wenn ich dachte, ich hätte jetzt jede Art, einen menschlichen Körper zu misshandeln, auf Youtube gesehen, musste ich eine weitere Variante zur Kenntnis nehmen. Ich versuchte damit fertig zu werden, indem ich mir verbot, eine persönliche Anteilnahme an diesen Bildern aufzubauen. Das erwies sich als nützlich und auch als hilfreich für mich. Denn wenn ich einzelnen schockierenden Details zu viel Aufmerksamkeit schenkte, übersah ich womöglich wichtige Details im Hintergrund.

Aber was sich am 25. Mai 2012 in Homs ereignete, bedeutete für diese innere Einstellung dann doch noch eine Herausforderung. Über Twitter verbreiteten sich Nachrichten von einem Massaker in Houla, einem Dorf in der Nähe von Homs. »Die Opferzahlen werden in den verschiedenen Quellen sehr unterschiedlich angegeben«, schrieb ich auf Brown Moses, »aber den Videos auf Youtube kann man entnehmen, dass es sehr viele sein müssen, darunter eine große Anzahl von Kindern.« Einige Aktivisten berichteten, dass regimetreue Kräfte den Zivilisten einfach die Kehlen durchgeschnitten hatten. Aber das musste noch sorgfältig untersucht und verifiziert werden – es war bekannt, dass auch die Oppositionellen einen Propagandakrieg führen. Aber an dem, was man zu sehen bekam, konnte kein Zweifel bestehen: Aberdutzende von Leichen, auch von Frauen und Kindern. Weiteres Youtube-Material zeigte, wie die Betroffenen vor Ort voller Schmerz und Verzweiflung den Tod ihrer regelrecht dahingeschlachteten Verwandten beklagten. Ich hielt die Videos an und versuchte, die Leichen auf den Bildern zu zählen. Die Masse des Materials war so groß, dass ich mich entschloss, wie *The Guardian* vorzugehen und meinen eigenen Live-Blog zu starten. Dort postete ich Tweets von Aktivisten, Facebook-Einträge, Links zu Live-Videos der Mobile-streaming-Plattform Bambuser, die Protestaufmärsche aus ganz Syrien veröffentlichten, wo die Leute ihre Solidarität mit den Opfern von Houla bekundeten. Allmählich konnte ich aus vielen kleinen Mosaiksteinchen ein Bild des Geschehens zusammensetzen: Im Anschluss an das Freitagsgebet war es in der Gegend zu Protestaktionen gekommen. Houla selbst war ein Zentrum der Assad-Gegner, doch die Dörfer um die Stadt herum waren dem Regime treu ergeben. Nach allem, was man in Erfahrung bringen konnte, war die syrische Armee massiv gegen den aufständischen Ort vorgegangen, auch mit Bombardements. Dagegen erhob sich prompt bewaffneter Widerstand. Dann drangen sogenannte *Shabihas* in die Stadt ein. Dabei handelt es sich um regierungstreue Milizionäre, die sich wie Gangster aufführen. Viele sind einfach muskulöse Schlägertypen im Sportoutfit mit Jogginganzug und Joggingschuhen; einige tragen Assad-Tattoos auf dem Bizeps. Da es sich nicht um reguläre Kämpfer handelte, war es für das Regime leicht, jegliche Verantwortung für deren Gräueltaten abzustreiten. Das Wort *Shabiha* bedeutet im Arabischen »Gespenst«.

Nach Aussagen der Oppositionellen drangen *Shabiha*-Leute in die Privathäuser der Menschen ein, zerschlugen das Mobiliar, plünderten und ermordeten die Bewohner. Gemäß einer zuverlässigen Zählung waren am Ende dieser Aktion einhundertacht Menschen getötet worden: neunundvierzig Kinder, vierunddreißig Frauen und fünfundzwanzig Männer. Einige von ihnen waren Opfer von Artillerie- und Panzerbeschuss, aber die meisten waren einfach direkt umgebracht worden.

Als Reaktion auf das Massaker von Houla verwiesen die

Regierungen der USA, Großbritanniens und einiger anderer Länder syrische Diplomaten ihres Landes. In einer späteren Untersuchung durch die Vereinten Nationen (UN) wurde bestätigt, dass die syrische Regierung und die *Shabiha* hier Verbrechen gegen die Menschlichkeit begangen haben, also vielfachen Mord, Folter, anlasslose Angriffe gegen die Zivilbevölkerung sowie Vergewaltigungen. Dass solche grausamen Verbrechen geschehen konnten, ließ außerdem den Schluss zu, »dass dies mit Billigung der höchsten Befehlsebenen in der Armee und Regierung geschehen war«, wie es in dem UN-Untersuchungsbericht hieß.

Zur Zeit des Geschehens wurden die Ereignisse mit erbitterter Härte online diskutiert; ein verbaler Kampf um Fakten entbrannte. Dies wiederholte sich immer und immer wieder bei jedem schlimmen Gewaltausbruch im syrischen Bürgerkrieg. Dementsprechend konnten die Zeitungen ihre Rolle als Zeitzeugen der ersten Stunde gar nicht mehr wahrnehmen. Diese Funktion war auf die sozialen Medien übergegangen. Und hier brüllte jeder den anderen nieder.

Zur gleichen Zeit, in der sich um mich herum die Gruppe hartnäckiger Faktensucher bildete, entstanden auch Aktivistengruppen, die jeglichen Widerspruch zu ihrer Weltsicht vehement bekämpften. Derartige Phänomene hatte ich schon während des Aufstandes in Libyen bemerkt. Für solche Gestalten fanden sich damals bereits Foren in der Pro-Gaddafi-Propaganda und -Presse. Genau das wiederholte sich nun in Syrien: Eindeutig kontrafaktische Eiferer und Wortverdreher verbündeten sich hier mit der Pro-Assad-Presse. Einige Zeit später bildete sich eine weitere Variante dieses Propagandakrieges heraus: Es entstand eine Allianz zwischen extremistischen Verschwörungspropagandisten und vom Kreml gesteuerten Nachrichtenmanipulatoren. Indem sie in die Sendungen von *Russia Today* eingeladen oder aufgefordert wurden, Beiträge für das Nachrichtenportal *Sputnik* zu schreiben, versuchte man gezielt, solche Leute aufzuwerten.

Aus Anlass des Massakers in Houla entstand im Netz so viel Verwirrung, dass eine Klärung der Fakten wirklich unumgänglich schien. In der Regel bemühte ich mich, meinen Live-Blog bis ein Uhr morgens upzudaten; dann schlief ich ein paar Stunden. So machte ich mich auch an diesem Samstagmorgen wieder an die Arbeit. Zu meiner Überraschung war ich von NPR erwähnt worden – vom *National Public Radio* in Washington, das erste große traditionelle Medienorgan, das auf Brown Moses aufmerksam geworden war und meinen Blog respektvoll erwähnte. Auf deren Website stand: »Wir möchten ausdrücklich darauf aufmerksam machen, dass wir absichtlich keines der von uns beschriebenen Bilder veröffentlichen. Falls Sie daran interessiert sind, können Sie sich die Videos, aus denen diese Bilder stammen, auf dem Blog von Brown Moses ansehen. Vor dem grausamen Anblick wollen wir aber ausdrücklich warnen.« Und tatsächlich waren viele Internetuser offenbar neugierig auf dieses Bildmaterial. Trotz seiner Warnung generierte NPR Tausende von Klicks.

Bis dahin besuchten im Schnitt hundert bis zweihundert Personen pro Tag meine Seite. Jetzt schoss die Klickzahl auf ungefähr dreitausend. Viele User, die meinen Live-Blog dadurch entdeckt hatten, kehrten immer wieder zurück. Im April 2012 übersprangen meine monatlichen Klickzahlen die Zehntausender-Marke, zwei Monate später hatten sie sich auf zweiunddreißigtausend verdreifacht. Im Web sind das alles andere als Riesenzahlen, aber für mich war es eine schöne Bestätigung, vor allem angesichts der Tatsache, dass ich das alles neben meiner Arbeit in meiner Freizeit machte. Zu meinem Followern auf Twitter gehörten Top-Akademiker, Mitarbeiter von Think Tanks, Diplomaten – einflussreiche Leute, die ihrerseits nach zuverlässigen Informationsschnipseln jenseits der üblichen

Nachrichtenkanäle suchten. Sie brauchten keine weiteren Tiraden über den Syrien-Krieg. Ihnen lag an kleinteiligen Fakten, Tag für Tag, mit jedem neuen Video und mit jeder neuen Aussage. Genau das, was ich auf dem Schirm hatte.

Zu Beginn war ich die Sache eher verhalten angegangen, indem ich einfach Videos und Tweets hochlud, die mir wichtig schienen. Aber seit dem Massaker in Houla ging ich aktiver vor. Mir war aufgefallen, dass auf vielen Youtube-Kanälen einfach bereits anderweitig vorhandenes Material hochgeladen wurde, wobei aber wichtige Informationen fehlten oder mit Fehlangaben verknüpft waren. Das gesamte Originalmaterial über das Houla-Massaker stammte aus lediglich vier Youtube-Kanälen: nur vier! Unzählige Syrer hatten den Albtraum in ihrer Stadt mit ihren Handys aufgenommen, aber das Regime wusste das Hochladen dieser Inhalte ins Internet zu verhindern. Diejenigen, denen es wichtig war, ihr Bildmaterial weiterzuverbreiten, benötigten daher ein Nachrichtencamp – irgendeine Bruchbude, die aber über einen Satellitenanschluss verfügte. Auch einige der bewaffneten Widerstandsgruppen verfügten über Satellitentelefone. Eine andere Möglichkeit bestand darin, das Bildmaterial auf Sticks in die Türkei zu schmuggeln. Dies waren praktisch die drei einzigen Übermittlungswege für neue Videos. Falls es mir gelang herauszufinden, wo sich diese wenigen Nachrichtencamps, die Rebellengruppen und mögliche geflohene Aktivisten des Widerstands aufhielten und aus welchen von der Opposition beherrschten Gebieten sie berichteten, könnte ich die Herkunft neuen Bildmaterials genau lokalisieren. Statt nun darauf zu warten, dass jemand besonders aufregendes Material auf Twitter einstellte, wollte ich systematisch vorgehen, indem ich ganz Syrien geografisch aufteilte und eine »Karte« der sozialen Medien im Kriegsgebiet erstellte.

Es begann mit ungefähr fünfzehn Kanälen, die ich als eine Art öffentliches Verzeichnis auf meinen Brown-Moses-Blog hochlud. Am Ende hatte ich über fünfhundert Quellen lokalisiert. Das Spektrum reichte von echten Youtube-Kanälen über Profile in der Mobile-streaming-App Bambuser bis hin zu bestimmten Facebook-Seiten für bestimmte Städte und Regionen. Jeden Tag ging ich diese umfangreiche Liste auf der Suche nach neuem Bildmaterial durch. Erläuterungen in arabischer Schrift und Sprache übertrug ich mit *copy and paste* in den Google-Übersetzer, um herauszufinden, was das jeweilige Video angeblich beinhaltete. Da es nicht möglich war, Hunderte von Stunden Bildmaterial pro Tag anzusehen, setzte ich den Pfeil der Maus auf den Schnelldurchlauf am unteren Ende jedes Youtube-Clips und konzentrierte mich auf das winzige Fenster, bis das wirklich relevante Bildmaterial erschien.

Die Assad-Unterstützer schmähten meine Arbeit nach Kräften, aber da das meiste Bildmaterial von den oppositionellen Kräften kam, war das wohl unvermeidlich. Die syrische Regierung musste sich darüber im Klaren sein, dass die ganze Welt ihre systematische, gewaltsame Unterdrückung von Teilen der eigenen Bevölkerung verurteilt; gleichzeitig hoffte die Opposition auf Sympathie, wenn sie die Vorgehensweise der syrischen »Sicherheitskräfte« bloßstellte. Ich vergaß bei alldem nie, dass das Bild-»Rohmaterial«, das ins Internet gespielt wurde, ausgesucht worden war, um diese Kriegspartei zu unterstützen. Aus diesem Grund gab ich mir viel Mühe, meine Herangehensweise möglichst neutral zu halten. Andere Beobachter der Szene in Syrien schlugen sich regelmäßig auf die Seite der Oppositionellen – sei es, weil sie sie von Anfang an unterstützen wollten, sei es, weil sie angesichts des Bildmaterials einfach entsetzt waren. Ich selbst sah mich als unbeteiligten Berichterstatter. Ich versuchte nur, an möglichst viel Bildmaterial zu kommen. Meine einzige Sorge war, falls ich darüber nicht berichtete, würde es vielleicht sonst niemand tun.

Im Laufe des Jahres 2012 fiel mir während meiner täglichen

umfassenden Video-Checks eine bemerkenswerte neue Entwicklung auf: Die Rebellen der Freien Syrischen Armee waren inzwischen viel besser bewaffnet. Sie verfügten nicht mehr nur über AK-47-Kalaschnikow-Sturmgewehre und einfache Panzerabwehrgranaten, sondern mittlerweile auch über schwere Waffen. Meine Aufmerksamkeit für dieses nicht unerhebliche Detail verdankte ich meinen Recherchen über Libyen, wo bereits gelegentlich die Frage gestellt worden war, über welche Waffen die Aufständischen überhaupt verfügten. Und im syrischen Bürgerkrieg spielte das eine noch größere Rolle, wenn man die Aussichten für den syrischen Aufstand beurteilen wollte.

In einem syrischen Video erklärte ein junger Mann in Kampfmontur, wie die Al-Hamza-Brigade innerhalb der Freien Syrischen Armee aufgestellt war. Hinter ihm waren ungefähr hundert Mann angetreten, manche in Tarnanzügen und Turnschuhen, andere in normaler Alltagskleidung. Fast jeder hatte eine Kalaschnikow in der Hand, den Lauf nach oben gerichtet als Zeichen ihrer Einberufung in die FSA in Rastan, einem Ort zwischen Homs und Hama. Wie aus einem Mund riefen sie »Allahu akbar!« und reckten die Arme noch weiter in die Höhe. Im Hintergrund fiel ein einzelner Mann in einer blauen Hose auf. Auf seiner Schulter hatte er einen modernen tragbaren Raketenwerfer für hochexplosive Projektile, eine Strela-2. Sie stammte aus der früheren Sowjetunion, wurde seit 1968 produziert, gehörte also bereits im Kalten Krieg zur Standardausrüstung der Armeen und war seitdem auch bei den verschiedensten Guerillagruppen im Einsatz.

Wenn es sich jetzt so anhört, als sei ich ein Waffenexperte, so war das seinerzeit mitnichten der Fall. Aber inzwischen hatte ich sehr viele Videos gesehen; die Bildung neuer oppositioneller Kampfeinheiten war Mitte 2012 ja in vollem Gange. Am Anfang solcher Videos gab es üblicherweise ein paar Minuten lang besonders kämpferisch klingende Ankündigungen (Schnelldurchlauf), dann sah man, wie die Kämpfer ihr Kriegsgerät in die Höhe stemmten (Pausetaste). Meine Hauptaufmerksamkeit galt dabei immer den eher exotischen Waffen.

Da meine eigenen Kenntnisse und Erfahrungen bezüglich Waffen gegen null tendierten, versuchte ich, mich mithilfe von Online-Artikeln über die Bewaffnung von Rebellengruppen schlauzumachen. In einem dieser Artikel war davon die Rede, dass viele der AK-47 von Überläufern aus der regulären syrischen Armee mitgebracht wurden. Auf einer Nachrichtenseite wurde ein Rebell zitiert, der behauptete, ungefähr die Hälfte der Waffen der Freien Syrischen Armee sei in Kämpfen und Scharmützeln mit der regulären syrischen Armee erbeutet worden, vierzig Prozent hätte man von Soldaten erpresst oder von korrupten syrischen Offizieren »gekauft«, und zehn Prozent seien gespendet oder von außerhalb ins Land geschmuggelt worden. In einer Zeitung war von einer Gesandtschaft von Rebellen die Rede, die sich mit US-amerikanischem Militär getroffen und um wirksamere, moderne Waffen gebeten hätten. Auf einem iPad mit einer Google-Earth-Karte hätten sie den Amerikanern ihre Positionen und erreichbare gegnerische Ziele genau gezeigt. Sie behaupteten, sie könnten syrische Armeepanzer und Militärflugzeuge ohne Weiteres zerstören, wenn sie über genügend Feuerkraft verfügten. Die internationale Gemeinschaft zeigte sich ansonsten mit Unterstützung zurückhaltend, da man angesichts von Hunderten Kampfgruppen nie sicher sein konnte, mit wem man es zu tun hatte.

Das waren aber alles nur verstreute Hinweise, und es gelang mir zunächst nicht, herauszufinden, wie die Rebellen tatsächlich ausgerüstet waren. Daher nahm ich mir vor, eine Zählung aufgrund von Social-Media-Videos vorzunehmen, in denen es Panzerabwehrhandwaffen sowjetisch-russischer Bauart (RPG) zu sehen gab sowie erbeutete Amphibienfahrzeuge aus der Sowjetzeit und einen erbeuteten Panzer bei Homs. Dazu kam

Bildmaterial über ein Bataillon, das 120-mm-Mörsergranaten abfeuerte und über rückstoßfreie Gewehre verfügte. Andere besaßen Flugabwehrkanonen, mit denen man Hubschrauber der regulären syrischen Armee abschießen konnte, oder schwere russische DschaK-Maschinengewehre, die auf Lkw montiert werden können. Wie es mir gelang, all das zu identifizieren? Ganz einfach: Ich verglich die Bilder im Pausemodus mit Wikipedia-Einträgen oder klickte auf Internet-Foren, wo solche Fragen der Bewaffnung erörtert wurden, oder auf Websites, die sich darauf spezialisiert haben. Das kostete alles viel Zeit, aber ich musste zu guten Ergebnissen kommen, um meine Glaubwürdigkeit als verlässlicher Informationslieferant aufrechtzuerhalten.

Ein weiteres Charakteristikum der Rebellengruppen, das ich regelrecht dokumentieren konnte, war ihre Fähigkeit zur Improvisation. In einigen Youtube-Videos waren fahrerlose Autos zu sehen, die mit Bomben beladen waren und mittels Fernbedienung bewegt wurden. Ferner gab es bizarr aussehende Lkw, die als fahrende Festungen mit Metallbewehrung auch an den Reifen und mit aufmontierten MG-Ständen unterwegs waren. Einmal entdeckte ich ein schweres Maschinengewehr, das auf einen Koffertrolley geschraubt war. Sie verwendeten Molotow-Cocktails, die mit einer überdimensionalen Steinschleuder »abgefeuert« wurden, und selbst gebastelte Explosivkörper, die eher an Feuerwerksraketen erinnerten.

Erstaunlicherweise erwies sich meine Unkenntnis des Arabischen durchaus als Vorteil bei all diesen verschiedenen Arten von Mustererkennung. Sehr viele dieser Videos zeigten im Vordergrund zornige junge Männer, die in wacklige Kameras schrien, oder weinende Familienangehörige, die ebenfalls lauthals ihre getöteten Verwandten betrauerten. Solche Gefühlsausbrüche müssen jeden Betrachter beeinflussen, der sie versteht. Ich hingegen konnte sozusagen ungerührt diesen Vordergrund ignorieren und mich ganz auf den Hintergrund konzentrieren, wo sich die »Objekte« befanden. So erlernte ich ein Grundprinzip der digitalen Detektivarbeit: Das, was die Menschen in solchen Videos zeigen wollen, ist nicht das, was sie tatsächlich offenbaren.

Ein schlagendes Beispiel ergab sich im Juli 2012 anhand eines Clips, der das Scheitern von Assads militärischen Strategien offenbarte. Nach einem langen Arbeitstag vor dem Bildschirm wollte ich gerade ins Bett gehen, als ein Video des syrischen Aktivisten Sami al-Hamwi auf meinem Twitter-Account aufpoppte; Sami kümmert sich um @HamaEcho. »Hat irgendjemand eine Ahnung, was das für eine merkwürdige Bombe sein soll?«, fragte er.

Zu der Zeit gab es eine Gruppe von ein paar Dutzend geradezu obsessiven Syrien-Beobachtern, die via Twitter kommunizierten. Die meisten kannten einander nicht; das Einzige, was sie verband, war ihr Anliegen, das Internet zu nutzen, um diesen Krieg, seinen Verlauf und seine Hintergründe zu verstehen. Die Gruppe bestand aus Akademikern, Journalisten, Syrien-Aktivisten und ein paar Randfiguren wie mir. Einige steuerten Zeugenberichte bei, anderen scannten die arabischen Medien und stellten Übersetzungen bereit. Ich verstand mich auf Ortsbestimmung und die Identifikation von Waffen. Dies war lange bevor es das vielköpfige Bellingcat-Team gab. Meine Beiträge waren also nie Alleingänge.

Das fragliche Video auf @HamaEcho war fünfundvierzig Sekunden lang. Es zeigte einen Mann, der im Dunkeln irgendwo außerhalb von Hama in sandiger Erde herumstocherte; er deutete auf ungefähr fünfzehn türkisfarbene Behältnisse in der Größe von Spraydosen; am unteren Ende waren so etwas wie Heckflossen angebracht. Er meinte, es handle sich um Schrapnelle. Doch ich hatte nun schon seit Monaten die verschiedensten Arten von syrischer Munition gesehen und wusste daher sofort, dass es sich nicht um Schrapnelle handeln konnte.

Einige Wochen zuvor hatten amerikanische Experten eine seit Langem von der Opposition behauptete Beobachtung bestätigt, dass die Assad-Armee mit Maschinengewehren und kleineren Waffen von Hubschraubern aus schoss. Ich verfügte ebenfalls über Video-Material, auf dem eindeutig zu sehen war, wie die syrische Luftwaffe ungerichtete Bomben über genau jener Gegend abwarf, wo dieser Clip angeblich herstammte: Es handelte sich um die Rebellenfestung Jabal Shasabo, eine Bergregion nordwestlich der Stadt Hama. Die Rebellen versteckten sich dort in Höhlen; das syrische Militär hatte diese Stellungen in den vergangenen zwei Wochen mit Artillerie bombardiert, und gelegentlich war auch ein Flugzeug oder ein Hubschrauber vorbeigeflogen.

In diesem neuesten Video nahm der Mann mit dem Handy nun eine der »Spraydosen« in die Hand und hielt sie nahe vors Objektiv, sodass man die schwarze Aufschrift »A-IX-2« entziffern konnte. Damit hatte ich einen Anhaltspunkt. Das musste ich nur noch bei Google eingeben. So gut wie sämtliche industriell hergestellten Arten von Munition sind auf speziellen Militär-Websites verzeichnet sowie natürlich auf den Websites von Waffenhändlern. Sogar Wikipedia ist in dieser Hinsicht bemerkenswert zuverlässig. Bei den Behältnissen mit dieser Markierung handelte es sich allerdings nicht um (Raketen-)Geschosse, sondern um Explosivmaterial aus russischer Produktion, das man in Granaten steckt. Offenbar waren sie aber nicht explodiert. Und dieser Mann im Video stocherte munter in seinem hochexplosiven Fund herum und unterhielt sich nebenbei offenbar mit einem kleinen Jungen, der im Bild nicht zu sehen war.

Ich überlegte, ob es sich bei diesen Objekten, die der Übersender des @HamaEcho-Videos als »merkwürdige Bomben«

bezeichnet hatte, nicht um Streumunition handelte, eine weithin geächtete Waffe, die in vielen Ländern verboten ist. Dabei dient eine sogenannte Kassettenbombe als Behälter, der abgeworfen wird, später auseinanderbricht und eine Menge weiterer kleiner Sprengkörper (Bomblets) freisetzt. Das können Hunderte kleiner Sprengkörper sein: Splitter, Brand- oder Explosiv-»Bömbchen«, die über einem Gebiet von der Größe mehrerer Fußballfelder niedergehen. Oftmals explodieren diese Streubömbchen aber gar nicht, sondern liegen wie Landminen einfach auf dem Boden, bis jemand aus Versehen drauftritt oder sie in die Hand nimmt, wie es neugierige Kinder manchmal tun. Im libyschen Bürgerkrieg hatte der Korrespondent der *New York Times*, C.J. Chivers, ein ehemaliger US-Marine und Waffenexperte, berichtet, dass Gaddafi-Loyalisten beim Angriff auf die Rebellenhochburg Misrata Streubomben verwendet hatten. Falls es tatsächlich stimmte, dass syrische Regierungstruppen Streubomben in einem von Zivilisten bewohnten Gebiet eingesetzt hatten, deutete dies auf eine neue Eskalationsstufe.

Ein typischer Hinweis, dass man es mit Streumunition zu tun hat, ist eine Spur von Bombenhülsen. Von @HamaEcho gab es ein weiteres Video aus der gleichen Region, wo man eine große, entzweigebrochene Bombenhülse erkannte, offensichtlich Überreste der Trägerbombe. @HamaEcho hatte diese beiden kurzen Clips auch an Bjørn Jesperen (@bjoernen_dk) vom .processing blog getwittert. Auch er betätigte sich als interessierter Laie an der Identifizierung syrischer Waffen und Munition mithilfe von Open-Source-Informationen. Jespersen fertigte eine Zeichnung der Bombenhülse in geschlossenem Zustand an, sodass wir eine Vorlage hatten, mit der wir andere Funde online vergleichen konnten. Wir suchten und sammelten Fotos von solchen Trägerbomben, die geeignet sein könnten, Streumunition zu transportieren. Wie sich herausstellte, gab es erstaunlich viele Formen und Anbringungsarten für die Heckflossen, aber nur wenig Variation bei der Streumunition. Alles Weitere ergab sich im Ausschlussverfahren: Es kam nur eine Trägerbombe infrage, die zu diesen A-IX-2 passte: die RBK-250–275-Trägerbombe aus russischer Produktion, was wir durch mehrere Querverweise auf verschiedene Websites verifizieren konnten. Damit war der Beweis erbracht, dass in Syrien tatsächlich Streubomben zum Einsatz kamen.

Bis zu diesem Zeitpunkt war das infrage stehende Video höchstens zweihundertmal auf Youtube angeklickt worden; damit wäre es wohl alsbald in Vergessenheit geraten. Die Zahl meiner Twitter-Follower hatte sich inzwischen auf rund fünfzehnhundert erhöht – das waren zwar sehr viel mehr als am Anfang, aber immer noch viel zu wenig, um im Internet wirklich Wellen zu schlagen. Ich musste auf irgendeine Weise mehr Aufmerksamkeit generieren. Daher tweetete ich einen Link zu meinem Blog an jeden, von dem ich annahm, er könnte interessiert sein, von Chivers von der *New York Times* über Amnesty International und Human Rights Watch bis hin zu einem Reporter vom *Guardian* und Andy Carvin von NPR – und selbst an britische Unterhausabgeordnete, die ich im Zusammenhang mit dem Abhörskandal mit belastendem Material konfrontiert hatte. Und um das Maß voll zu machen, sandte ich einen Link auch an Großbritanniens obersten Diplomaten, Außenminister William Hague.

Chivers verwies auf seinem eigenen Blog auf meine Erkenntnisse, wobei er sie durchaus zu Recht als noch vorläufig bezeichnete. Aber er fand auch, dass man den Fund auf dem einen Video nur als RBK-Trägerbombe für Sprengmunition deuten konnte, und schrieb weiter: »Brown Moses verdient viel Lob für seinen wachsamen Blick und seine umsichtige Vorgehensweise.« Bei *Human Rights Watch* hatte man meinen Post offenbar ebenfalls gelesen, denn sie veröffentlichten alsbald ihren eigenen Bericht, worin echte Waffenexperten meine Erkenntnisse bestätigten und in dem sie unabhängig von mir ebenfalls erklärten, dass das ursprüngliche Video tatsächlich aus der Gegend von Jabal Shasabo stammte.

Chivers griff in seinem Blog die Frage auf, warum Streumunition zu den schlimmsten geächteten Kriegswaffen gehört. Das besonders Verwerfliche ist der ungezielte Schaden; sie treffen ohne Unterschied Kombattanten wie unbeteiligte Zivilisten. »Arabische Regierungen brauchen niemanden, der ihnen erklärt, wie ›wirkungsvoll‹ Streubomben gegen Araber und Muslime eingesetzt wurden; das reicht von dem Streubombeneinsatz Israels im Jahr 2006 im Libanon bis zum Einsatz in Libyen gegen die eigene Bevölkerung im vergangenen Jahr.« Sollte eindeutig festgestellt werden, dass Damaskus tatsächlich dafür die Verantwortung trägt, »bedeutet es, dass das Regime eine psychische Schwelle überschritten hat und zu weiterer Eskalation bereit ist«.

En passant tadelte Chivers *Human Rights Watch*, weil sie es versäumt hatten, auf den Brown-Moses-Blog hinzuweisen – das war mir selbst übrigens entgangen. Aber auch das war typisch für den Umgang im Internet in jener Zeit (2012): Man konnte im Internet surfen und sich an allem Möglichen bedienen, was man da vorfand, ohne weiteren Hinweis darauf. Was online kursierte, schien keinen besonderen Wert zu haben; gleichzeitig wurde das Internet in zunehmendem Maße zur Grundlage für das, was man als Allgemeininformation bezeichnen könnte. Diese Einstellung hat bei vielen Institutionen dazu geführt, dass sie das Geschehen im Internet unterschätzen.

Im Anschluss am Chivers' Kommentar erhielt ich eine Einladung von Human Rights Watch in eine private Facebook-Gruppe namens »Mystery Munitions« (etwa: Geheimnisvolle Waffen). Sie setzte sich aus Waffenexperten ganz verschiedener Organisationen zusammen und beschäftigte sich mit bislang nicht identifizierten Waffen. Früher hätte man Experten von solchem Kaliber lediglich an Universitäten, in militärischen Einrichtungen, bei Fachkonferenzen oder innerhalb der Mauern von Think Tanks angetroffen, und das wären auch die Orte gewesen, wo sie sich austauschten. Ein Außenseiter wie ich – schließlich war ich nach wie vor nicht mehr als ein Verwaltungsangestellter – hätte zu diesen Kreisen nie Zugang bekommen. Sie hätten auch gar nicht wahrgenommen, was ich zu sagen hatte. Aber nun hatte ich Dinge entdeckt, die ihnen entgangen waren, und ich verfügte über aktuelle Kenntnisse eher unkonventioneller Waffen im syrischen Bürgerkrieg, wie etwa selbst gebastelte Mörser- oder Granatwerfer, die sich die Rebellen mit ihren beschränkten Mitteln zusammengebaut haben. Im Hinblick auf konventionelle Waffen lernte ich von ihnen sehr viel dazu.

Was ich durch meinen Kontakt mit der *Mystery Munitions*-Gruppe ebenfalls in Erfahrung brachte, war der Umstand, dass sich Experten, sofern sie nicht zum exakt gleichen Fachgebiet gehören, selten untereinander austauschen. Das geschieht teilweise mit Absicht. Echte Waffenexperten sind beispielsweise sehr zurückhaltend, wenn es um die Weitergabe ihrer Erkenntnisse an Journalisten oder Aktivisten geht, weil sie nicht wollen, dass daraus eine knallige Schlagzeile wird oder irgendwelches Lobbying betrieben wird. Aber ich wirkte mit Sicherheit auf niemanden bedrohlich. Meine selbst gestellte Aufgabe bestand lediglich darin, Fakten ausfindig zu machen und zu verifizieren, mehr nicht; niemand bezahlte mich dafür, und ich musste weder für die eine noch für die andere Seite irgendwelche Ergebnisse abliefern. Aber dadurch erhielt ich Zugang zu einem Online-Netzwerk von Journalisten, syrischen Aktivisten, Menschenrechtsanwälten, Waffenexperten und geriet wie von selbst in das Geflecht eines sich stetig erweiternden Netzwerks von Kenntnissen. Neben dieser erweiterten Wissensbasis gewann ich dadurch auch Zugang zu Leuten, die mir helfen konnten, falls das nötig war.

Monatelang untersuchte ich nun Bomben und Bombenteile auf den Youtube-stills. Ich verglich winzige Details einer zerplatzten Bombenhülle mit anderen Fotos, die ich online fand. Beispielsweise dank hochauflösender Amateurfotos, die bei Luftfahrtschauen entstanden waren, wo man auch Bombenmodelle ausgestellt hatte – praktischerweise sämtliche Modifikationen solcher Waffen hübsch nebeneinander aufgereiht. Andere Amateure lieferten auf ihre Weise ebenfalls unschätzbar wertvolle Beiträge. Sie bildeten Chat-Gruppen und tauschten online Listen und Fotos aus, die man sonst nirgendwo fand. Bei unseren künftigen Bellingcat-Untersuchungen gelangen uns bahnbrechende Erkenntnisse einfach dank der Aufnahmen von Airplane-Spottern auf ihren Websites, der Aufnahmen von Autokennzeichen auf entsprechenden Hobby-Websites sowie zahlloser anderer derartiger Nischen im Internet.

In den Tagen von Brown Moses jedoch konzentrierte ich mich hauptsächlich auf die militärische Hardware der syrischen Luftwaffe; ich war zwar immer noch ein Amateur, aber dank meiner Online-Erfahrung mittlerweile durchaus sachkundig: Ich erkannte die verräterische Platzierung von Ösen, Rillen an Steuerungsheckflossen, bestimmte Abschlussringe. Damit konnte ich inzwischen mit großer Bestimmtheit anhand kleiner Bombenfragmente erkennen, worum es sich handelte.

Informationskriege und Fassbomben

Ende Juli 2012 hatte das Assad-Regime die Kontrolle über einige Stadtviertel von Aleppo verloren, die größte Stadt im Land und ein wichtiges Wirtschaftszentrum. Jeder Beobachter dieses Bürgerkriegs stellte sich die gleiche Frage: Wie schafften die Assad-Gegner das? Ich suchte die Antwort, indem ich jedes nicht explodierte Munitionsteil identifizierte, das ich auf Videos entdeckte, ebenso jede Waffe, die größer war als ein Maschinengewehr. Neben unzähligen Kalaschnikows verfügten die Rebellen auch über Flugabwehrkanonen sowie Granatwerfer, fast alles Beutestücke aus der syrischen Armee. Außerdem bastelten sie sich verschiedene Bomben und Minen, unkonventionelle Spreng- und Brandvorrichtungen (sogenannte IEDs), und sie bedienten sich weiterer Do-it-yourself-Vorrichtungen, mit denen sie irgendwelche Sprengsätze auf Assad-Truppen schleudern konnten.

Unterdessen wurde ich von einer namhaften Zeitschrift gebeten, einen Artikel zu diesem Thema zu schreiben. Es handelte sich um den ersten derartigen Auftrag. *Foreign Policy*, eine hochangesehene Zeitschrift, die von Diplomaten, Fachwissenschaftlern und Analytikern gelesen wird, wollte eine zusammenfassende Beschreibung des Waffenarsenals der Assad-Gegner. Ich machte mir bewusst keine Gedanken darüber, wie ich dieses illustre Publikum beeindrucken konnte, sondern schrieb einfach über das, was mich selbst am meisten interessierte, und verfasste eine Zusammenfassung meiner neuesten Erkenntnisse, die ich bereits auf Brown Moses gepostet hatte. Die Rebellen der Freien Syrischen Armee hatten mittlerweile eine ganze Reihe gewöhnlicher Lkw zu Kampffahrzeugen umgebaut und mit schweren Geschützen wie dem DschaK-Maschinengewehr ausgestattet. (Es trägt übrigens auch den russischen Kosenamen »Duschka«, was so viel wie »Schätzchen« bedeutet.) Dieses war als Flugabwehrwaffe durchaus eine Bedrohung für die Hubschrauber der syrischen Armee, die oft lediglich in Hochhaushöhe flogen, ihrerseits Maschinengewehrsalven nach unten feuerten und einfach wahllos Bomben abwarfen wie die OFAB-250-270: ein Brummer, der so viel wog wie eine Harley-Davidson und einfach dort detonierte, wo der Wind ihn hinwehte.

Die Guerillas waren mit ihren IEDs sehr erfolgreich. Schon bei ähnlichen Angriffen auf US-amerikanische Truppen im benachbarten Irak hatte sich dieses Material bewährt. Noch wirkungsvoller waren alle möglichen selbst gebastelten Kampfutensilien. Es gab eine Gruppe, die über einen improvisierten Flammenwerfer verfügte: Sie hatten einen Tankwagen beschlagnahmt und mit dessen Schlauch ein Gebäude mit Benzin besprüht, das sie dann anzündeten. Außerdem verfügten sie über kleine Werkstätten, wo sie bereits verwendete Granatenhülsen erneut mit selbst gemachtem Sprengstoff füllten. Aufgrund dieser Zustände entbrannte in den Staaten des Westens eine Debatte über eine internationale militärische Intervention in Syrien. Die westlichen Staaten verurteilten zwar immer wieder das Vorgehen von Assad, konnten sich aber nicht dazu durchringen, die Rebellengruppen mit modernen Waffen auszurüsten, um den Diktator zu besiegen. Russland und Iran hingegen zögerten nicht, die Rebellen massiv zu unterstützen, womit sie Kriegspartei wurden, was die Gefahr einer Ausweitung des Konflikts beinhaltete. Auch die unterschiedlichen Rebellengruppen selbst waren gespalten, sodass die internationale Gemeinschaft verunsichert war, wen sie nun unterstützen sollte.

Selbst mit meinen eigenen Absichten – auf neutrale Weise Beweisstücke zum syrischen Bürgerkrieg zusammenzutragen – schuf ich mir Feinde. Seit den Massaker von Houla, das zu einem internationalen Aufschrei und zu einer Verurteilung Assads geführt hatte, interpretierten die meisten Unterstützer Assads jede Tatsachenbehauptung, bei der das syrische Militär schlecht wegkam, als eine Verschwörung mit dem Ziel, das Regime zu stürzen. Angesichts einer derart verdrehten Logik wurde jeder Hinweis oder gar Beweis für Kriegsverbrechen selbst zu einer Kriegshandlung.

Ich war als Berichterstatter im Hinblick auf eine Intervention von außen oder Untätigkeit ganz neutral. Aber die Verärgerung über die Umstände, die zu der amerikanischen Intervention im Irak, insbesondere im dritten Golfkrieg, geführt hatten, war besonders bei der politischen Linken immer noch sehr präsent. Dort interpretierte man jede Kritik an einem arabischen Diktator als eine neokonservative Verschwörung zugunsten einer amerikanischen Vorherrschaft im Nahen Osten, um die dortigen Bodenschätze, insbesondere das Öl, ungehindert ausbeuten zu können. Gleichzeitig erhielt Assad aber auch Unterstützung von der äußersten Rechten in Amerika, hauptsächlich deshalb, weil er vor Mord und Folter nicht zurückschreckte, um islamistische Extremisten auszuschalten – dabei machten diese nur den geringsten Teil unter Assads Opfern aus. In der Bewertung von Assad waren also die äußerste Rechte und die äußerste Linke ganz einer Meinung. Das bedeutete aber auch, dass ich online wahlweise als »imperialistischer Abschaum« bezeichnet oder rassistisch beschimpft wurde, weil manche Leute »Brown Moses« entweder für einen Juden oder Nicht-Weißen hielten.

Belebt wurde das unflätige Getümmel im Internet ferner von bezahlten Akteuren und Propagandisten, die im syrischen Konflikt vor allem im Schmutz herumstocherten. Ende April 2012 zeigte der syrische Fernsehsender *Addounia TV* nach zweimonatiger Bombardierung der Stadt Homs ein Video, das angeblich von einem algerischen Touristen von dessen Hotelfenster aus aufgenommen worden war. Dieses Video zeigte die Stadt völlig intakt; es sollte die Berichte der Journalisten Lügen strafen. Zu sehen war eine friedliche, moderne orientalische Großstadt, in der die Autos ungehindert durch die Straßen fuhren. Wenn die Kamera zufällig Firmen- oder Geschäftsschilder erfasste, erkannte man allerdings überall die Vorwahl von Damaskus. Einige Internet-Detektive und ich skizzierten nach diesen Bildern einen Stadtplan der Umgebung dieses Video-Standorts und glichen ihn mit den Satellitenbildern von Damaskus auf Google Maps ab. Die meisten landeten einen Treffer: Man konnte einen markanten, hoch aufragenden Wohnblock mit einer besonderen Anordnung der Fenster identifizieren, ferner zwei charakteristische Gerüste mit Sonnensegeln und sogar ein paar Baumreihen. So entlarvten wir diese plumpe Fälschung.

Der englischsprachige Sender *Russia Today* ist bekanntlich das internationale Sprachrohr des Kreml; heute nennt er sich nur noch »RT«, um diesen Hintergrund ein bisschen zu verschleiern. RT lancierte ebenfalls schiefe bis lügenhafte Darstellungen in seiner Berichterstattung über den Syrienkrieg. Ein typisches Beispiel ist ein Bericht, der unter der Überschrift »Nichts ist vor ihnen sicher, nichts ist ihnen heilig« lief. Und weiter: »Entweihen syrische Rebellen christliche Kirchen?« Der Beitrag gründete seine Aussagen auf Behauptungen, die zuerst auf der Website von »Prison Planet« des Rechtsauslegers und Verschwörungstheoretikers Alex Jones erschienen waren. Dort sah man Fotos einer angeblich verwüsteten Kirche sowie »einen angeblichen Angehörigen der Freien Syrischen Armee«, welcher »in einem gestohlenen Priestergewand mit einem heruntergerissenen Kreuz in der einen und einem Maschinengewehr in der anderen Hand« posierte. Laut RT waren die Fotos von einer Christin in Homs aufgenommen worden, die mit *Prison Planet* Kontakt hatte. Dabei war das Foto in Wirklichkeit von Lens Young Homsi aufgenommen worden, einer Gruppe junger Fotografen aus Homs; das digitale Wasserzeichen war einfach entfernt worden, um den Ursprung zu verschleiern. Bei der Durchsicht von Bildmaterial, das von Aktivisten auf Youtube eingestellt worden war, hatte ich diese Kirche bereits mehrfach gesehen. In einem Zwei-Minuten-Video über diese Kirche war ein Mann zu sehen, der auf Trümmer am Boden, umgestürzte Kirchenbänke und ein beschädigtes Jesus-Bild deutete. Dann schwenkte die Kamera nach oben zur Decke und zoomte auf ein Loch im Dach. Die Trümmer stammten also nicht von antichristlichem Vandalismus, sondern von Artilleriebeschuss.

Damals hatte ich es noch nicht begriffen, aber bei allem, was ich hier zu sehen bekam, handelte es sich um die ersten Anzeichen einer neuen Art von Wettbewerb: der aufkommenden Informationskriege. Autoritäre Staaten, die seit langer Zeit unter einer wenig freundlich gesinnten Auslandspresse litten, hatten dank des Internets nun die Möglichkeit, die unabhängige Presse zu umgehen und ihre Propaganda direkt in andere Länder zu übertragen. Desinformation wurde so zu einem wichtigen Bestandteil der Außenpolitik.

Das 2005 gegründete RT hatte sich zu einem der professionellsten und angriffslustigsten Sender entwickelt. In seinen Anfängen brachte der vom Kreml finanzierte Sender nur langweilige Beiträge über Mütterchen Russland und stieß damit außerhalb Russlands kaum auf Interesse. Im Zusammenhang mit einem großen Relaunch und mit der Umbenennung in »RT« thematisierte der Sender zunehmend den Zerfall der westlichen Welt. Auch wenn er immer noch nur von einer kleinen Minderheit regelmäßig wahrgenommen wurde, gelangten doch regelmäßig Beiträge oder Ausschnitte der Sendungen über Youtube, Facebook oder Twitter ins Internet und fanden dort ein Millionenpublikum.

Die Chefredakteurin von RT, Margarita Simonyan (die seinerzeit das berüchtigte Interview mit den beiden russischen Verdächtigen im Fall Skripal geführt hatte), äußerte bereits im Jahr 2012, dass sie nicht an so etwas wie journalistische Objektivität glaube. Sie bezeichnete ihren Sender ganz offen als verlängerten Arm der russischen Kriegspropaganda: »Es würde nichts mehr helfen, wenn man mit der Waffenproduktion erst dann anfängt, wenn der Krieg bereits begonnen hat«, gestand sie ohne Umschweife der russischen Tageszeitung *Kommersant*. »Das russische Verteidigungsministerium führt im Moment nirgendwo auf der Welt einen Krieg, aber es ist für den Ernstfall gerüstet. Das Gleiche gilt für uns.«

Die haltlosesten Behauptungen lieferten nun allen möglichen

Verschwörungstheoretikern den Stoff, den sie in ihren Online-Aktivitäten verarbeiten konnten. So veröffentlichte Alex Jones in seinen »Info Wars« am 4. Juli 2012 folgende aus Syrien stammende Nachricht: »Die etablierten Medien, allen voran CNN und Konsorten und der Londoner *Guardian*, sind sich nicht zu schade, sich praktisch rund um die Uhr als Propagandaforen für anonyme ›Aktivisten‹ mit Twitter-Accounts herzugeben, indem sie ungeprüfte Youtube-Clips von vermeintlichen Gräueltaten zeigen; gleichzeitig wird das Bildmaterial von gleichermaßen grauenhaften Verbrechen der Rebellen einfach unter den Teppich gekehrt.« Nach dieser Einleitung folgte eine ganze Reihe von verstörenden Videos mit grausamen Aufnahmen, angeblich alles Beweise für Verbrechenstaten der Aufständischen. Ich unterzog dieses Material einem Faktencheck, und daraus ergab sich eine lange Liste von Fälschungen. Es begann mit einem RT-Video, in dem angeblich eine syrische Familie eine Gruppe Aufständischer einer Gräueltat bezichtigte. In einem anderen Clip des syrischen Staatsfernsehens war eine trauernde Frau zu sehen. Dazu lief folgender Text: »Der Sohn dieser Frau wurde in Homs getötet. Laut Al Jazeera wurde er von der syrischen Armee erschossen, aber seine Mutter beteuert, es seien die Aufständischen gewesen.« Ich hatte dieses Video bereits früher an anderer Stelle gesehen, wo die Frau tatsächlich über den Leichnam ihres Sohnes gebeugt dessen Tod beklagte – wobei sie immer wieder lauthals auf Arabisch »Fahr zur Hölle, Bashar!« rief. (Gemeint war Bashar al-Assad, der syrische Präsident.)

Eine andere Unterzeile bei InfoWars lautete: »Diese entsetzlichen Aufnahmen zeigen einen syrischen Bürger alawitischen Glaubens kurz vor seiner Enthauptung.« Schon ein ganz geringer Rechercheaufwand genügte, um nachzuweisen, dass dieses Video nicht in Syrien, sondern in Tunesien aufgenommen worden war. InfoWars brachte auch einen Link zu dem dubiosen Beitrag über die angeblich entweihte Kirche. Ein anderes

InfoWars-Video zeigte, wie UN-Leute einen Aufständischen auf einem Lastwagen transportierten, was dahingehend interpretiert wurde, dass die angeblich neutrale UN in Wirklichkeit zugunsten der Opposition agierte. Allerdings hatte ich auch diesen Clip bereits an anderer Stelle gesehen. Dort konnte man mitverfolgen, wie die UN-Beobachter einem Aktivisten namens Hadi al-Abdallah erklärten, sie könnten nichts für ihn tun. Ferner wies InfoWars an der Stelle darauf hin, dass die in dem Clip herumstehenden Männer »Allahu akbar!« gerufen hätten; das wurde sozusagen als Kampfruf fundamentalistischer Muslime im Dschihad interpretiert. Dabei gehört der Ausruf »Allahu akbar!« zur arabischen Alltagssprache und wird dort so verwendet, wie wenn wir »Gott sei Dank!« sagen. So wurden ständig Halbwahrheiten oder glatte Tatsachenfälschungen online verbreitet – meist sogar auf ganz plumpe Weise: Ich brauchte nicht einmal eine Stunde, um diese InfoWars-Verdrehungen zu entlarven.

Mein Artikel für die Juli-Ausgabe der Zeitschrift *Foreign Policy* im Jahr 2012 trug den Titel »Aufstand in Syrien im Heimwerker-Stil«. Dadurch erhielt ich erstmals Zugang zu einem ganz neuen Leserkreis. Hier vermittelte ich die Ergebnisse von Open-Source-Erkenntnissen zum syrischen Bürgerkrieg an die diplomatisch-akademische Schicht der damit befassten Fachleute. Gleichzeitig erhöhte sich der Traffic auf Brown Moses, und zwar erheblich. Nach einem halben Jahr hatte sich die Zahl der monatlichen Besuche der Seite vervierfacht, auf bis zu sechsundvierzigtausend im August 2012.

Dann folgte meine bisher bedeutendste Enthüllung, die deutlich machte, wie verzweifelt die syrische Regierung mittlerweile sein musste. In einem Youtube-Video war zu sehen, wie sich einige Bewohner einer Stadt um ein rostiges, zusammengedrücktes Fass auf dem Boden scharten. Es wirkte wie ein großer, ausgebrannter Abfalleimer, der umgeworfen und irgendwie zusammengepresst dalag. Die Leute meinten, er sei aus einem

Hubschrauber gefallen. Nur die syrische Armee verfügte über Hubschrauber, aber es erschien eigenartig, dass reguläre Militärs auf den Gedanken gekommen sein sollten, eine primitive Fassbombe abzuwerfen. Ich sah mir mehrere Clips über den Vorgang genau an; sie waren von Sympathisanten der Rebellen in Batbo hochgeladen worden, einer Kleinstadt westlich von Aleppo. »Dieses Mal«, schrieb ich auf Brown Moses, »bin ich auf etwas gestoßen, das mich zunächst wirklich sprachlos gemacht hat.«

Ich bat Kollegen und Mitstreiter um Informationen und Ideen, worum es sich handeln könnte, und es dauerte auch nicht lange, bis verschiedene Vorschläge und Theorien eintrudelten. Vielleicht handelte es sich um einen von den Rebellen »selbst gebastelten« Sprengstoffbehälter, den das syrische Militär entleert und irgendwo auf dem Territorium der Freien Syrischen Armee abgeworfen hatte. Vielleicht war auch den belagerten Luftwaffenbasen der syrischen Armee die Munition ausgegangen, sodass sie sich ebenfalls mit »Heimwerker-Bomben« behelfen mussten. Einige fragten sich auch, ob es sich bei diesen Videos um irgendwelche von den Oppositionellen produzierten Fakes handelte.

Wenn irgendwo der Verdacht auf die Verwendung von (geächteten) Fassbomben aufkam, war der von den Saudis betriebene Nachrichtensender *Al Arabyia* schnell mit der Erklärung bei der Hand, es handle sich um Behälter, die mit 200 Kilo TNT gefüllt von der syrischen Luftwaffe über Wohngebieten von Homs abgeworfen werden, um mögliche Rebellenverstecke zu zerstören. Aber dafür gab es kaum Beweise. Ein Reporter der britischen Tageszeitung *Daily Telegraph* hatte in Aleppo von Aktivisten gehört, angeblich seien dort Fassbomben über einem öffentlichen Park abgeworfen worden. Das war auch wieder so eine Behauptung ohne entsprechende überzeugende, starke Beweise.

Bei meiner Recherche nach weiteren Fassbomben-Clips stieß ich auf viele fragwürdige Hinweise. Wenn Bildmaterial mit dem Stichwort »Fassbomben« gekennzeichnet war, entpuppte sich das oftmals als syrische L-39-Flugzeuge, die wuchtige OFAB-Bomben abwarfen, die noch aus der Sowjetzeit stammten. Wie nicht anders zu erwarten, äußerte sich auch RT zu diesem Thema. In einem Beitrag mit dem Titel »Fassbomben-Blödsinn« machte sich der russische Experte Jewgeni Chruschtschow über die Unterstellung lustig, Assads Militär könnte auf derart primitive Mittel zurückgreifen. »Hier haben wir wieder einmal einen typischen Fall von Al-Qaida-Propaganda gegen die syrische Regierung, die sie womöglich mithilfe ihrer Ratgeber aus dem Westen ausgeheckt haben.« Er verwendete außerdem Ausdrücke wie »Quatsch«, »schwarze Propaganda« und sprach von amerikanischen Tricksereien mit dem Ziel, eine Intervention der NATO vorzubereiten und zu rechtfertigen.

Zu guter Letzt stieß ich auf den eindeutigen Beweis: Fünf Videos, die im Innern eines syrischen Kampfhubschraubers aufgenommen waren; entweder waren sie geleakt worden, oder man hatte sie einem syrischen Gefangenen abgenommen. Jedenfalls konnte man eine ganze Anzahl Fassbomben in einem gerade gestarteten Hubschrauber aufgereiht liegen sehen; die rückwärtige Luke stand weit offen. Um die Fassbomben herum gruppierten sich mehrere Männer in Kampfanzügen für diverse Erinnerungsfotos oder Videos, die sie gegenseitig mit dem Handy aufnahmen, während sie schräge Blicke auf eine Stadt am Boden warfen. Im fünften Video konnte man sehen, wie einer der Luftwaffensoldaten Luft auf seine Zigarette blies, damit sie aufglühte. Dann hielt er die glühende Zigarette an den Zünder einer der Fassbomben, der seinerseits zu brennen anfing. Daraufhin wurde die Bombe durch die Luke gestoßen.

Praktisch keiner von uns, die sich mit der aktuellen syrischen Bewaffnung beschäftigten, hatte eine Ahnung, dass solche Fassbomben mit einem simplen Dochtzünder gezündet werden, aber das erklärte einiges. Wenn die Zündschnur zu lang war, schlug die Bombe schon vor der eigentlichen Detonation auf dem Boden auf, was dazu führte, dass die Zündschnur erlosch. So ließ sich leicht erklären, warum man hin und wieder nicht explodierte Fassbomben fand. Ich hatte auch schon Videos gesehen, auf denen vermutliche Fassbomben von Hubschraubern aus zu Boden sausten, dann aber mitten in der Luft explodierten. In dem Fall muss der Docht zu kurz gewesen sein.

Das Video zeigte auch den weiteren Verlauf, wie die Fassbombe sich immer wieder überschlagend auf die Stadt zupurzelte, nachdem sie durch die Luke gestoßen worden war. Allein das war schon Beweis genug für ungezielte Generalangriffe auf die Zivilbevölkerung. Der Mann mit der Handykamera ließ das Gerät weiterlaufen, sodass man ohne Weiteres aus der Vogelperspektive Straßen und Wohnviertel erkennen konnte. Einige Skeptiker äußerten online, dass solche Aufnahmen fast an jedem beliebigen Ort entstehen konnten; möglicherweise musste das gar nicht in Syrien gewesen sein. Aber solche Aufnahmen aus der Vogelperspektive eigneten sich ideal für Verifizierungen anhand von Straßenverläufen, die man Karten oder Satellitenbildern entnehmen konnte. Josh Lyons von *Human Rights Watch*, der schon sehr früh damit begonnen hatte, Open-Source-Untersuchungen durchzuführen, brachte viele Stunden damit zu, die hier erkennbaren Straßenzüge mit Satellitenbildern aus Syrien zu vergleichen, und fand tatsächlich das passende Straßenmuster. Ich überprüfte seine Angaben, indem ich ebenfalls eine Google-Maps-Karte über das stillstehende Bild aus dem Video legte. Das Muster war identisch: Es handelte sich um Al Daaba, einen Ort in Zentralsyrien außerhalb von Homs.

In den folgenden Jahren wurden Fassbomben so eine Art

Markenzeichen der Assad-Armee. Sie ließ Tausende auf die Städte und Ortschaften niederregnen – eine billige und sehr zerstörerische Alternative zu kostspieliger konventioneller Munition. Laut dem *Syrian Network for Human Rights* (Syrisches Netzwerk für Menschenrechte) kamen durch die Fassbomben des Regimes annähernd elftausend Menschen zu Tode. Assad selbst sowie seine Streitkräfte leugneten rundheraus, auch nur eine einzige verwendet zu haben. »Ich habe von meiner Armee nie gehört, dass sie Fässer oder Kochtöpfe verwenden«, mokierte sich Assad 2015 in einem BBC-Interview. »Wir operieren nicht mit derartigen ungezielten Waffen. Wenn man schießt, hat man ein Ziel im Auge. Und worauf wir zielen, sind Terroristen, und wir tun dies zum Schutz der Zivilbevölkerung. Ich wiederhole noch einmal: Ja, es gibt Opferzahlen – so ist das im Krieg. Es gibt keinen Krieg ohne Opfer.«

Im September 2012 hatte mein Blog die monatliche Klickzahl zweihunderttausend überschritten. Das war für mich ein Meilenstein, aber bei Weitem nicht genug, um mir über Anzeigen und Werbung einen Lebensunterhalt zu ermöglichen. Mein bisheriger Brotjob war inzwischen auch beendet, sodass sich für mich mit großer Dringlichkeit die Frage stellte, ob ich es mir erlauben konnte, weiterhin jede freie Minuten für Brown Moses zu opfern. Während ich mich mit diesem Problem beschäftigte, lud mich die Wochenendausgabe von *National Public Radio* zu einem Live-Interview über meine Arbeit und meine Erkenntnisse ein. Dies war mein erstes größeres Radiointerview. Ich bereitete mich intensiv darauf vor und brachte viele Unterlagen mit in das BBC-Studio in Leicester, wo eine Verbindung zu dem bekannten Moderator der Sendung, Scott Simon, hergestellt wurde, der in Washington saß.

Simon: Woher haben die Aufständischen Raketenwerfer?
Higgins: Soweit ich weiß, stammen sie aus Militärbasen, Waffendepots und so weiter.
Simon: Mit anderen Worten, sie stehlen die Waffen der Regierung, um sie gegen die Regierung zu richten.

Ich war etwas angespannt, hatte die Antwort aber parat:

Higgins: So ist es. Ich habe keine Hinweise gefunden, dass sie Waffen aus dem Ausland erhalten hätten. Es ist natürlich immer schwierig, so etwas genau festzustellen. Sie können sich denken, dass wir die Lieferscheine nicht zu sehen bekommen.
Simon: Sie haben mittlerweile bereits einiges über – wie Sie es nennen – Heimwerker-Waffensysteme geschrieben.
Higgins: Richtig.
Simon: Geben Sie uns ein Beispiel von dem, was Ihnen im Syrien-Konflikt aufgefallen ist.
Higgins: Zu den verbreitetsten Waffen zählen einfache Rohrbomben. Sie enthalten die verschiedensten Sprengstoffe; oftmals einfach Beutesprengstoff aus Blindgängern, die die Regierungstruppen abgeworfen haben. Die Rebellen brechen diese Bomben auf und füllen den Sprengstoff in ihre eigenen Sprengkörper um, eben die Rohrbomben. Oft verwenden sie übergroße Zwillen, um sie über die Mauern von Militärlagern oder abgeriegelten Anlagen zu schleudern.
Simon: Sagten Sie »übergroße Zwillen«, also so was wie Steinschleudern?

Allerdings. Und meinen Berg von Unterlagen und Notizen hätte ich auch nicht gebraucht. Die Herausforderung bestand nicht darin, seine Fragen zu beantworten, sondern es möglichst einfach zu formulieren. Wenige Wochen später wurde ich von einer österreichischen Zeitung interviewt. Auch CNN zitierte aus meinen Veröffentlichungen, danach der *Christian Science Monitor* und die *Financial Times*.

Am Ende des Interviews mit NPR wollte Scott Simon sich, auch im Sinne der Zuhörer, noch einmal vergewissern: »Mr Higgins, Sie gelten mittlerweile als zuverlässige Quelle, die immer wieder zitiert wird, wenn es um die Fragen der Bewaffnung in diesem Konflikt geht. Eines muss ich Sie noch fragen: Sie sitzen dort im Vereinigten Königreich in Ihrer kleinen Wohnung. Woher wollen Sie das alles so genau wissen?« Ich verwies auf meine Kontakte und mein Netzwerk und natürlich auf die fortwährend neu hochgeladenen Videos, die uns täglich mit aktuellen Neuigkeiten versorgten. Aber selbst würde ich mich nicht als »Experten« bezeichnen. Nur diejenigen, die Einwände gegen meine Erkenntnisse erhoben, sprachen vom »sogenannten Experten« Eliot Higgins. Das geschah natürlich in der klaren Absicht, mich zu diskreditieren, meine fehlende einschlägige akademische Ausbildung hervorzuheben und mich als bloßen Blogger abzuqualifizieren. Das alles hatte ich ja auch nie verleugnet. Aber es zählte auch.

Gleichzeitig erhöhten sich praktisch täglich meine Kenntnisse, also meine Expertise. Gerade das gab mir in vielerlei Hinsicht zu denken: Die meisten Strippenzieher, hohe Regierungsbeamte und Politiker, die letztendlich gravierende Entscheidungen über diesen Krieg trafen – beispielsweise, ob sie sich daran in irgendeiner Form beteiligen sollten oder nicht –, hatten sehr viel weniger Kenntnisse hinsichtlich des Syrien-Konfliktes als ich, der ich mir lediglich die öffentlich zugänglichen Quellen angesehen hatte. So war ich auf eine nicht unbeträchtliche Lücke in unserem gesamten Informationssystem gestoßen – und ich verbrachte seitdem jeden Tag damit, diese Lücke zu füllen.

Auf der Titelseite der *New York Times*

Anfang 2013 sah es so aus, als sei die syrische Regierung nicht mehr in der Lage, die vollständige Kontrolle über ihr Land zurückzugewinnen. Doch jedes Mal, wenn die Opposition Boden gutmachte, brachte das Regime eine noch schlimmere Waffe zum Einsatz. Das Neueste war jetzt Brandmunition. Auch die Rebellen gingen einen Schritt weiter, indem sie landesfremde Guerillakämpfer über die irakische Grenze einschleusten. Ich stieß auf Videos, die Angriffe von Dschihadisten auf Zivilisten zeigten. Keine der beiden Seiten konnte die Oberhand gewinnen; es bestand eine Pattsituation. Das lief darauf hinaus, dass die Zukunft Syriens von dem Eingreifen auswärtiger Mächte abhängen würde.

Ein Akteur auf diesem Schlachtfeld, mit dem ich niemals gerechnet hätte, war das ehemalige Jugoslawien. Eines Tages tauchte in Videoclips aus der Gegend von Hauran, im südwestlichen Syrien nahe der Grenze zu Jordanien, ein ungewöhnlicher Raketenwerfer in Rebellenhand auf. In einem der Videos kniete ein Guerilla-Kämpfer offenbar in Lauerstellung an einer Straßenkreuzung. Auf seiner Schulter hatte er eine tragbare Panzerabwehrrakete, eine M79 Osa; das schwere Metallrohr war ungefähr so lang wie der Mann selbst. Dann fuhr ein Panzer heran, und der Kämpfer feuerte die Waffe ab. In den bisher neun Monaten, seit ich die Vorgänge in Syrien ziemlich minutiös verfolgte, war mir diese Waffe nie untergekommen. Einige Zeit später sendete das syrische Staatsfernsehen Berichte von den Kämpfen in der Grenzregion zu Jordanien und zeigte von den Rebellen erbeutete Waffen, die denen auf dem Panzer-Video sehr ähnlich waren.

Hochtechnisierte Waffen der Rebellen stammten in der Regel entweder von Überläufern oder waren Kriegsbeute, wenn sie einen Militärposten erobert hatten. Allerdings gehörten M79 Osa nicht zur Ausrüstung der syrischen Regierungstruppen. Tatsächlich stammten sie aus ehemals jugoslawischen Teilrepubliken wie Serbien, Mazedonien oder Kroatien, die seit Anfang der Neunzigerjahre souveräne Staaten waren. In einer anderen Sendung des Staatsfernsehens waren ebenfalls erbeutete Rebellenwaffen, darunter reihenweise Raketenwerfer, Hand-Granatenwerfer zur Panzerabwehr (die bereits bekannten sowjetisch-russischen RPGs) sowie rückstoßfreie Gewehre zu sehen. Ich konnte einige davon identifizieren, und auch hierbei handelte es sich um etliche Waffenmodelle aus Ex-Jugoslawien, die, soweit bekannt, von der syrischen Armee nicht verwendet wurden.

Nun verfolgte ich meine Youtube-Listen und sonstige Clips von Rebellengruppen aus jener Gegend, wo die Waffen erbeutet wurden, rückwärts und fand heraus, dass diese Waffen seit Anfang 2013 im Einsatz waren. Offensichtlich hatten die Aufständischen im Südwesten größere Lieferungen empfangen, möglicherweise über die Grenze zu Jordanien. Meine Vermutung lautete, dass ein ausländischer Unterstützer eine beträchtliche Menge an die größeren Gruppen um Daraa geliefert hatte, die das Gerät wiederum an kleinere Rebellengruppen weitergereicht hatten. Dabei fiel auch auf, dass die so mit brandneuen Waffen belieferten Gruppen zu den eher moderaten im Spektrum der Rebellen zählten. Daraus wiederum konnte man den Schluss ziehen, dass vor allem diejenigen Gruppen gezielt unterstützt wurden, die auch gegen den Al-Qaida-Ableger Jabhat al-Nusra kämpften.

Falls es mir damit tatsächlich gelungen war, einen internationalen Waffenschmuggel aufzudecken, hatte das nicht nur einen beträchtlichen Nachrichtenwert, sondern es war auch eine eindrucksvolle Demonstration dessen, was man mit Open-Source-Untersuchungen erreichen konnte. Ich hatte im Grunde ja nichts anderes getan, als mir bestimmte Social-Media-Kanäle, insbesondere Youtube, systematisch anzusehen, wodurch ich auf ungewöhnliche Waffen stieß und die Ergebnisse tabellarisch erfasste. Das war im Grunde eine ganz primitive Vorgehensweise im Vergleich zu den komplexen Methoden, die Bellingcat Jahre später entwickelte. Doch es war auch ein eindrucksvoller Beweis, dass das Konzept funktionierte – umso eindrucksvoller aufgrund seiner Einfachheit.

Während der kommenden Tage und Wochen entdeckte ich immer mehr Waffen aus ehemals jugoslawischen Ländern, bisweilen auch weit von der Grenzregion entfernt. Ich veröffentlichte meine Erkenntnisse auf Brown Moses, fand aber bald eine wesentlich größere Plattform. Ein bei der *New York Times* erscheinender Blog namens »At War« veröffentlichte Beiträge von Leuten, die sich in den Konflikten genau auskannten. Sie meldeten sich im Februar 2013 bei mir mit der Frage, ob ich irgendetwas hätte, was ihre Leser interessieren könnte. Ich übermittelte ihnen rasch eine Zusammenfassung meiner neuesten Erkenntnisse und wartete die Reaktion ab. Schließlich meldeten sie sich und meinten, sie wären interessiert, würden es zur Überprüfung aber gerne weiterleiten. C.J. legte zusammen mit dem Washingtoner Korrespondenten mein Material der Regierung vor. Die Antwort lautete: Es stimmt alles. Es verhält sich so, dass die Saudis mit Wissen der amerikanischen Regierung Waffen in Kroatien kaufen; sie werden nach Jordanien geliefert und von dort aus über die Grenze der Freien Syrischen Armee zugeschoben. Dies war das erste Mal, dass so ein »Lieferweg« zur Unterstützung der syrischen Opposition quasi offiziell bestätigt wurde.

Am 26. Februar trug die Titelgeschichte der *New York Times* die Überschrift: »Saudis beliefern die Rebellen in Syrien angeblich mit Waffen«.

Saudi-Arabien hat den Kauf größerer Mengen an Waffen aus Kroatien finanziert, die den Aufständischen in Syrien zugeschleust wurden. Ziel der Aktion war es, die verlustreiche

Pattsituation zu durchbrechen, dank deren sich Präsident Bashar al-Assad immer noch an der Macht halten kann. So verlautet aus amerikanischen und anderen westlichen Quellen, die mit den Vorgängen vertraut sind.

…

Art und Zahl dieser Waffen wurden hauptsächlich von dem Blogger Eliot Higgins entdeckt und dokumentiert, der unter dem Namen Brown Moses veröffentlicht und die Verbreitung dieser neuen Waffen nachverfolgt hat. Es handelt sich vor allem um bestimmte, aus dem früheren Jugoslawien stammende Modelle wie rückstoßfreie Gewehre, Sturmgewehre, Granatwerfer, Maschinengewehre, Mörser und Schulterraketen, die gegen Panzer und andere gepanzerte Fahrzeuge zum Einsatz kommen.

Die in dem Artikel zitierten Regierungsstellen bestätigten, dass diese Waffen aus kroatischer Überproduktion stammten, die während der Balkankonflikte in den Neunzigern angehäuft worden war. Ein Jahr zuvor hatte ein hochrangiges kroatisches Regierungsmitglied diese Überbestände wohl in Washington erwähnt, schon damals als Wink mit dem Zaunpfahl, falls jemand Interesse hätte, die syrischen Rebellen zu unterstützen.

Ich verfasste daraufhin ein Gegenstück zu »At War«, in dem ich meine Arbeitsmethoden beschrieb. Mittlerweile wurden diese Berichte auf Initiative von Tom Watson auch im britischen Parlament diskutiert. Dieser Abgeordnete war längst Teil meines Brown-Moses-Netzwerks: schon seit der Zeit des Voicemail-Hacking-Skandals. Meine monatlichen Klickzahlen schossen in die Höhe, auf zweiundsiebzigtausend im März 2013 und dann auf hundertsiebenunddreißigtausend im Mai. In meinem ersten Jahr war ich von einem völlig Unbekannten zu einem Blogger mit einer halben Million Klicks geworden.

Weil sich das alles so aus dem Nichts entwickelt hatte, war auch der *Guardian* auf mich aufmerksam geworden; sie brachten einen Porträtartikel über mich. Bis dahin hatte ich schon eine stattliche Zahl an Interviews gegeben, aber immer nur zu meiner Arbeit und meinen Erkenntnissen, nichts zu meiner Person. »Es gab Journalisten, die vermutet haben, dass ich früher im Waffenhandel tätig gewesen sein muss«, erzählte ich dem Reporter. »Aber vor dem Arabischen Frühling hatte ich von Waffen genauso viel oder vielmehr genauso wenig Ahnung wie jeder andere Xbox-Nutzer. Bis zu dem Zeitpunkt war meine Waffenkunde auf das beschränkt, was ich von Schwarzenegger- oder Rambo-Filmen wusste.« Meine Kritiker erwähnen diese Äußerung bis zum heutigen Tag und nutzen sie, um mich als unqualifiziert zu verleumden. Aber das geht an der Realität vorbei. Früher war ich in der Tat keineswegs qualifiziert gewesen, aber mittlerweile konnte auch ein Amateur wie ich wichtige und gesicherte Beiträge liefern.

Nachdem ich durch dieses *Guardian*-Profil einem größeren Publikum bekannt geworden war, trafen laufend neue Interview-Anfragen ein: CNN, Channel 4 News aus Großbritannien, ARD aus Deutschland. CNN zeigte Aufnahmen von mir, wie ich am Laptop am Küchentisch arbeite, und man sah auch meine kleine Tochter in ihrem Hochsitz und Kinderspielzeug im Hintergrund. Zu der Zeit war ich noch arbeitslos, und daraus wurde dann die Geschichte: Beschäftigungsloser Hausmann enthüllt am laufenden Band sensationelle Fakten über den syrischen Bürgerkrieg, während er sich um sein Kleinkind kümmert.

Fast jeden Tag erschien ein anderes Fernsehteam bei mir zu Hause, was mich allmählich ein wenig irritierte. Nachdem ich jahrelang einem stillen, anonymen Bürojob nachgegangen war, befand ich mich nun in einer Situation, wo meine Arbeit öffentliche Aufmerksamkeit fand und geschätzt wurde. Ich konnte etwas Besonderes leisten und wollte jede Stunde nutzen, um damit fortzufahren. Allerdings verdiente ich bisher kein Geld damit. Wir kamen kaum über die Runden; ich sollte eigentlich den

Lebensunterhalt für meine junge Familie verdienen. Im Moment sah es so aus, als wäre es das Beste, wenn ich Brown Moses aufgab. »Ich würde gerne immer weiter meine Blogs schreiben, aber ich möchte und muss auch in der Lage sein, meine Hypothek abzuzahlen«, schrieb ich eines Tages auf Twitter. Darauf erhielt ich eine Menge aufmunternde Antworten: Ich sollte es mit Crowdfunding doch wenigstens mal versuchen, lautete der Tenor.

So kamen nach und nach ein paar kleine Spenden zusammen, und mit der Zeit wurde daraus ein konstanter Geldfluss. Schon nach wenigen Wochen hatte ich mein bescheidenes Ziel von 6000 Pfund erreicht. Das verschaffte mir etwas Luft – wenigstens für die nächsten Monate. In dieser Zeit begann meine bis dahin größte Untersuchung.

Durchbruch bei Chemiewaffen

Kurz nachdem ich am Morgen des 21.August aufgewacht war, erschienen in schneller Reihenfolge Videos aus Damaskus mit schrecklichen Bildern. In der vorangegangenen Nacht waren in einigen Vororten der syrischen Hauptstadt Bomben niedergegangen, aber nicht explodiert. Stattdessen zogen sich Dämpfe und Nebelschwaden durch die betroffenen Stadtviertel. Passanten liefen taumelnd durch die Straßen oder fielen zu Boden, Schaum trat ihnen aus der Nase, Kinder auf dem Schulweg litten an Atemnot. Es kam zu einem Ansturm auf die Krankenhäuser; alle Betroffenen hatten einen glasigen Blick, die noch Lebenden und auch bereits einige Tote. Bereits früher hatte es in Syrien Stimmen gegeben, wonach die Regierung in Stadtvierteln mit überwiegend regimekritischer Bevölkerung Chemiewaffen eingesetzt habe; aber dabei muss es sich um sehr begrenzte Einsätze gehandelt haben, die sich nur schwer nachweisen ließen. Hier nun gab es in kurzer Zeit an die tausend Tote, und weitere Abertausende litten eindeutig an Schäden des Nervensystems. Dabei handelte es sich durchweg um Zivilbevölkerung, um Menschen also, die lediglich das Pech hatten, in Ghouta zu leben, einem Vorort von Damaskus, wo die Aufständischen tonangebend waren. In den sozialen Medien entbrannte eine wütende Debatte darüber, wer hinter diesen Giftgas-Angriffen steckte, bei der sich die Disputanten gegenseitig nichts schenkten.

Ein Jahr zuvor hatte der damalige amerikanische Präsident Obama den syrischen Präsidenten Assad unumwunden aufgefordert zurückzutreten, gleichzeitig aber klargemacht, dass die Vereinigten Staaten in Syrien nicht selbst militärisch intervenieren würden – mit einer Ausnahme: »Falls wir merken, dass in diesem Land chemische Waffen eingesetzt werden, ist für uns eine rote Linie überschritten«, warnte er Assad.

Ich versuchte schon seit Monaten, Vorwürfen wegen des Einsatzes von Chemiewaffen nachzugehen und Nachweise dafür zu erbringen. Alle Welt wusste, dass die syrische Regierung über ein Chemiewaffenarsenal verfügte; sie hatte das sogar zugegeben. Aber den Nachweis zu führen, dass das Assad-Regime die eigene Bevölkerung mit Giftgas ermordet, war doch noch etwas anderes. Um diesen Nachweis führen zu können, braucht man Experten für chemische Waffen vor Ort, die in der Lage sind, Proben einzusammeln. Da konnte ein reiner Online-Beobachter so gut wie nichts ausrichten.

Zwischendurch hatte das Medienpublikum weltweit das Interesse an den Horrormeldungen aus dem syrischen Bürgerkrieg wieder weitgehend verloren. Aber ein Chemiewaffeneinsatz dieses Ausmaßes brachte die Aufmerksamkeit für den syrischen Kriegsschauplatz zurück. Der damalige britische Premierminister David Cameron erbat vom Parlament die Erlaubnis, Luftschläge gegen Assad führen zu können. Während der

Parlamentsdebatte meldeten sich einige Abgeordnete zu Wort, die damit allerdings eine erschreckende Unkenntnis der Lage offenbarten; sie wiederholten einfach, was einige schlecht informierte Zeitungskolumnisten geschrieben hatten. Schließlich lehnte das Unterhaus eine Militäraktion ab. So wurde Obama von seinem wichtigsten Verbündeten im Stich gelassen. Das Weiße Haus veröffentlichte dann noch einen vierseitigen zusammenfassenden Bericht der Nachrichtendienste über den Angriff auf Ghouta. Nachdem ich ihn gelesen hatte, konnte ich nur den Kopf schütteln. Das Ganze war ziemlich substanzlos und spiegelte überhaupt nichts von der Masse an im Internet verfügbaren Videos wider; mittlerweile mochten es über zweihundert sein.

Ich stellte alles zusammen, was ich darüber in den sozialen Medien finden konnte, vor allem Einzelbilder vom Tag des Angriffs selbst. Einwohner von Ghouta hatten dünne, röhrenförmige, ungefähr drei Meter lange graue Raketengeschosse eingesammelt, die im Boden steckten. Diese Geschosse hatten Steuerflossen am hinteren Ende und eine Art überdimensionierten Sprengkopf an der Spitze. Solche etwas ungewöhnlichen Geschosse waren mir schon früher an anderen Stellen aufgefallen, zuerst im Januar 2013. Aber sie waren mit konventionellem Sprengstoff gefüllt gewesen, nicht mit chemischen Kampfgasen.

Um darüber etwas mehr in Erfahrung zu bringen, kontaktierte ich mehrere Leute aus meinem Netzwerk, das sich mittlerweile durch meine Internet-Publikationen aufgebaut hatte. So befragte ich Waffen- und insbesondere Chemiewaffen-Spezialisten aus der Mystery-Munitions-Gruppe auf Facebook. Niemand konnte etwas mit diesen Raketenröhrchen anfangen, daher nannte ich sie UMLACA – *Unidentified Munitions Linked to Alleged Chemicals Attack* (etwa: Nichtidentifizierte mutmaßliche Chemieangriffswaffen). Die Tatsache, dass eine nicht unbeträchtliche Anzahl gar nicht explodiert war, ließ den Schluss zu, dass es auch gar nicht beabsichtigt war, einen konventionellen Sprengschaden herbeizuführen, sondern dass der Inhalt irgendwie nach und nach entweichen sollte. An einem Ende des »Sprengkopfes« befanden sich zwei Öffnungen; eine davon war mit einem Schraubverschluss versehen. Das bedeutete, dass sich darin kein Gas befand. Die Öffnung war allerdings auch nicht groß genug, um eine feste Substanz einfüllen zu können. Daher handelte es sich wohl am ehesten um eine Flüssigkeit. Wenn man von dieser Annahme ausging, limitierte das wiederum die Zahl der infrage kommenden chemischen Kampfstoffe.

Auf einem der für uns besonders brauchbaren Fotos steckte eines dieser UMLACA mitten in einem Feld in der Erde. Die Metallhülle war von dem Einschlag etwas verdellt. Für uns war es sehr wichtig, dieses Objekt zu lokalisieren und zu bergen. Daher alarmierte ich einen Suchtrupp via Twitter. Einer der User schlug einen möglichen Fundplatz vor und platzierte einen Marker für mich auf Google Maps, damit ich ihn näher in Augenschein nehmen konnte. Bei diesem Vorgehen, der sogenannten Geolokalisierung, liegt der Schlüssel zum Erfolg darin, dass man sich nicht in der Unmenge von Details verliert. Am besten sucht man sich eine leicht identifizierbare Landmarke, etwa ein bestimmtes, gut wiedererkennbares Minarett oder einen Landschaftspark. So umgeht man am besten alles, was einen visuell von dem gewünschten Ziel ablenkt. Sobald man die erste Landmarke gefunden hat, sucht man sich ein zweites auffälliges Merkmal in der betroffenen Gegend und fährt immer weiter so fort.

Nach dem ersten Angriff in den östlich gelegenen Vororten von Damaskus gegen 2:30 Uhr kam es zu einem weiteren Schlag mit Chemiewaffen ungefähr um fünf Uhr in südwestlichen Stadtteilen. Beim ersten Schlag waren die beschriebenen UMLACA-Raketen verwendet worden; bei dem zweiten kam eine andere Art von Munition zum Einsatz. Während dieser

Zeit hielt sich auch ein Inspektionsteam der Vereinten Nationen in Syrien auf, das den Auftrag hatte festzustellen, *ob* hier Chemiewaffen eingesetzt wurden. Deren Mandat erstreckte sich aber nicht darauf, festzustellen, *wer* sie eingesetzt hatte. Einer dieser Inspektoren wurde dabei gefilmt, wie er eines der Geschosse untersuchte und dabei eine metallene Geschoss- bzw. Raketenhülse ausmaß, der ein Giftgas entwichen sein sollte. Ich hielt das Video in dem Moment an, als der Inspektor seinen Zollstock anlegte. Von diesem Bild machte ich eine Kopie, schnitt den Zollstock heraus und fand so den Durchmesser des Munitionsbehälters: 140 Millimeter. Dank dieser Maßangabe und mithilfe von Fotos der Geschosshülle gelang es mir und meinen Helfern im Internet anhand von weiterem Referenzmaterial, dieses Geschoss als die sowjetische Artillerierakete 140 mm M14 zu identifizieren. So wie bei den ersten UMLACA-Raketen, die auf die östlichen Vororte niedergegangen waren, war nur der Geschosskopf ein wenig beschädigt. Daraus konnte man folgern, dass sie nicht mit Explosivmaterial befüllt waren. Anhand von Referenzmaterial ließ sich feststellen, was ein solcher Geschosskopf enthalten konnte: 2,2 Kilogramm des Nervengifts Sarin.

Während der amerikanische Präsident überlegte, ob er einen militärischen Vergeltungsschlag befehlen sollte, kursierten im Internet Verschwörungstheorien, wonach die Rebellen für die Giftgasangriffe verantwortlich waren. Eine dieser Theorien besagte, die Saudis hätten die Rebellen mit Chemiewaffen versorgt, und einige dieser Behälter seien zufällig undicht geworden. Diese Vermutung stammte von MintPress News, einer kleinen Website im amerikanischen Bundesstaat Minnesota, die pro Assad eingestellt war. An diesem Beitrag war einiges faul: Das Ganze hörte sich nicht nur nach reiner Spekulation ohne eine Spur von Beweisen an, einer der angeblichen Autoren bestritt auch, überhaupt daran beteiligt gewesen zu sein.

Nur vom Blick auf Filmbilder und Fotos konnte ich natürlich keine Rückschlüsse auf die chemischen Kampfstoffe ziehen, aber ich konnte einiges über die verwendeten Geschosse aussagen, und das konnte man auf jeden Fall als schwerwiegenden Hinweis auf die Verantwortlichen werten. Seit nunmehr anderthalb Jahren hatte ich mir so gut wie jedes neue Video im Zusammenhang mit dem syrischen Bürgerkrieg angesehen. Nie zuvor waren mir im Umfeld der Aufständischen diese beiden Geschosstypen aufgefallen. Die Rebellen verfügten im Übrigen auch nicht über Vorrichtungen, um solche Granaten oder Raketen abzufeuern. Falls sie derart technisch hochentwickelte Geschosse unbedingt hätten abfeuern wollen, dann hätten sie auch nicht gezögert, dafür große Zwillen zu verwenden.

Die reguläre syrische Armee hingegen verfügte sehr wohl über M14-Artillerieraketen, und die nach wie vor etwas mysteriösen röhrenförmigen UMLACA waren auch früher schon bei Einsätzen der Regierungstruppen beobachtet worden. Ich selbst hatte diese Raketen auch schon als angebliche chemische Waffen auf Bildmaterial gesehen, bei dem die Zusammenhänge aber sehr unzureichend und unzuverlässig dokumentiert waren. Dazu gehörte ein zwei Wochen alter Clip aus der im Süden des Landes gelegenen Stadt Ada, wo man sehen konnte, wie sich ein Hund auf einer Straße in Zuckungen vor allem der Hinterläufe und des Kopfes windet, was durchaus durch ein Nervengift verursacht sein könnte. Auf derartige Clips konzentrierte sich das Interesse vieler Betrachter im Internet, aber ich sah mir diese Dinge nicht an, um mich darüber aufzuregen und zu empören. Ich suchte stets nach Tatsachenbeweisen und interessierte mich für die Munition. Bei dem Angriff auf Ghouta sah ich diese UMLACA-Raketen erneut und zog daraus meine Schlüsse.

Falls die UN-Spezialisten feststellten, dass diese merkwürdigen Raketen tatsächlich chemische Kampfstoffe enthielten, konnte man gar nicht anders, als zu folgern, dass die Regierung für ihren Abschuss verantwortlich war. Schließlich entschied

Präsident Obama, von Militärschlägen gegen Syrien abzusehen. Voraussetzung dafür war der Vorschlag der Russen, wonach Syrien seine Chemiewaffenbestände offenlegen und zerstören lassen sollte. Kurz danach veröffentlichten die UN-Beobachter ihren Bericht, der den Einsatz von Sarin bestätigte. Dafür seien zwei Typen von Raketenartillerie verwendet worden: die M14-Rakete sowie eine 330-mm-Rakete unbekannten Ursprungs, jene UMLACA.

Einen anderen wichtigen Nachweis verdankte ich der russischsprachigen Nachrichtenagentur ANNA. Sie hatte es in den Wochen vor dem Chemiewaffenangriff Journalisten ermöglicht, im Schutz der Assad-Truppen eine der größeren Offensiven des Regimes in Damaskus mit GoPro-Camcordern zu verfolgen, die auf Panzern aufmontiert waren. Aufgrund von Fotos einer heranfliegenden UMLACA hatte ich bereits einmal die ballistische Flugbahn mithilfe von Wikimapia zurückverfolgt, und zwar bis zu einer syrischen Militärbasis, die von Rebellenterritorium umgeben war. Dies konnte ich nun wieder anwenden. Indem es mir gelang, die Herkunft der ANNA-Videos geografisch ziemlich genau zu verorten, ließ sich nachverfolgen, wie die syrische Armee langsam einen Landkorridor zwischen dieser isolierten Militärbasis und von Regierungstruppen kontrolliertem Gebiet eroberte. Ich konnte genau feststellen, wo sich Regierungstruppen wann befunden hatten. In einem anderen ANNA-Video erklärten syrische Militärs frank und frei ihre militärischen Ziele in dieser Gegend: Sie wollten diesen Korridor erobern und dann von der Basis aus Raketen auf die Rebellengebiete um Ghouta abschießen. Diese Kampagne sollte nach deren Aussagen am 21. August 2013 beginnen – genau das war der Tag des Sarin-Angriffs. Auch der UN-Bericht enthielt klare Messungen und Aussagen über den Ursprung der chemischen Waffen. Als ich selbst die Ereignisse rekonstruierte, bestätigten die Daten die Vermutungen über die Abschussplätze der Raketen, speziell aus dem Landstreifen, den die Regierungsarmee gerade zurückerobert hatte. »Dieser Bericht kann einen das Gruseln lehren«, formulierte der Generalsekretär der UN, Ban Ki-moon. »An den Ergebnissen gibt es nichts zu deuteln: Es handelt sich um Kriegsverbrechen.«

Nur die Assad-Truppen verfügten über derartige Waffen. Die Assad-Truppen verfügten über die Abschusseinrichtungen. Die Assad-Truppen profitierten von den Angriffen. Von den Assad-Truppen war bekannt, dass sie für den Tag des Sarin-Angriffs ein militärisches Vorgehen von langer Hand geplant hatten. Trotzdem stritten Assads Leute und Unterstützer rundweg alles ab. Der iranische Nachrichtensender *Press TV* veröffentlichte einen Beitrag mit der Überschrift »5 Lügen, die den UN-Report über Syrien verfälschen« und machte ausdrücklich mich – »ein britischer Clubsessel-Beobachter« – gleich für die erste angebliche Lüge verantwortlich. Ich hätte herausgefunden, dass die beiden in Ghouta verwendeten Raketen von den Regierungstruppen stammen sollten, wurde in dem Beitrag gesagt, aber ich hätte übersehen, dass die Aufständischen über kleinere Raketen verfügten.

Das war eine höchst merkwürdige Einlassung. Als würde man einen Menschen des Mordes verdächtigen, der nie die tatsächliche Mordwaffe in der Hand hatte, sehr wohl aber eine beliebige andere Waffe. Aber Desinformation ist selten rational. Für solche Propagandisten reicht es schon, irgendeine Behauptung aufzustellen und dann einfach abzuwarten, bis der gesäte Zweifel Früchte trägt. Eines Tages erhielt ich eine seltsame E-Mail, in der ich aufgefordert wurde, mir drei bestimmte E-Mails anzuschauen, die angeblich bewiesen, dass die Giftgasangriffe von Ghouta von Aufständischen durchgeführt worden waren. In den Clips war dann sehr amateurhaftes Theater angeblicher Rebellen mit überdeutlich zur Schau gestellten Abzeichen islamistischer Gruppen zu sehen; sie verkündeten, sie würden nun UMLACAs abfeuern, und trugen zum Beweis, wie gefährlich das in den Geschossköpfen enthaltene Kampfgas sei, während der gesamten Aufführung Gasmasken. Dabei konnte man die ganze Zeit den Kameramann deutlich sprechen hören – es war klar, dass er keine Gasmaske trug. Außerdem benutzten sie zum Abschuss D-30-Howitzer-Haubitzen, die in diesen Zusammenhängen nie zum Einsatz gekommen waren.

Auch die Russen verbreiteten in diesem Zusammenhang jede Menge Lügen und falsche Behauptungen; damit wollten sie einfach so viel Verwirrung stiften, dass normale Leser, Zuschauer oder Beobachter es irgendwann aufgaben, herausfinden zu wollen, wer hier eigentlich wofür verantwortlich war. Als Erstes beharrten sie auf der Behauptung, die Aufständischen hätten die Raketen abgefeuert. Als Nächstes hieß es, die Rebellen hätten das Material gefälscht, weil einige der Videos, die angeblich unmittelbar nach dem Angriff aufgenommen worden seien, das Datum vom 20. August trugen. Allerdings tragen Youtube-Videos immer das Datum mit der Ortszeit des Standortes der Server, die sich nun mal in Kalifornien befinden, also besteht ein Zeitunterschied von zehn Stunden im Vergleich zu Syrien. Zu guter Letzt führten die Russen eine Nonne namens Mutter Agnes vor, die sich bereits zuvor dem Assad-Regime angedient hatte, indem sie die Opposition fälschlich der Verantwortung für das Massaker in Houla bezichtigt hatte.

Als ich erfuhr, dass die amerikanische Reporter-Legende Seymore Hersh in einer Ausgabe der *London Review of Books* vom Dezember 2013 einen längeren Artikel über den Angriff von Ghouta veröffentlicht hatte, besorgte ich mir den sofort. Ich kannte das Werk dieses mit dem Pulitzer-Preis ausgezeichneten Investigativ-Journalisten schon seit meiner Zeit als Teenager und war damals schon beeindruckt gewesen, wie viele Untaten, Affären und Verbrechen der amerikanischen Politik und Außenpolitik er aufgedeckt hatte. Jahrzehntelang war es Hersh immer wieder gelungen, skandalöse Machenschaften der US-Regierung zu entlarven. Im Fall von Ghouta bezweifelte er nun, dass es sich um ein Kriegsverbrechen des Assad-Regimes handeln sollte; vielmehr sollten islamistische Dschihad-Rebellen in der Lage sein, Sarin zu fabrizieren. Die Obama-Administration manipuliere nun die Nachrichtenlage so, dass das syrische Regime als Verantwortlicher für dieses Kriegsverbrechen dastehe, woraus dann die USA eine Rechtfertigung für einen Militärschlag gegen Assad ableiten könnten. Diese Hersh-Version warf erneut viele Fragen auf; allerdings hatte ich die meisten schon längst beantwortet. Am Ende stellte sich heraus, dass Hershs Artikel reiner, sehr peinlicher Unsinn war.

Auch heute noch versäumen es viele Journalisten, die Massen von Online-Information und evidenzbasierter Recherche zur Kenntnis zu nehmen, wenn sie über gefährliche und schwer zugängliche Konfliktgebiete berichten. Selbstverständlich ist traditionelle Berichterstattung, möglichst mit eigener Recherche vor Ort, unentbehrlich. Aber damit kann man heutzutage nicht mehr alles abdecken. Es genügt für Reporter nicht mehr, einfach nur im Adressbuch zu blättern, den einen oder anderen pensionierten CIA-Analysten anzurufen und um dessen Einschätzung der Lage zu bitten. Natürlich muss nicht jeder zum Open-Source-Spezialisten werden. Hersh hätte einfach nur meinen Blog lesen müssen.

Wie weit soll das noch gehen?

Was ich über den Angriff auf Ghouta herausgefunden hatte, brachte mir mehr Aufmerksamkeit als alles, was ich vorher veröffentlicht hatte. Die in den USA hochangesehene Wochenzeitschrift *The New Yorker* brachte unter der Überschrift »The

Rocket Man« (Der Raketenmann) einen Artikel über mich. Ich wurde eingeladen, auf dem Google Idea Summit in New York einen Vortrag zu halten. Dabei setzten sie mich auf der Bühne absichtlich in einen bequemen Lederclubsessel, in Anspielung auf die russische Verhöhnung. Christiane Amanpour, eine sehr bekannte CNN-Moderatorin, machte ein ausführliches Interview mit mir. Wenige Monate zuvor war ich drauf und dran gewesen, das Ganze aufzugeben, aber nun war mein Brown-Moses-Blog wieder sehr gefragt, und meine Klickzahlen erreichten im September 2013 die zweihundertfünfundvierzigtausend, nachdem ich mich anderthalb Jahre zuvor über zehntausend schon sehr gefreut hatte. Ich musste diesen Schwung unbedingt nutzen. Das Ganze musste mehr werden als bloß ein Blog.

So fand ich mich eines Tages im bewaldeten Hügelland über dem Orta-See in Norditalien in einem abgelegenen Anwesen des Tactical Technology Collective, einer Non-Profit-Organisation mit Sitz in Berlin. Sie brachten dort Menschenrechtsaktivisten und Hacker zum gegenseitigen Austausch zusammen. Ich war einem von fünf Lehrern einer Investigationsgruppe zugeteilt worden, zusammen mit einem preisgekrönten Journalisten, der sich mit dem Thema Menschenhandel befasste; einem Technologen, der sich für transparentes Regierungshandeln engagierte; einem Aktivisten, der früher im Rahmen der UN in der Korruptionsbekämpfung eingesetzt gewesen war; sowie einem Tunesier, der in seinem Blog diplomatische Berichte der Amerikaner geleakt hatte, was einer der Mitauslöser für den Arabischen Frühling gewesen war.

Als ich mit meinem Vortrag an die Reihe kam, war ich reichlich nervös. Zu meinen Zuhörern gehörten Menschen, die ihr Leben an diversen Kriegsfronten riskierten, wohingegen mein Arbeitsplatz sich nach wie vor zu Hause vor dem Laptop befand. Aber gut, sie hatten mich eingeladen, also fing ich an, Schritt für Schritt zu erklären, wie ich die Kampfzonen in Libyen geografisch lokalisiert, in Syrien eingesetzte Waffen identifiziert und kürzlich einen internationalen Waffenschmuggel aufgedeckt hatte. Alle hörten sehr aufmerksam zu.

Hinterher diskutierten wir alle in der einen oder anderen Form die Frage: Wie können *wir* unsere verschiedenen Expertisen sinnvoll und gezielter einsetzen? Eine Gruppe wollte sich die Waffen genauer ansehen, die von der Polizei einiger Länder bei Demonstrationen eingesetzt werden. Als ich sie auf vielversprechende offene Quellen zu diesem Thema hinwies, stürzten sie sich kopfüber in die Materie. Ich kam auch mit drei Syrern ins Gespräch; einer von ihnen war Hadi Al Khatib, der sich hauptsächlich damit befasste, Menschenrechtsaktivisten und Journalisten beizubringen, wie man digitale Daten vor Hackern, Spionen und sonstigen Eindringlingen schützt, die sie eventuell sogar zerstören wollen. Hadi, der später ein wichtiger Mitarbeiter bei Bellingcat wurde, hatte in seinem Heimatland kurz vor dem syrischen Aufstand bereits mit NGOs zusammengearbeitet. Von Deutschland aus hielt er sich permanent über den Fortgang des syrischen Bürgerkriegs auf dem Laufenden. Dabei war ihm bisher noch gar nicht klar gewesen, dass all diese Videos aus seinem Heimatland nicht nur den dortigen alltäglichen Albtraum zeigten, sondern auch wichtige Fakten und Sachhinweise enthielten.

Zu der Zeit hörte auch das breitere Publikum erstmals von Online-Recherchen, aber was die Menschen davon wahrnahmen, war nicht immer besonders rühmlich. Kurz vor meiner Reise nach Italien ereignete sich das Bombenattentat beim Boston Marathon: Zwei Terroristen hatten am 15. April zwei in Rucksäcken versteckte Sprengsätze auf der Zielgeraden des Marathonlaufs in Boston explodieren lassen, wodurch drei Menschen getötet und Hunderte weitere verletzt wurden. User der Social-News-Seite *Reddit* versuchten zwar, die Schuldigen zu finden, aber sie vermasselten es, weil sie falschen Angaben über drei dunkelhäutige Männer mit Rucksäcken nachgingen. Dafür bildete sich rasch der Begriff »Digilantismus« aus der Verbindung von »digital« und »Dilettantismus«. Das ist eine unverantwortliche Vorgehensweise, eine Amateur-Version von Open-Source-Investigationen – eher eine Art von Panikmache, die sich als Ermittlungsarbeit ausgibt.

Es gab auch Leute, die die Frage stellten, ob man das, was WikiLeaks macht, auch als Open-Source-Investigation bezeichnen kann. Die Antwort darauf lautet eindeutig Nein. WikiLeaks deckt Geheimmaterial auf, während Open-Source-Investigationen *ausschließlich* aus öffentlich zugänglichem Material schöpfen. Die Geheimnistuerei von WikiLeaks führte dazu, dass diese Plattform großen Einfluss erlangte. Das wurde in dem Moment problematisch, als Julian Assange eindeutig politisch Stellung bezog und seine Enthüllungen bewusst zeitlich so platzierte, dass sie bei denjenigen, die er verachtete, den größtmöglichen Schaden anrichteten. Das galt insbesondere für Hillary Clinton während des Präsidentschaftswahlkampfs 2016 (den später Donald Trump gewann). Ein weiteres Problem mit WikiLeaks besteht darin, dass es immer schwierig ist, große Datenmengen zweifelhafter Herkunft wirklich auf Herz und Nieren zu prüfen. Sind diese Unmengen diplomatischer Botschaften wirklich echt? Vielleicht, aber wie lässt sich das beweisen? Ich betrachte WikiLeaks einfach als eine mögliche Quelle unter vielen, deren Faktizität man genauer untersuchen muss wie die aller anderen auch.

Bei der Tactical-Tech-Tagung am Orta-See im Sommer 2013 rückten die verschiedenen Open-Source-Ermittler zu einer lockeren Gruppierung zusammen, die sich auf ganz natürliche Weise gebildet hatte. Die meisten von uns waren mehr oder weniger Amateure, die sich um ein paar Profis gruppierten, die auch als Pioniere der Szene galten, wie etwa Andy Carvin, der sich während des Arabischen Frühlings vor allem der sozialen Medien bedient hatte. Ferner gab es noch Josh Lyons, der es meisterhaft verstand, Satellitenbilder auszuwerten; Christoph Koettl von Amnesty International, ein Spezialist für Luftaufnahmen nordkoreanischer Gefangenenlager; sowie der ehemalige Progammierer Malachy Browne von Storyful, einer Firma, die als eine der ersten Social-Media-Bildmaterial professionell im Hinblick auf Faktengewinnung auswertete. Auch wenn sich bis dahin nur sehr wenige von uns persönlich kennengelernt hatten, herrschte doch von Anbeginn ein Geist der Kooperation, ja der Freundschaft.

In jenen »Gründertagen« gab es noch nicht einmal Begriffe für unsere Art von Arbeit. Als ich damals eher zufällig meine erste Ortung anhand des Bildmaterials aus Libyen vornahm, wusste ich noch gar nicht, wie ich das nennen sollte. Nach der Tagung in Orta musste ich noch oft an jene erfahrenen Experten denken, die so viel Begeisterung für unsere sich entwickelnden Recherchetechniken gezeigt hatten. Mir wurde klar, dass sich aus unseren Einzelaktivitäten ein ganz neues Berufsfeld mit methodischem Handwerkszeug entwickeln konnte, das man weitergeben konnte. Außerdem gab es noch reichlich weitere Themenfelder, die man online genauer unter die Lupe nehmen konnte; da gab es noch verborgene Schätze zu heben. Wenn bereits eine kleine Anzahl von Leuten, die eher ein paar Randthemen bearbeiteten, so viel Tatsachenwissen erheben konnten, was würde erst passieren, wenn sich Hunderte oder Tausende damit beschäftigten, Online-Recherchen zu betreiben? Ich war in diese Sache eher hineingestolpert, und mittlerweile gab es dafür auch reichlich Medienaufmerksamkeit; so erschienen immer mal wieder Porträts von mir in Zeitungen und Zeitschriften und im Fernsehen. Aber es gab auch andere Online-Detektive, die eine tolle Arbeit machten, und ständig kamen neue Leute hinzu. Sie alle brauchten eine geeignete Plattform.

Als ich damit anfing, Fakten online zu sammeln, hatte ich ganz bescheidene Ziele: echte Beweis-»Trüffel« zu finden und sie an die wahren Experten in dem jeweiligen Gebiet weiterzureichen. Als sich meine Trüffel-Ernte immer weiter vermehrte, sahen andere in *mir* einen Experten. Aber während der ganzen Zeit wartete ich eigentlich immer nur darauf, dass sich eines der großen Medienunternehmen der Sache annahm und das Ganze weiter professionalisierte. Doch das passierte nie. Musste ich es selbst machen? Das traute ich mir eigentlich gar nicht zu. Erst im Nachhinein erkenne ich, dass dies auch Vorteile hatte. Große Medien oder Institutionen wollten sich auf keinen Fall damit blamieren, etwas falsch eingeschätzt zu haben. Sie brauchten Vorreiter, bevor sie auf eine Sache aufsprangen. Mein Brown Moses war inzwischen so etwas wie eine Drehscheibe geworden, die mich einerseits mit angesehenen Spezialisten verband und andererseits mit engagierten Amateuren, die meine Motive und meine Methoden verstanden und schätzten.

So hielt ich Ausschau nach weiteren Beiträgern und Mitarbeitern für eine neue Art von Plattform, bei der es um hieb- und stichfeste Tatsachenbeweise gehen sollte, die online gewonnen wurden und für jedermann einsehbar und nachprüfbar sein sollten. Ein Dutzend Leute aus meinem Netzwerk – freischaffende Journalisten, ein Experte für Chemiewaffen, ein Spezialist für die komplizierten Fragen von Waffenkontrollen, unabhängige Rechercheure, Analytiker, Profis in Fragen der Sicherheit –, sie alle boten an, Berichte über den Irak, die Türkei, Kurdistan, Nigeria, zum Thema Korruption in Justiz und Polizei, Dschihadismus und viele andere zu liefern. Um etwas auf die Beine zu stellen, richtete ich erst mal einen Crowdfunding-Appell an das Publikum, versprach ambitionierte Open-Source-Recherchen sowie eine Plattform, wo man sich über allerneueste Recherchemethoden informieren oder sonstige Ratschläge einholen konnte. Es sollte ein Recherchekollektiv sein, bei dem jeder, der wollte, willkommen war mitzumachen und dass durch die Qualität seiner Arbeit und seiner Ergebnisse Maßstäbe setzen sollte.

Ich hatte gar keine Bedenken, dass ein Falschspieler dieses Projekt beeinträchtigen oder infiltrieren könnte. Falls sich jemand meldete, der mit sensationellen Erkenntnissen aufwartete, würde ich sie nicht blindlings auf der Plattform veröffentlichen. Als Erstes würde ich diese Rechercheergebnisse auf ihren Gehalt abklopfen und die digitale Spur des Anbieters genau zurückverfolgen, um sicherzugehen, dass kein Schwindel vorlag. Die Beantwortung der Frage, wer hier publizieren kann, sollte sich einzig an dem Hauptkriterium entscheiden: Wir interessieren uns nur für das, was du gefunden hast und substanziell untermauern kannst und was sich vor aller Augen offenlegen und nachvollziehen lässt.

Das Motto sollte lauten: »Identifizieren, verifizieren, erweitern«:

- Identifiziere Vorgänge und Themen, die bisher übersehen wurden, aber online einsehbar sind.
- Verifiziere alle erreichbaren Fakten und Beweise und vermeide jede Spekulation.
- Erweitere den Umfang des Wissens, indem du die Hintergründe noch weiter ausleuchtest.

In unserer aufkeimenden Recherche- und Investigativgemeinschaft erkannte ich rasch einen bestimmten Typus. Die meisten Beiträger waren detailbesessene Rechercheure, die von Anfang an vom täglichen Umgang mit Computern geprägt und von den Möglichkeiten des Internets fasziniert waren. Aber wir verstanden uns nicht als weltverbessernde Missionare. Dabei hatte sicher jeder einen Werte-Kompass, der stark genug war, um den Abwegen des Internets – wie Hacker oder Trolle – zu widerstehen. Die meisten gingen sicher davon aus, dass wir trotz allem eher am Rand des Getriebes standen, dass die großen Mächte von Zwergen wie uns keine Notiz nahmen. Aber mit einem Mal erwies sich das als Fehlannahme. Und das war durchaus berauschend.

Nun brauchten wir noch einen Namen für das Projekt. Ich saß mit geöffnetem Laptop an meinem Küchentisch, und der Cursor blinkte mich an. Ich rief Peter Jukes an, einen Journalisten und Drehbuchautor, der auch über den Voicemail-Skandal berichtet hatte; bei der Gelegenheit hatte ich ihn kennengelernt. Wenn es jemanden gab, dem ein cleverer Name einfiel, dann war er es.

»Kennst du die alte Fabel von der Katze, die die Mäuse terrorisierte?«, fragte er.

»Nie gehört.«

»Okay. Also, diese Mäuse treffen sich zu einer Versammlung«, erzählte Peter. »Sie müssen sich etwas ausdenken, wie sie sich gegen die Katze schützen können. Eine der Mäuse meldet sich und sagt: ›Wir sind doch auf jeden Fall schneller als die Katze, oder? Das einzige Problem besteht darin, dass wir nie vorhersagen können, wann sie auftaucht. Also sollten wir Folgendes tun: Wir hängen der Katze ein Glöckchen um den Hals, dann hat sie keine Chance, uns zu fangen.‹ Die anderen Mäuse sind hellauf begeistert. Sie haben einen Weg gefunden, der für sie alle die Rettung bedeutet. Es gibt dabei nur ein Problem: Wer bindet der Katze das Glöckchen um den Hals?«

Genau das war's: Unser Name stand für unsere Mission – »Belling the cats«, das Warnsystem gegen die bösen Katzen.

ZWEITES KAPITEL

Wie Bellingcat entstand – eine Gruppe wird zum Team

Am 17. Juli 2014 hob in Amsterdam der Flug MH17 der Malaysian Airlines mit zweihundertachtundneunzig Menschen (darunter einhundertdreiundneunzig mit niederländischem Pass) an Bord ab. Viele malaysische Familien waren dabei, die in den Sommerurlaub fliegen wollten. Nach ungefähr drei Stunden Flugzeit hatte die Boeing 777–200ER die deutschen und polnischen Tiefebenen überflogen. Laut Positionsanzeiger befand sich die Maschine in zehn Kilometer Höhe über der Ostukraine. Die Explosion ereignete sich eine Armlänge vom Cockpitfenster entfernt, wo die Piloten saßen.

Die allerersten Berichte waren noch sehr bruchstückhaft. Auf Twitter hieß es, es hätte einen Flugzeugabsturz im Südosten der Ukraine gegeben. In der Ukraine war nach dem Rücktritt des russlandfreundlichen Präsidenten Viktor Janukowitsch ein bewaffneter Konflikt ausgebrochen. Nach Janukowitschs Absetzung rebellierten prorussische Milizen im Donbass gegen die Machthaber in der Hauptstadt Kiew. Der Donbass oder das Donezbecken – das Mündungstal des Don, ein bedeutendes Kohle- und Industriegebiet – grenzt im Osten der Ukraine direkt an Russland.

Die nächste Nachricht hinsichtlich des Absturzes war ein Social-Media-Post auf der gut vernetzten Seite des früheren russischen FSB-Obersten Igor Strelkow, auch bekannt unter dem Namen Igor Girkin. (Der FSB ist die Nachfolgeorganisation des russischen Geheimdienstes KGB.) Strelkow war einer der Anführer der Aufständischen im Donbass, wo sich die beiden bisherigen Oblaste Luhansk und Donezk zu unabhängigen »Volksrepubliken« erklärt hatten. Auf der Strelkow-Fanpage auf »Vkontakte«, der russischen Version von Facebook, erschien die Meldung, die Aufständischen hätten eine Transportmaschine der ukrainischen Luftwaffe nahe der Stadt Torez abgeschossen. »Wir haben alle davor gewarnt, unseren Luftraum zu verletzen«, stand in dem Post. »Der Vogel fiel auf einen Abfallhaufen. Wohngebiete waren nicht betroffen. Zivilisten wurden nicht verletzt.«

Es war früher schon vorgekommen, dass die Separatisten Flugzeuge der ukrainischen Luftwaffe abgeschossen hatten, darunter ein Aufklärungsflugzeug vom Typ Antonow An-30, eine Iljuschin Il-76 Transportmaschine sowie Suchoi Su-25 Jagdflugzeuge. Das einzige Flugzeug, das im Donbass selbst niederging, war am 17. Juli 2014 jener zivile Passagierjet. Der Strelkow-Post war dann auch ganz schnell und ganz plötzlich wieder gelöscht.

Im Netz zirkulierten zunächst mehrere Mutmaßungen. Einige behaupteten, die ukrainische Luftwaffe habe das malaysische Flugzeug eskortiert, bevor es explodiert war. Eine andere Version lautete, die Ukraine habe Putins Regierungsflugzeug abschießen wollen, aber versehentlich MH17 getroffen. Die Separatisten schworen, dass sie gar keine Waffentechnologie hätten, um ein Flugzeug in dieser Höhe treffen zu können. Mitten in diesem Informationsblizzard meldete sich jemand auf Youtube und zeigte dort die angebliche »Mordwaffe«: Auf dem Clip, der mit dem Handy aufgenommen worden war, konnte man aus einiger Entfernung sehen, wie ein Buk-Lenkwaffenstarter durch eine baumbestandene Straße in einem Wohngebiet fuhr, angeblich in Snischne; die Stadt liegt im Gebiet der abtrünnigen Donbass-Provinzen.

Das Buk-Mittelstrecken-Boden-Luft-Lenkwaffensystem war noch in der Sowjetunion entwickelt und 1980 in Dienst gestellt worden. Nach dem Zusammenbruch der Sowjetunion verblieben Exemplare dieses Waffensystems in den Arsenalen ehemaliger kommunistischer Staaten, darunter natürlich Russland selbst und die Ukraine. Für den Laien wirkt ein Buk auf den ersten Blick wie ein Panzer, denn es handelt sich um ein Kettenfahrzeug in grüner Tarnfarbe. Doch statt einer Kanone und eines Geschützturms sind hier vier Abschussvorrichtungen für raketenförmige Lenkwaffen aufmontiert, und im Innern steckt hauptsächlich das Radarsystem zur Steuerung der Raketen, die für den Abschuss von Militärflugzeugen, Hubschraubern und dergleichen konzipiert sind. Das Besondere an Buk war seine Mobilität: Unmittelbar nach dem Abschuss einer Lenkwaffe kann das Buk einfach davonfahren und benötigt im Übrigen auch keine vorbereiteten Stellungen.

Falls diese Aufnahmen tatsächlich der Beweis dafür waren, dass sich dieses technologisch sehr fortschrittliche Waffensystem an dem Tag im Gebiet der prorussischen Aufständischen befand, war das ein sehr starker Hinweis darauf, dass deren Streitkräfte technisch durchaus in der Lage waren, ein Passagierflugzeug in Reiseflughöhe zu treffen. Als Erstes lud ich den Fünfunddreißig-Sekunden-Clip der angeblichen »Mordwaffe« sofort auf meinen Computer herunter, denn aus den Erfahrungen mit Clips aus Syrien wusste ich, dass wichtige Beweisvideos manchmal nur für kurze Zeit im Internet aufpoppen und alsbald wieder in der Versenkung verschwinden. Das war hier nicht anders: Schon nach wenigen Minuten war dieses Video verschwunden. Dann stellte sich natürlich die Frage, ob es sich bei dem angeblichen Aufnahmeort tatsächlich um Snischne handelte. Ich sah mir den Clip daher zunächst mit Blick auf auffällige Gebäude oder sonstige Landmarken an. Die Straße war zweispurig mit einem befestigten Mittelstreifen, in dem sogar Bäume gepflanzt waren. Auf Satellitenbildern von Snischne erkannte man gleich, dass so eine Kombination dort eher ungewöhnlich sein musste. Aber die Stadt war auch recht ausgedehnt und hatte viele verwinkelte Straßen. Ich bat daher einige »Mitdetektive« im Internet, sich an der Suche zu beteiligen. »Wer dieses Video als Erster lokalisieren und verifizieren kann, erhält einen Goldstern als Belohnung.«

Nach sieben Minuten kamen schon die ersten Vorschläge: Einige wiesen auf eine Gegend südlich vom Stadtzentrum hin. Dort gab es in der Tat eine zweispurige Straße mit baumbestandenem Mittelstreifen, sie machte auch eine leichte Biegung wie auf dem Video. Um die Ortsbestimmung ganz genau lokalisieren zu können, mussten wir herauszufinden versuchen, von wo aus das Video aufgenommen worden war. Man konnte erkennen, dass der Vordergrund vor der Kamera etwas abschüssig war; also war die Aufnahme von einem leicht erhöhten Standpunkt aus gemacht worden. Ich nahm eine der für unsere Zwecke besonders hilfreichen Apps zu Hilfe: Google Earth kombiniert Satellitenbilder und Luftaufnahmen; damit kann sich der Nutzer jedes beliebige Gebiet heranzoomen, ja, man kann ganze Städte aus der Vogelperspektive oder aus der Froschperspektive sehen und nach rechts oder links schwenken. Man kann damit außerdem Entfernungen messen oder Satellitenbilder, die zu verschiedenen Zeiten aufgenommen wurden, wie mit einem Slider vergleichen. Das ist für unsere Zwecke sehr hilfreich, wie mir besonders klar wurde, als ich Stadtviertel von Damaskus »gestern und heute« im Zeitabstand von wenigen Monaten miteinander verglich: Zuvor noch lebhafte Stadtviertel waren dem Erdboden gleichgemacht worden. Ein anderes wichtiges Feature von Google Earth sind die 3-D-Ansichten, die ebenfalls den Kipp-Effekt von der Vogelperspektive zur gewohnten Horizontansicht bieten. Damit kann man Hügel oder Gebirgszüge oder andere Hintergründe in der Landschaft oder andere charakteristische Landschaftsmerkmale mit den Hintergründen von Bildern oder Filmen in Social Media vergleichen.

Im Fall des Buk-Videos suchte ich in Google Earth nun nach dem erhöhten Standort in der Umgebung jener Straße. Die einzigen Hügel, die man ausmachen konnte, waren ziemlich weit weg, aber es gab einen guten Anhaltspunkt ganz in der Nähe: ein paar Wohnblocks. Ich testete eine hypothetische Position des Kameramannes und fokussierte mich vor allem auf drei charakteristische Bäume auf dem Mittelstreifen. Dann kamen die einmündenden Straßen und zu guter Letzt ein rotes Ziegeldach. Alles passte. Der Buk-Lenkwaffenstarter war von hier aus in südlicher Richtung zur Stadt hinausgefahren.

Aber damit hatten wir noch nicht viel bewiesen. Wir wussten nach wie vor nicht, ob die Boden-Luft-Rakete überhaupt von einem Buk abgeschossen worden war, und wenn ja, ob es tatsächlich von diesem Buk war. Außerdem wussten wir überhaupt nicht, wer zu dem Zeitpunkt Besitzer des Buk war, wo er hergekommen war und wer ihn mit Lenkwaffen bestückt hatte. Immerhin verfügten wir über ein erstes Beweisstück, das wir innerhalb weniger Minuten aus jedermann zugänglichen Online-Quellen verifiziert hatten. Das war immerhin ein Anfang.

Eine Zusammenkunft von Fremden

Es war reiner Zufall, dass ich Bellingcat drei Tage vor dem Abschuss von MH17 ins Leben gerufen hatte. Ich wollte eine Plattform bereitstellen, an der sich jeder interessierte Mensch beteiligen und über genau solche monströse Ereignisse recherchieren oder sich informieren konnte, für die niemand die Verantwortung übernahm. In den folgenden Monaten und Jahren rechtfertigte gerade dieser Fall die Gründung von Bellingcat: Hier etablierte sich ein Team von Rechercheuren; durch die

Zusammenarbeit gelang es, die Methoden zu verbessern, und allmählich entstand jene weltumspannende Plattform, die ich mir vorgestellt hatte.

Doch zunächst musste ich die Grundlagen schaffen. Es dauerte mehrere Wochen, um die Website zu entwickeln, mit der ich zwei Ziele gleichzeitig verfolgte: erstens die Durchführung der Recherchen selbst und zweitens die Unterrichtung und Beratung anderer Teilnehmer, um sie in die Lage zu versetzen, selbstständig Recherchen durchzuführen. Ich mietete ein Minibüro in Leicester und installierte als Erstes ein Mikrofon, um einen Podcast zu produzieren; der sollte zunächst aus Interviews mit meinen diversen Kontakten aus der Brown-Moses-Zeit bestehen. Aus diesem Umfeld erbat ich mir auch Artikel, Ratschläge für die Recherche und allerhand Fachkenntnisse. Zu meinen ersten freiwilligen Mitarbeitern bzw. Beiträgern gehörte Dan Kaszeta, ein Spezialist für Chemiewaffen, der einen der ersten Erklärtexte zum Thema Nervengas verfasste. Peter Jukes lieferte einen Beitrag über den Mord an dem berüchtigten Daniel Morgan, wobei es auch um Filz und Korruption bei der Londoner Metropolitan Police ging. Ferner Chris Brace, ein bekannter Tweeter, der Recherchen über manipulierte Dokumente im Voicemail-Skandal durchgeführt hatte. Ich selbst lieferte eine Art Anfängerkurs über geografische Ortungen von Videoaufnahmen, dazu als Beispiele ein paar konkrete Fallstudien über die Verifizierung von Videos und die Angriffe auf Ghouta mit den Nervengasbomben. Alles andere entwickelten wir im Lauf der Zeit durch »Learning by doing«: ein informativer Schreibstil, wie man Dinge am besten optisch präsentiert, aber auch rein technische Fragen – wie lädt man ein Podcast auf iTunes hoch? Während ich das alles auf die Reihe zu bringen versuchte, behielt ich ständig die Nachrichten im Auge, um kein Ereignis zu verpassen, bei dem wir mit unseren Recherchen und unseren Methoden einen Beitrag leisten konnten.

Im Fall von MH17 sah es anfangs ganz danach aus, als gäbe es hier nichts, wo wir als Online-Rechercheure hilfreich sein und irgendetwas aufdecken könnten. Die Zerstörung des Flugzeugs in so großer Höhe hatte zur Folge, dass die Trümmer in einem riesigen Gebiet auf den Boden niederregneten. Verbogene Tanks, zerfetzte Kabel, Reisepässe, Teddybären und Gepäckstücke lagen weit verstreut auf den Äckern. Der Sendeleiter des Nachrichtenprogramms von Channel Four News, Federico Escher, erinnert sich, wie er anderthalb Tage nach der Katastrophe vor Ort ankam. Er hatte schon über etliche große Unglücksfälle und Konflikte berichtet, aber die Lage auf diesem Schauplatz des Schreckens überstieg sein Fassungsvermögen. Es schien niemand da zu sein, der Verantwortung übernahm, es gab absolut keine Kontrolle über die Situation. Lediglich bewaffnete Milizionäre der Separatisten waren unterwegs, aber die wussten selbst nicht, was sie tun sollten, außer dreist ihre AK-47-Sturmgewehre auf die Autos von Journalisten zu richten. Escher kam zufällig an einer kompletten Tragfläche vorbei, die auf dem Boden lag – aber niemand schien zu wissen oder sich darum zu kümmern, dass sie hier herumlag. An einer anderen Stelle konnte er ungehindert bis an das Cockpit laufen, in dem sich noch menschliche Überreste befanden. Aber es war weit und breit niemand zu sehen, der die Unglücksstelle untersuchte oder wenigstens absicherte.

Mittlerweile bestätigte das russische Verteidigungsministerium, dass das Flugzeug von einer Rakete des Buk-Systems abgeschossen worden war. Nach Angaben des Ministeriums war die Fernlenkwaffe aber von ukrainischem Territorium aus abgeschossen worden. Dann lancierte der russische Separatistenanführer Igor Strelkow die bizarre Meldung, es handele sich bei dem Abschuss der Maschine um eine sogenannte False-flag-Operation, ein geheimdienstliches Täuschungsmanöver: Das Flugzeug sei von Anfang an mit lauter Leichen beladen gewesen und abgeschossen worden, um das Ganze den Aufständischen in die Schuhe schieben zu können.

Sara Firth, eine Korrespondentin des TV-Senders *Russia Today*, gab aus Protest gegen die Nachrichtenmanipulationen ihres Senders ihren Rücktritt bekannt: »Jeden Tag veröffentlichen wir glatte Lügen und schmeicheln uns auch noch, wie gut uns das gelingt.« Darauf reagierte eine Sprecherin des Senders: »Sara gibt vor, für die Wahrheit einstehen zu wollen; offenbar haben wir ganz verschiedene Auffassungen davon, was Wahrheit ist.«

Weit entfernt von dem ukrainischen Schauplatz saß der fünfundzwanzig Jahre alte Aric Toler in seinem Büro der Bank of America in North Carolina und verfolgte die Online-Berichte über die Flugzeug-Tragödie. Es gehörte zu seinen Aufgaben, ständig die aktuelle Nachrichtenlage im Hinblick auf Ereignisse im Auge zu behalten, von denen Angestellte der Bank betroffen sein könnten. Sobald beispielsweise eine Bombe in einem Bahnhof in Istanbul explodierte, musste er sofort herauszufinden versuchen, ob Mitarbeiter möglicherweise in der Nähe waren und betroffen sein könnten. Da sich an Bord von MH17 keine Angestellten der Bank befunden hatten, waren seine Pflichten insoweit erledigt, aber er war neugierig geworden. Seit er auf dem College Russisch gelernt hatte, hatte sich Aric Toler für Russland und die Ukraine interessiert. Nachdem er am folgenden Tag Feierabend gemacht hatte, kam ihm das Flugzeugunglück wieder in den Sinn, und er verbrachte den größten Teil des 18. Juli 2014 damit, nähere Details zu recherchieren. Dabei stellte sich heraus, dass sich ein Kameramann und Fotograf von Associated Press (AP) drei Stunden vor dem Absturz zufällig in Snischne aufgehalten hatten. Dabei war eine Art Militärkonvoi der Separatisten bestehend aus zwei Zivilfahrzeugen und einem Buk-Lenkwaffenstarter an ihm vorbeigefahren. Schon zuvor waren eine Menge Militärfahrzeuge durch den Ort gefahren. Aber ein Lenkwaffenstarter war auf jeden Fall etwas Besonderes. In jenem Teil der Welt, wo stets sehr viele junge Männer zum Wehrdienst eingezogen wurden, konnten sich die meisten Zivilisten sehr leicht einen Reim darauf machen, was die Anwesenheit eines derart fortschrittlichen, wirkungsvollen Waffensystems bedeutete: eine nicht unerhebliche Eskalation der Lage, wobei die Rebellen kein Interesse hatten, die Situation zu kaschieren. Sie fuhren diese Hightech-Waffen am helllichten Tag spazieren, als wollten sie damit angeben und zeigen, was sie hatten. Noch bevor der Reporter von AP seine Kamera in Anschlag bringen konnte, intervenierte ein Soldat mit russischem Akzent und ermahnte ihn, keine Aufnahmen zu machen. Dann rollte das Kettenfahrzeug aus der Stadt Snischne hinaus, wobei es gerade noch von dem Filmer jenes Youtube-Videos erfasst worden war.

Aric zählte zu meinen Followern auf Twitter. Am Tag nach dem Absturz bzw. Abschuss der MH17 waren ihm Tweets bezüglich eines frisch aufgetauchten Fotos eines Buk aufgefallen. Bei den Ukrainern war es weit verbreitete Gewohnheit, Fotos und Videos von jeglicher militärischer Ausrüstung der Separatisten zu machen, die ihnen vor die Kamera kam, und sie dann in sozialen Medien zu posten. Bisweilen diente das auch dazu, die ukrainischen Nachrichtendienste darauf aufmerksam zu machen, über welche Waffen der Feind verfügte und wohin sie transportiert wurden. Dieses spezielle Foto wirkte auf den ersten Blick unscheinbar: Im Vordergrund sah man eine Art Parkplatz, vielleicht von einer Tankstelle. Außerdem war ein gelbes Werbeplakat zu erkennen, doch der Schriftzug wurde von einem Baum verdeckt. Aber im Hintergrund ragte ein Buk-Lenkwaffenstarter auf einem Tieflader auf. Aufgenommen war das Ganze vermutlich ebenfalls in Snischne.

Bis dahin hatte Aric sich noch nie mit der Verortung von Videos befasst. Aber es gelang ihm, die verdeckten Buchstaben auf dem gelben Plakat zu entziffern. Diese tippte er ganz einfach als Suchbegriff ein, worauf sich schnell herausstellte, dass es sich um den Namen einer Baumarktkette handelte. Daraufhin sah er nach, ob es eine Filiale in Snischne gab, aber anscheinend war das nicht der Fall. Als Nächstes suchte er bei Google nach der nächstgelegenen STROI-DOM-Filiale in der Umgebung. Er fand einen Hinweis auf die kleine Stadt Torez. Es gab zwar keine konkrete Adresse, nur ein Straßenname wurde erwähnt: die 50-Jahre-UdSSR-Straße. Nun gab er alle diese Wörter als Suchbegriffe ein, worauf der Hinweis auf einen gerichtlichen Vorgang erschien: In einem Geschäft war es zu einer tätlichen Auseinandersetzung gekommen, und eine Zeugenaussage enthielt diese Adresse. Diese tippte er in die Karten-App der führenden russischen Suchmaschine Yandex ein. So kam er auf ein vielversprechendes Satellitenbild, das höchstwahrscheinlich eine Tankstelle und ein paar Bäume zeigte. Aber dann fand er noch etwas Besseres.

Viele Osteuropäer haben ein eigenartiges Hobby: Sie montieren eine Videokamera auf dem Armaturenbrett, fahren ziellos in der Gegend herum, nehmen die Fahrt durch die Windschutzscheibe auf und stellen das Ganze bei Youtube ein, oft zusammen mit einem Soundtrack. Irgendjemand hatte dies auch in Torez gemacht und war dabei durch die 50-Jahre-UdSSR-Straße gefahren. Aric sah sich dieses Video genau an und landete einen Volltreffer: An einer bestimmten Stelle der Fahrt kam der Baumarkt in Hochauflösung ins Bild, und im Vorbeifahren konnte man durch die Windschutzscheibe alles andere rundherum klar und deutlich erkennen. Auf der Satellitenkarte setzte Aric einen Pin genau auf die Stelle, von wo aus die Aufnahme gemacht worden sein musste, auf dem Vorplatz einer Garage. Das machte er sogleich über Twitter bekannt. Solch eine Entdeckung wird normalerweise von vielen anderen Rechercheuren, die an der Sache dran sind, übernommen und weitergeführt. Aber ich wollte Arics bemerkenswerte Entdeckung besonders hervorheben: Es war seine erste geografische Ortung, die ihm ohne besondere Vorkenntnisse gelungen war, abgesehen von seinen Russischkenntnissen. Das war ein perfektes Beispiel dafür, was ich mir von Bellingcat versprach und was ich unter die Leute bringen wollte. Ich bat ihn darum, mir die Details seiner Vorgehensweise mitzuteilen, und schrieb dann einen Beitrag darüber.

Heutzutage tauschen sich das Bellingcat-Team und unsere regelmäßigen Beiträger über ein internes Slack-Messaging board über neue Funde und Entdeckungen aus, und wir stimmen uns ab, bevor wir unsere Entdeckungen an die Öffentlichkeit bringen. Das ermöglicht uns vor allem langfristig angelegte, gründliche Recherchen, die einfach Zeit benötigen, statt jedes Mal nur kleine Info-Schnipsel bekannt zu geben. Doch in der Frühzeit von Bellingcat spielte sich das alles eher organisch ab, und wir bedienten uns via Twitter der Schwarmintelligenz unserer Kollegen, die sich alle mit jeder neuen Fragestellung befassten, sei es die geografische Verortung eines neu aufgetauchten Fotos oder die Glaubwürdigkeit eines Videos in den Social Media. Unser frühes Netzwerk bestand aus mehreren Kreisen. Den äußeren Kreis bildeten einige Tausend User, die den MH17-Abschuss mitverfolgten, von denen aber nur wenige selbst nach Indizien oder Antworten suchten. Der mittlere Kreis bestand aus ein paar hundert Leuten, die über Twitter gelegentlich ein paar Beiträge lieferten. Und schließlich der innerste Kreis, der harte Kern von einigen Dutzend, die ständig an einer Sache dran waren und das Internet nach verifizierbaren Fakten durchkämmten.

Nachdem wir das Garagenbild verortet hatten, wollten wir auch feststellen, wann das Foto aufgenommen worden war. Dazu verwendeten wir ein App namens SunCalc, die für Fotografen entwickelt wurde und aus den Schatten auf Fotos den Aufnahmezeitpunkt berechnet. Bisher war ich mit dieser App noch nicht vertraut, daher machte ich erst mal zu allen möglichen

Tageszeiten Testaufnahmen in meinen Garten, um zu sehen, ob die App es tatsächlich schaffte, die Aufnahmezeit zu ermitteln. Das klappte! So stellten wir nun fest, dass jenes Foto, das Aric in Torez verortet hatte, ungefähr gegen 12:30 Uhr Ortszeit aufgenommen worden war, also auf jeden Fall, bevor der AP-Reporter den Lenkwaffenstarter in Snischne gesehen hatte.

Andrew Haggard, ein Blogger mit viel Interesse an militärischen Ausrüstungen und Waffensystemen, der unter Korean Defense.com schrieb, war auf ein weiteres Buk-Foto gestoßen, das ebenfalls am 17. Juli 2014 aufgenommen worden war. Hier bewegte sich das Buk auf seinen eigenen Ketten, nicht auf einem Tieflader wie auf dem Bild aus Torez. Auf dieser neuen Aufnahme war der Lenkwaffenstarter teilweise von einem Gebäude verdeckt, bei dem es sich wahrscheinlich um ein mehrstöckiges Wohnhaus handelte. Im Vordergrund befand sich ein staubiger Platz, auf den ein einzelner Baum einen Schatten warf. Zu dem Tweet gehörte ein Satz, der in Kyrillisch geschrieben war. Andrew übertrug das in den Google-Übersetzer, der eine erstaunliche Übersetzung ausspuckte: »#Über verschneite russische Flugzeugabwehr und ›Bouquet‹ im Schnee ist die Heimat von 50 Jahren im Oktober, es Piercy, nahe Kohle und Buffet.« Zum Glück verfügte Andrew selbst sowohl über brauchbare Russischkenntnisse als auch über Erfahrung im Entwirren verschrobener Google-Übersetzungen. Aus dem Original-Tweet nahm er als Erstes »50 Jahre im Oktober«. Das hatte bestimmt etwas mit dem Straßennamen zu tun, den wir schon gefunden hatten, 50-Jahre-UdSSR-Straße, mit Sicherheit eine Reminiszenz aus der Sowjetzeit zum Gedenken an die Oktoberrevolution 1917. Andrew war sich sicher, dass das Hashtag-Wort am Anfang der Schlüsselbegriff für die ganze Mitteilung war. Google hatte es mit »Über verschneite« übersetzt, aber das stimmte natürlich nicht, denn die kyrillischen Buchstaben sind die russische Schreibweise des Stadtnamens Snischne.

Als Nächstes galt es »nahe Kohle und Buffet« zu entschlüsseln, was er für eine Verstümmelung hielt. Zunächst gab er eine Google-Suche nach »Kohle« zusammen mit der kyrillischen Schreibweise von Snischne ein. In Wikimapia fand er tatsächlich etwas mit »Kohle« in Snischne – es handelte sich um ein Restaurant, das sich zufällig in der 50-Jahre-UdSSR-Straße befand. Und auf dem Satellitenbild konnte man direkt neben dem Restaurant und vor einem Wohnhochaus jene öde, von einem einzelnen Baum beschattete Fläche erkennen, die auch auf dem Tweet-Foto zu sehen war. Die Schatten ermöglichten es wiederum, die Zeit der Aufnahme auf 14 bis 14:30 Uhr nachmittags festzulegen.

Damit hatten wir drei verschiedene Orte, an denen der Buk-Lenkwaffenstarter aufgetaucht war: auf dem Tieflader vor dem Baumarkt in Torez gegen Mittag (die Erkenntnis verdankten wir Aric); die persönliche Wahrnehmung durch den AP-Reporter in Snischne; nahe des Restaurants in Snischne in Eigenfahrt auf Ketten. Um 16.19 Uhr hatte das Flugzeug den letzten Funkkontakt mit den Fluglotsen.

Die Regierung der Ukraine steuerte noch ein weiteres Indiz bei: Es handelte sich um einen ziemlich verwackelten Videoclip, auf dem vor allem dicht belaubte Bäume zu sehen waren, außerdem ein kleiner asphaltierter Platz in der Mitte und das Werbeplakat eines Autohändlers im Hintergrund. Dann fuhr ein Tieflader mit einem Buk durchs Bild. Vermutlich war der Clip bald nach dem Abschuss von MH17 aufgenommen worden, als das Buk Richtung russische Grenze abtransportiert wurde. Der Tieflader war der gleiche wie auf dem bereits bekannten Foto, erkennbar am gleichen blauen Streifen an der weißen Fahrertür und den gleichen Laderampen. Nur beim Buk-Lenkwaffenstarter gab es einen Unterschied: Eine der vier Boden-Luft-Raketen fehlte.

Täuschung gegen Beweis

Eine Reihe russischer Generäle saß an einem Konferenztisch vor riesigen Bildschirmen, auf denen die Flugroute von MH17 nachgezeichnet war. Seit dem tragischen Absturz waren vier Tage vergangen, und nach wie vor tauchten in den sozialen Medien immer neue Indizien auf, die alle auf die von den Russen unterstützten Separatisten als Urheber des Unglücks hindeuteten. Moskau hatte diese Fernsehkonferenz, die von *Russia Today* gesendet wurde, aufgezogen; es gab eine Simultanübersetzung ins Englische. Die Generäle hatten sich darauf vorbereitet, ihre Version und ihre Beweise vorzutragen. Die weltweite Recherchegemeinschaft saß überall vor den Monitoren und schaute zu, wie die Russen ihre vier Punkte zum Hergang der Ereignisse darlegten:

1) Die Ukrainer hätten die Flugroute von MH17 absichtlich über den Luftraum des Kampfgebiets verlegt, was die Gefahr eines Luftabwehrangriffs erheblich erhöhte.

2) Das russische Radar hatte ein ukrainisches Flugzeug ganz in der Nähe von MH17 erfasst, was den Schluss zuließ, dass die ukrainische Luftwaffe das Passagierflugzeug abgeschossen hatte.

3) Ein ukrainisches Buk-Lenkwaffensystem hat kurz vor dem Absturz von MH17 seine Militärbasis verlassen; ferner befanden sich zwei Buks auf einem Feld in der Nähe von Saroschtschenske in einem Gebiet in der Hand von ukrainischen Truppen, und von dort war die Rakete abgefeuert worden.

4) Das von der ukrainischen Regierung veröffentlichte Video mit dem Buk auf dem Tieflader vor dem Autohandel auf dem Rückweg nach Russland – war nicht auf Separatisten-Territorium aufgenommen worden, sondern auf ukrainischem Gebiet.

Uns allen in der Recherchegemeinschaft auf Twitter war ziemlich schnell klar, dass sich diese vier Behauptungen überhaupt nicht logisch ergänzten. Diese Russen wollten kein kohärentes Bild zeichnen, sondern Fehlinformationen und Zweifel säen. Wie sollte das alles zusammenpassen, wenn die Ukraine einerseits das malaysische Passagierflugzeug für einen missglückten Angriff fehlgeleitet hätte, es sowieso von der ukrainischen Luftwaffe abgeschossen worden und gleichzeitig von einer ukrainischen Boden-Luft-Rakete getroffen worden sein sollte?

Die russischen Generäle wiesen insbesondere auf ein kleines Detail hin und zoomten es in dem Video mit dem Buk-Transporter vor dem Autohändler nun heran: In der unteren rechten Ecke stand eine Adresse zu lesen, die auf ukrainischem Gebiet lag, in einer Region, wo es keine prorussischen Separatisten gab. Das sei der Beweis dafür, dass das Buk niemals in den Händen der Separatisten gewesen sein konnte!

Doch ein proukrainischer Account auf Twitter wies diese Darstellung zurück. Demnach war dieses Video in Luhansk, einer der Hochburgen der Separatisten, entstanden. Zum Beweis zeigte der Twitter-User ein Streetview-Bild aus den russischen Yandex-Maps, auf dem genau dieses Motiv in ebenjener Stadt im Donbass zu sehen sein sollte. Andrew Haggard, der Blogger mit besonders viel Interesse an militärischen Ausrüstungen und Waffensystemen, hatte eine Website ausfindig gemacht, welche die Verkehrsüberwachungskameras jener Gegend zeigte. Inzwischen waren die Liveübertragungen dieser Kameras abgeschaltet, aber die Preview-Aufnahmen waren nach wie vor online. Auf einem war die gleiche Werbetafel zu sehen. Das Buk-Video passte genau dazu: Man sah einen Laternenpfahl, der unten weiß angestrichen war, und das gleiche Muster von Strom- und Telefonleitungen über der Straße. Am Beginn des reichlich verwackelten Videos konnte man noch einen Fensterrahmen ausmachen oder womöglich einen Vorhang. Der Kameramann befand sich also in einem Zimmer in einem Gebäude und zoomte die Kamera von dort aus nach draußen auf die Straße. Mithilfe von Wikipedia fanden wir auch noch das Wohnhochhaus, das zu der bereits gesehenen Szene passte.

Ein Einwohner der Stadt lieferte noch zusätzliches Beweismaterial, indem er zu der Stelle hinfuhr, ein paar Aufnahmen machte und sie auf der populären russischen Blogger-Website *LiveJournal* postete. Es passte alles zusammen. Das Entlarvendste waren die Nahaufnahmen von dem Werbeplakat des Autohändlers. Die russischen Generäle hatten behauptet, in einer Ecke des Plakats befände sich eine Adresse, die sich auf ukrainischem bzw. ukrainisch beherrschtem Gebiet befindet. Tatsächlich gab es auf dem Plakat überhaupt keine Adressangabe. Die hatten sie einfach hineinretuschieren lassen.

In der Vergangenheit hatten die Bürger schon so viele Lügen der Regierung gehört und wussten, dass sie ohnmächtig waren und nichts dagegen tun konnten. Ereignisse, die ihren Weg in die Nachrichtenmedien finden, geschehen meist weit außerhalb unserer Reichweite. Aber heutzutage ist das nicht mehr so, und nichts stachelt die Recherche-Gemeinschaft im Netz so sehr auf wie derartig plumpe Fälschungen seitens der Mächtigen. Man muss dabei auch im Hinterkopf behalten, dass sich widersprechende Berichte durchaus einen guten Sinn haben, denn wenn über den Hergang eines konkreten Vorfalls oder eines Geschehens gestritten wird, kann dies letztlich nur zur Klärung des Sachverhaltes beitragen, indem die Einzelheiten entweder bestätigt oder widerlegt werden.

Bekanntlich besteht seitens des Kreml eine lange Tradition der Desinformation. Sogar das von Stalin persönlich erfundene russische Wort »desinformatsija« war schon eine Täuschung. Es sollte französisch klingen und unterstellen, dass diese hinterhältige Vorgehensweise aus dem kapitalistischen Ausland stammte. Alle sowjetischen Regierungen hielten »proaktives Handeln« (einschließlich Mordaufträgen, Dokumenten- oder Nachrichtenfälschungen und Propaganda) für ein legitimes Mittel der

Außenpolitik. Derartige proaktive Maßnahmen kamen seit dem Ende des Kommunismus nicht mehr so oft vor, aber diejenigen, die noch im alten System groß geworden waren, ließen nicht so schnell die Finger davon. Putin war 1975 in den KGB eingetreten und tat dort mindestens sechzehn Jahre lang Dienst, zuletzt im Rang eines Oberstleutnants. Bei einem Geheimdienstoffizier kann man davon ausgehen, dass er mindestens ein Viertel seiner Zeit damit verbringt, »proaktive Maßnahmen« zu planen und ihre Ausführung zu beaufsichtigen. 1991 war er stellvertretender Bürgermeister seiner Heimatstadt St. Petersburg geworden, anschließend Direktor der KGB-Nachfolgeorganisation FSB. Am 1. Januar 2000 übernahm Putin von Boris Jelzin offiziell die Amtsgeschäfte als Präsident der Russischen Föderation. Damit wurden proaktive Maßnahmen wohl auch Bestandteil der Regierungsarbeit. Nie ist Informationslenkung leichter gewesen als jetzt in Zeiten des Internets. Der Westen – immer noch in Siegerlaune nach dem Ende des Kalten Krieges, andererseits in ständiger Sorge wegen Terroranschlägen und überwältigt von den atemberaubenden technischen Möglichkeiten und Errungenschaften – ist darauf nicht ausreichend vorbereitet.

In Sachen Desinformation geht der Kreml indes seit jeher nach einem eingefahrenen Schema vor, das der einschlägige Experte Ben Nimmo auf Englisch als 4-D-Methode bezeichnete: »Dismiss, Distort, Distract, Dismay« – Abstreiten, Abwürgen, Ablenken, Abschrecken. Fakten, die ihnen unangenehm oder peinlich sind, werden von offiziellen Stellen in Russland mit großer Regelmäßigkeit einfach abgestritten; oft wird dabei zugleich die Quelle verunglimpft, standardmäßig als »russophob« oder als Handlanger feindlicher Mächte. Die nächste Stufe oder Alternative wären das Verdrehen von Tatsachen, maßlose Übertreibungen oder Entstellungen der Wahrheit, um einen Sachverhalt möglichst unkenntlich zu machen, z. B. durch das Aufbauschen kleiner Kundgebungen oder indem man ein Land als instabil bezeichnet. Oder man setzt einfach Behauptungen in die Welt – so geschehen am Tag des Absturzes bzw. Abschusses von MH17, als die staatliche russische Nachrichtenagentur Itartass angebliche Augenzeugen zitierte, die gesehen haben wollen, wie die Separatisten eine ukrainische Antonow An-26 abgeschossen haben sollen – was in Wahrheit nie passiert ist. Bei Ablenkungsmanövern werden gern Verschwörungstheorien oder Was-wäre-wenn-Spekulationen aufgetischt, oder die Vorwürfe werden mit Gegenvorwürfen gekontert wie beispielsweise: »Heute behaupten Sie, die Separatisten hätten ein Zivilflugzeug über der Ukraine abgeschossen; und was ist mit den Abertausenden von Zivilisten, die im Irakkrieg ums Leben gekommen sind?« Mit Was-wäre-wenn-Spekulationen kann man alles Mögliche in Zweifel ziehen und am Ende alles für wahr erklären. Die Abschreckungstaktik läuft meistens darauf hinaus, denjenigen mit Konsequenzen zu drohen, die sich der Sichtweise des Kreml nicht anschließen und das Thema weiter diskutieren wollen.

Die westlichen Regierungen taten sich nicht leicht damit, der Moskauer Informationskampagne nach dem Absturz von MH17 etwas entgegenzusetzen. Am Tag nach dem TV-Spektakel der russischen Generäle veröffentlichten amerikanische Regierungsstellen lediglich über Twitter ein Satellitenfoto mit der vermutlichen Abschussstelle der Boden-Luft-Rakete. Das Bild war von miserabler Qualität und ohne Quellenangabe, sodass es im Netz nur Hohn erntete. Ansonsten gab es zu der Zeit über die Erkenntnisse von Bellingcat lediglich die Nachrichtenschlagzeile: »Blogger-Gruppe kommt schneller zu Erkenntnissen über MH17 als US-Dienste«. Bei der Reaktion der Amerikaner musste ich daran denken, wie das Weiße Haus nach dem Chemiewaffenangriff auf Ghouta in Syrien im Jahr zuvor lediglich mit einem dünnen Vier-Seiten-Dossier einschließlich einer nicht korrekten Karte reagiert hatte. Die längst vorhandenen Open-Source-Informationen und Erkenntnisse wurden dabei ignoriert, obwohl sie viel substanzieller waren. Wieder einmal trugen die Vereinigten Staaten trotz ihrer zahlreichen Geheimdienste wenig zur öffentlichen Diskussion hinsichtlich der Verursacher dieses Unglücks bei. Man musste den Eindruck haben, dass sie sich aus dieser Debatte verabschiedet hatten – als gäbe es keine Beweise.

General Michael Hayden, ehemaliger Direktor sowohl der NSA als auch der CIA, der amerikanischen Auslandsgeheimdienste, erinnert sich an einen Wendepunkt in der Ausrichtung der Geheimdienste Mitte der Neunzigerjahre. Damals fragten sich die Verantwortlichen: Versuchen wir den Cyberspace zu beherrschen? Oder ist es wichtiger, das gesamte Informationswesen zu beherrschen, einschließlich der Außenpolitik, aller politischen Belange, der Desinformation und sonstiger Bereiche? »Darüber gab es eine intensive und kontroverse Debatte, und wir haben schließlich entschieden, uns auf die Beherrschung des Cyberspace zu konzentrieren«, erinnert er sich. Der springende Punkt dabei ist, dass die Russen nicht nur den Cyberspace, sondern das ganze Informationsfeld beherrschen wollen.»

Weniger als eine Stunde nach dem Absturz von MH17 machte sich die Internet Research Agency, die berüchtigte Trollfabrik in St.Petersburg, an die Arbeit. Deren Angestellte werden dafür bezahlt, dass sie in erheblichem Maße Desinformation ins Netz pumpen. In den ersten drei Tagen schwemmten die Twitter-Accounts dieser Agentur 111486 Posts ins Netz – so etwas hatte es bis dahin noch nicht gegeben. Die meisten Tweets waren auf Russisch geschrieben und begannen mit der Behauptung, bei dem abgestürzten Flugzeug handle es sich um ein ukrainisches Militärflugzeug, also um ein legitimes Ziel. Dann folgten bald Aussagen mit dem Tenor, die Ukrainer seien die Schuldigen, denn sie hätten ein Passagierflugzeug abgeschossen, um den Hass auf die von den Russen unterstützten

Separatisten anzustacheln. Danach posteten die bezahlten Trolle Desinformationen auf LiveJournal-Blogs, die anschließend auf Twitter geteilt wurden – ein klassisches Nachrichtenrecycling, bei dem man sich für eine meistens abwegige Behauptung auf eine andere Quelle beruft, die man selbst ins Netz gepflanzt hat.

Catherine A. Fitzpatrick schreibt als Russland-Expertin für *The Interpreter (Der Übersetzer)* eine Online-Publikation, die sich mit den Machenschaften des Kreml beschäftigt. Sie kann sich noch gut erinnern, wie eine ganz bestimmte Aussage der Russen über den MH17-Abschuss in Internet die Runde machte. Zuerst registrierte sie einen Sturzbach identischer Posts in russischen sozialen Medien, in Tweets und auf Facebook. Jedes Mal wurde versichert, das Video des Buk mit der fehlenden Lenkwaffe sei in einer Stadt unter ukrainischer Kontrolle aufgenommen worden. Dann tauchten identische Fake-Posts auch in westlichen sozialen Medien, im russischen Staatsfernsehen sowie auf Websites der Separatisten auf. Der letzte Halt dieser Desinformationskette war das Briefing des russischen Verteidigungsministeriums. Fitzpatrick sagt: »Das war eine Kampagne, um durch ›Crowdsourcing‹ alle Versuche zur Verortung zu sabotieren.«

Pech für den Kreml, aber unsere Aktivitäten waren noch lange nicht beendet. Auf Youtube war ein neuer Clip aufgetaucht. Das Material war ebenfalls aus dem Inneren eines Gebäudes aufgenommen worden. Man sah eine Art Wiese oder Grünfläche mit vertrocknetem Gras und eine Straße. Ein Tieflader mit dem Buk fuhr vorbei. Derjenige, der die Aufnahme gemacht hatte, wusste wohl, dass es wichtig sein konnte, die Geo-Daten zu erfassen, daher erschienen die Koordinaten 48°01'.1N, 38°18'06.6O sowie die Ortszeit. Für uns war das nur ein erster Hinweis; jeder konnte alles behaupten, was er wollte. Als Erstes überprüften wir die angegebenen Koordinaten auf Google Earth. Auf den Satellitenbildern erkannte man Gebäude, schmale Wege und eine zweispurige Straße. Dann berechneten wir den Standort der Kamera und lokalisierten sie in einem Wohngebäude. Der Vergleich der Standbilder aus dem Video mit den Satellitenbildern enthüllte immer mehr Details, und alles passte gut zusammen: einige staubige Pfade, die über die Grünfläche liefen, die Umrisse der Gebäude, ein auffälliger großer blauer Behälter auf der Grünfläche. Es handelte sich um die Stadt Suhres; so lautete auch die Angabe. Dann wurde die angebliche Tageszeit überprüft. Es gab ein paar Bäume, die Schatten warfen; diese »Sonnenuhr« bot verlässliche Anhaltspunkte für unser SunCalc-App. Wie von dem Youtuber angegeben, war die Aufnahme gegen 11:40 Uhr entstanden; es handelte sich also um die erste bekannte Sichtung des Buk.

Eine weitere ganz heiße Spur tauchte unerwartet in der populären französischen Illustrierten *Paris Match* auf. Auf seiner Website veröffentlichte das Blatt online das Foto eines Tiefladers mit einem Buk-Lenkwaffenstarter, das angeblich am Tag des Angriffs am Stadtrand von Snischne aufgenommen worden war. Die Aufnahme war von einem vorbeifahrenden Auto aus gemacht worden. Es handelte sich um das bisher beste Foto: sehr scharf und ganz aus der Nähe. Was sofort ins Auge sprang, war ein gelber Aufkleber am Führerhaus des Tiefladers, auf dem man eine Telefonnummer mit der Vorwahl der Separatisten-Hochburg Donetsk entziffern konnte. Die Journalisten von *Paris Match* hatten umgehend dort angerufen. Die Nummer gehörte einer dortigen Baufirma, und die Auskunft lautete, der Tieflader sei von den Separatistenmilizen requiriert worden und seitdem nicht mehr aufgetaucht.

Allerdings war *Paris Match* ein Fehler unterlaufen. Angeblich war die Aufnahme in Snischne gemacht worden, aber es gab dafür keine hieb- und stichfeste Bestätigung. Inzwischen wussten wir aus unseren Open-Source-Ermittlungen, dass das Buk durch Suhres, Torez und Snischne gefahren war. Um genau festzustellen, wo das Foto entstanden war, hätte man die ganze Strecke Donetsk-Snischne abfahren müssen, bis man die Stelle gefunden hätte, die zu dem Foto passte. Aber es würde natürlich niemand deswegen mitten in ein Kriegsgebiet reisen. Stattdessen »fuhr« einer unserer Rechercheure die Strecke online ab. Anhand eines Routenplaners gab er den Verlauf ein und klickte sich auf Google Street View durch den ganzen Streckenverlauf. Das Ergebnis stellte er auf dem Blog Ukraine@War ins Internet. Dieser glühend proukrainische Blog verwendete im gleichen Artikel den Begriff »Terrorrussen« für die Separatisten und ihre Unterstützer – man konnte ihn daher kaum als neutral und objektiv bezeichnen. Der Rechercheur bezeichnete sich auch lediglich als Chris Postal ohne weitere Angaben. Eine derart obskure Quelle hätte jeden seriösen Journalisten abschrecken müssen. Aber bei Bellingcat kümmern wir uns eben selbst um unsere Verifikationen. Wir sind nicht darauf angewiesen zu erfahren, wie glaubwürdig ein Chris Postal ist; uns kommt es nur darauf an, ob wir die Angaben nachvollziehen und bestätigen können. Jede Behauptung, die im Internet aufgestellt wird, ist für uns nur eine Hypothese; sie gilt nur etwas, wenn sie sich mit allgemein zugänglichen Fakten belegen lässt. Im Grunde handelt es sich um die Übertragung naturwissenschaftlicher Methoden der Verifizierung oder Falsifizierung auf journalistische Recherchen.

Also überprüften wir, ob diese angebliche Übereinstimmung zu den Ansichten in Google Street View passte. Ich skizzierte sogar die wesentlichen Äste der Bäume auf dem *Paris Match*-Foto und den Google-Bildern, um besser vergleichen zu können, ob sich deren Verlauf und Belaubung stark ähnelten. Ja, das stimmte überein. Aber es handelte sich um eine bestimmte Stelle in Donetsk und nicht in Snischne. Um die Tageszeit der Aufnahme zu bestimmen, bedienten wir uns ebenfalls der Schattenlängen der Bäume und kalkulierten das bei SunCalc und kamen zu dem Ergebnis: Die Aufnahme war morgens gegen neun Uhr gemacht worden.

Nun passte allmählich alles ganz gut zusammen: Nach Angaben des Chefs der ukrainischen Spionageabwehr, Vitali Nayda, hatte man durch Abhörmaßnahmen herausgefunden, dass der Lenkwaffenstarter auf einem Tieflader aus Russland herangebracht worden war und in der Nacht vor dem Abschuss die Grenze überquert hatte. Gegen neun Uhr hatte der Starter die Stadt Donetsk, einhundertzwanzig Kilometer von der ukrainisch-russischen Grenze entfernt, erreicht. Etwa zu der Zeit muss das Gerät von dem russischen Transporter auf den Tieflader, den die Rebellen in Donetsk von der Baufirma requiriert hatten, umgeladen worden sein. Auf dem Blog Ukraine@War finden sich ebenfalls Tweets mit Hinweisen auf einen Lenkwaffenstarter, der gegen 9 Uhr an einer Straßenkreuzung gesehen worden war. Aus all diesen Angaben fertigten wir eine kleine Chronik der Abläufe, wie sie aus den Open-Source-Quellen zuverlässig rekonstruierbar sind:

1) Donetsk 9:00: Das Buk wird auf einem Tieflader durch die Hauptstadt der abtrünnigen prorussischen Provinz gefahren. (Foto *Paris Match*)

2) Suhres 11:40: Das Buk wird auf dem gleichen Tieflader ungefähr fünfunddreißig Kilometer östlich gesichtet. (Youtube-Video)

3) Torez 12:30: Das Buk wird auf dem Tieflader noch weiter östlich in der Vorbeifahrt an einem Baumarkt gesichtet. (von Aric Toler verortetes Foto)

4) Snischne 13:30: Das Buk befindet sich nicht mehr auf dem Tieflader; womöglich Vorbereitung für einen Abschuss? (von Andrew Haggard verortetes Foto)

5) Snischne nach 13:30: Das Buk rumpelt als Selbstfahrer auf seinen Ketten aus der Stadt. (Das allererste Video nach dem Absturz)

6) Abschusstreffer MH17 gegen 16:20

7) Luhansk am 18.Juli gegen 4:00: Das Buk wird auf einem Tieflader Richtung russische Grenze gefahren, die nicht weit entfernt ist. Eine der Lenkwaffen fehlt. (Das von der ukrainischen Regierung veröffentlichte Video mit dem Werbeplakat des Autohändlers im Hintergrund)

Zwischen Punkt 5 und Punkt 7 besteht eine wichtige Lücke in der Beweiskette, wo das Buk in südlicher Richtung aus Snischne hinausrollte. Wo ist es hingefahren? Zu welchem Zweck?

Storyful, ein innovatives Start-up in Dublin, durchsuchte die sozialen Medien im Hinblick auf ihren Nachrichtenwert. Sie fanden in den Aufnahmen von Google Earth am dritten Tag nach dem Abschuss einen wertvollen Hinweis. An einer bestimmten Stelle neben einer Straße außerhalb von Snischne entdeckten sie eine doppelte Kettenspur, die von dem Buk stammen konnte. Auch auf Ukraine@War war eine Aufnahme zu sehen, die im Internet zirkulierte: Sie zeigte eine offene Landschaft unter blauem Himmel und allem Anschein nach eine längliche Rauchspur, die von einer Rakete stammen konnte.

Diese Indizien ließen sich nicht so ohne Weiteres verifizieren, aber sie waren sehr verräterisch. Bemerkenswert war hingegen das, was bisher schon bestätigt werden konnte. Der Abschuss von MH17 hatte eine Online-Suche nach Indizien und Beweisen hervorgerufen wie noch kein Ereignis zuvor. Innerhalb von zehn Tagen nach der Katastrophe hatte die internationale Gemeinschaft von Digitalrechercheuren die vermutliche Mordwaffe bis auf wenige Stunden um die Ausführung der Tat einkreisen können.

Es fehlte aber immer noch der Beweis, dass das Flugzeug tatsächlich von solch einer Boden-Luft-Rakete getroffen worden war. Veli-Pekka Kivimäki, ein fünfunddreißigjähriger Finne, der früher für Microsoft gearbeitet hat, konnte zu Hause in Turku nicht mehr den Blick abwenden von all den Bildern der weithin verstreuten Wrackteile von MH17 in den sozialen Medien: Trümmer von Tragflächen, Turbinen, der Rumpf des Flugzeugs. Als junger Mann hat V.P. (wie er von uns allen mittlerweile genannt wird) seinen Militärdienst in Finnland geleistet, und zwar bei einer Luftabwehreinheit, die ebenfalls über das Buk-Lenkwaffensystem verfügte. Finnland musste während des Kalten Krieges politisch einen heiklen Neutralitätskurs steuern; das Land bewahrte seine Unabhängigkeit als westliche Demokratie, war aber beispielsweise verpflichtet, militärische Ausrüstung aus der unmittelbar benachbarten Sowjetunion zu beziehen. Das Buk-Lenkwaffensystem zählte zu den aktuellsten Erwerbungen, bevor die Sowjetunion zerbrach.

V.P. wusste, dass das Flugzeug in der üblichen Reisehöhe unterwegs gewesen war. In dieser großen Höhe konnte es nur von wenigen Waffensystemen getroffen werden: entweder von einem Militärflugzeug, das aus relativer Nähe einen Lenkflugkörper absetzte, oder von einer leistungsfähigen modernen Boden-Luft-Rakete. So eine Rakete explodiert in der unmittelbaren Nähe eines feindlichen Flugzeugs. Dabei werden besonders geformte Metallteile ähnlich wie Schrotkugeln »verschossen«. Ziel ist es, durch diese Einschläge den Piloten zu töten und/oder den Antrieb auszuschalten und/oder den Flugzeugrumpf zu beschädigen. Diese Geschosse sind mit jeweils spezifischer Schrapnellladung bestückt; das bedeutet, dass die Schrapnelllöcher bestimmte Muster hinterlassen, wie ein Fingerabdruck. Allerdings war MH17 in zehn Kilometern Höhe auseinandergerissen worden, und die Teile waren nach dem Absturz aus dieser enormen Höhe auch noch einmal beim Aufprall beschädigt worden.

Auf einem Chat-Forum namens »The Professional Pilots Rumor Network« postete jemand das Schaubild des vorderen Rumpfteils einer Boeing 777–200ER, mit dessen Hilfe V.P. und andere die Aufnahmen von Trümmerteilen wie ein Puzzle zusammensetzen konnten. Die größte Zerstörungswucht hatte das Flugzeug demnach nahe am Cockpit auf der linken Seite getroffen. Das konnte eigentlich nur von einem der bei Boden-Luft-Raketen üblichen schrapnellartigen Geschossköpfe hervorgerufen worden sein. Weiter hinten war der Rumpf nicht so kleinteilig beschädigt. Bei einer von einem Jagdflugzeug abgeschossenen Luft-Luft-Rakete wäre das Ausmaß der Beschädigung geringer gewesen und die Streuung der Metallteile nicht so groß. Aber bei dieser Boeing war der Schaden immens.

V.P. sammelte alle Aufnahmen des Trümmerfeldes, die er online auftreiben konnte, und postete sie in einem Online-Album. Er kannte Bellingcat bereits von unseren Versuchen, das Buk zu verorten, und schickte mir einen Link zu seiner eigenen Website. Auf diese Weise kommunizierten wir meistens mit anderen freien Rechercheuren in unserem Umfeld: entweder direkt über Twitter, oder wir schickten uns E-Mails. Dass man direkt miteinander sprach, kam selten vor. Oftmals kontaktierten mich Rechercheure, die irgendetwas im Internet gefunden hatten, und dann versuchte ich es aus offenen Quellen zu verifizieren, vorausgesetzt, dass es sich dabei um eine legitime Anfrage handelte (und auch die Ansprechpartner reell waren). Wenn deren Anliegen es rechtfertigte, darüber einen Beitrag zu verfassen, fragte ich sie, ob sie das selbst übernehmen wollten. Auf diese Weise sind viele Rechercheure Bellingcat-Autoren geworden. Ich bot keine Hilfestellung oder Ratschläge über das Verfassen von Nachrichten- oder Informationsartikeln an, da ich selbst auch nie eine einschlägige Aus- oder Fortbildung bekommen hatte. Das erarbeiteten wir uns alles selbst durch »Learning by doing«, wobei wir einerseits den nüchtern-distanzierten Schreibstil guter Journalisten vor Augen hatten, uns aber auch nicht allzu weit vom saloppen Kommunikationsstil im Internet entfernen wollten. Wir registrierten aufmerksam, welche Schlagzeilen gut ankamen, und merkten alsbald, wie wichtig Bilder waren, um die Aufmerksamkeit der Leser auf sich zu ziehen.

In dem Maß, wie unsere Untersuchungen und Recherchen sowohl kleinteiliger als auch umfassender wurden, mussten wir dieser wachsenden Komplexität Rechnung tragen; gleichzeitig sollten die einzelnen Beiträge auch für diejenigen nachvollziehbar sein, die nur gelegentlich auf unsere Seite kamen. Das Grundprinzip war einfach; es lautete: Schreibt Beiträge, die wir interessant finden und gerne lesen wollen.

Die Anteilnahme der Nutzer war immer ein zentrales Anliegen von Bellingcat. Als V.P. mir sein Album übersandte, fragte ich ihn, ob er nicht einen Live-Blog einrichten wolle, in dem er andere bei der Verifizierung von Aufnahmen unterstützt. Mittlerweile hatte ich eine neue App namens »Checkdesk« entdeckt, bei der jedermann etwas einstellen und die Debatte darüber mitverfolgen konnte. Dadurch blieben die Recherchen vollkommen transparent und ließen sich auch später nachverfolgen. V.P. akzeptierte meine Einladung und brachte ein beachtliches Sachwissen über moderne Artillerie- und Lenkwaffensysteme ein, das ich selbst nicht bieten konnte.

Ich konnte ihm allerdings keine Kompensationen anbieten. Die Teilnahme an Bellingcat bedeutete: viel Arbeit, keine Bezahlung. Das hatte aber im Wesentlichen positive Wirkungen. Diejenigen, die sich freiwillig mit so einer Recherche befassten, taten dies aus echtem Engagement und weil sie sich Antworten auf ihre Fragen erhofften, oder sie waren angetrieben von der Hoffnung, etwas zu entdecken, was bis dahin noch niemand gesehen oder gewusst hatte. Hinzu kam in solchen Fällen die Aussicht, gerade bei solch tragischen Ereignissen einen wenn auch noch so kleinen Beitrag dazu zu leisten, dass die Sache aufgeklärt und der Gerechtigkeit Genüge getan wird.

V.P. sprach auch noch mit weiteren Militärexperten in Finnland, mit Leuten, die selbst ein Buk bedient hatten. Alle stimmten darin überein, dass der Explosionsort und die Explosionsweise für eine Boden-Luft-Rakete sprachen. Die Art und Weise, wie die Einschlaglöcher in den Wrackteilen am Boden geformt waren, ließ eigentlich nur den einen Schluss zu, dass es sich um eine Buk-Lenkwaffe gehandelt haben musste. Die einzige noch offene Frage lautete jetzt, wie »einfach Aufständische« in den Besitz eines modernen Waffensystems kamen, das sich normalerweise nur die Armeen von Staaten leisten können. Die Ukraine verfügte darüber, natürlich Russland selbst, außerdem Belarus, Nordkorea und Finnland. Woher war der infrage stehende Buk-Lenkwaffenstarter auf dem Tieflader also gekommen?

Der Student, der mit dem Finger auf Moskau zeigte

Am Tag nach dem Abschuss von MH17 überquerte Ilja Gorely, ein vielfach ausgezeichneter Elitesoldat der russischen Spezialstreitkräfte, die Grenze zwischen Russland und der Ukraine. Nach Darstellung des Kreml lag der Grund für den ganzen Donbass-Konflikt darin, dass ukrainische Nationalisten die russischsprachige Bevölkerung drangsalierten. Daher sähen diese sich zur Selbstverteidigung gezwungen und müssten sich bewaffnen. Moskau habe niemals eigene Truppen in die Ukraine entsandt, so die offizielle Version. Mit anderen Worten, Gorely betrat die Ukraine nun undercover. Allerdings machte er beim Grenzübertritt ein Selfie und postete es auf Instagram. Einer von Gorelys Followern fragte ihn daraufhin, ob es sich um eine Dienstreise oder eine Urlaubsfahrt handle. »Dienstreise natürlich«, antwortete er. »Das gehört schließlich zu unserem Job.« Dieser Antwort fügte er ein paar Gewehr-Emojis bei. Zwei Tage darauf stellte er ein neues Foto bei Instagram ein, das ihn und einen anderen Mann in einem Auto zeigte; einer hielt ein

Makarow-Gewehr, der andere ein Kampfmesser der Spezialstreitkräfte in der Hand. Er fügte Hashtags hinzu, die sich auf die »kleinen grünen Männchen« bezogen – inoffizielle russische Streitkräfte, die seit Februar 2014 die Halbinsel Krim besetzt hielten, sowie auf die ALFA-Gruppe, eine Spezialeinheit – sozusagen das russische Pendant zu den amerikanischen Navy SEALs. Später fügte er hinzu: »Ich bin gestern früh ins Bett … Hatte zwei Tage lang nicht geschlafen, weil wir kreuz und quer in der Ukraine herumgefahren sind; das Training lief sehr gut; wir haben sie merken lassen, dass wir da sind.« Offenbar bedeutete »Training« und »haben sie merken lassen, dass wir da sind« nichts anderes, als dass es zwischen ihm und seinen Kumpanen sowie der ukrainischen Armee zu kleineren Gefechten gekommen war. Dann postete er ein neues Selfie, auf dem er in T-Shirt, Cargo-Shorts, Flipflops und mit vorgerecktem Sturmgewehr zu sehen ist. Um jeden Zweifel zu beseitigen, war auf dem Selfie als Absendeort DNR vermerkt, das russische Akronym für Donetsk VolksRepublik, die Eigenbezeichnung der Separatisten. Einer seiner Follower forderte ihn auf, die Ukrainer in Stücke zu reißen. »Wir sind schon dabei«, erwiderte Ilja.

All das konnte man in einem frei zugänglichen Account lesen, wo es auch dem fünfundzwanzigjährigen Studenten Iggy Ostanin aufgefallen war. Geboren in Ischewsk tief in Russland, hatte Iggy seine Kindheit in den für Russland turbulenten Neunzigerjahren der postsowjetischen Phase verbracht, als die Staatsindustrien ausgeplündert wurden und sich die Wirtschaft im freien Fall befand. Schließlich fand sein Vater, ein Akademiker, Arbeit im Ausland, und die Familie zog zuerst nach München, dann nach Straßburg, nach Glasgow und schließlich nach Warwick in Mittelengland. Die Beschäftigung mit dem Computer blieb praktisch die einzige Konstante in Iggys Leben. Als MH17 abstürzte, lebte Iggy mit seiner Freundin in den Niederlanden.

Die Zahl der niederländischen Opfer betrug einhundertdreiundneunzig. Für eine so kleine Nation war das ein besonders schrecklicher Verlust; manche sprachen vom 9/11 der Niederlande. Iggy war zutiefst bewegt, als die Holländer von den Grachtenbrücken aus Unmengen von Blumen auf die Boote mit den Särgen warfen, die unten vorbeifuhren. Er wollte wissen, was die Menschen in den russischen sozialen Medien darüber sagten, und klickte sich von Link zu Link – bis er zufällig auf den Instagram-Account des SpezNas-Elite-Soldaten Gorely stieß, der damit prahlte, die Grenze zur Ukraine überschritten zu haben und dort in Kämpfe verwickelt gewesen zu sein; all das in klarem Widerspruch zu den Aussagen des Kreml. Er fand, das sei durchaus eine Nachricht wert, und stieß sogar noch auf andere, ähnliche Leckerbissen in den sozialen Medien. Er bot diese Informationen einigen Nachrichtenportalen an, aber dort zeigte man wenig Interesse.

Auf der Website des *Guardian* fand er bei der Gelegenheit den biografischen Beitrag, den sie über mich gebracht hatten. So kam er zum ersten Mal mit der Idee und dem Konzept der Open-Source-Recherche in Berührung. Er schickte mir eine kurze Notiz über das, was er gefunden hatte. Das waren genau die Dinge, nach denen Bellingcat ständig suchte, also brachten wir es auf unserer Website. Iggy wollte lieber anonym bleiben, denn mit diesen Nachrichten enttarnte er einen Angehörigen der russischen Spezialstreitkräfte, und bei so etwas wusste man nie, was das für Nebenwirkungen hatte. Iggy hatte erst kurz zuvor die Biografie eines russischen Anwalts, Sergej Magnitski gelesen, der einen Steuerskandal aufdeckte, in den der russische Staat verwickelt war. Daraufhin kam Magnitski selbst ins Gefängnis, wo er schikaniert und medizinisch nicht behandelt wurde und 2009 im Alter von siebenunddreißig Jahren starb. Als Nächstes sah sich Iggy das in *Paris Match* veröffentlichte Foto des Buk an, welches aus einem vorbeifahrenden Auto in einer Straße von Donetsk, einer der beiden Separatisten-»Volksrepubliken« im Osten der Ukraine, aufgenommen worden war. Auf der Seitenwand des Lenkwaffenstarters konnte Iggy eine Kennzeichnung erkennen, aber sie war zu schwach, um sie entziffern zu können. Wenn die Russen Ausrüstungsmaterial in die Ukraine liefern, werden Kennzeichnungen in der Regel übermalt, aber die Soldaten sind bei der Ausführung oft nachlässig. Auch in diesem Fall waren die Schriftzeichen noch ganz schwach vorhanden. Iggy versuchte, sie mit einigen technischen Tricks lesbar zu machen, aber das funktionierte so nicht.

Seine Hypothese bezüglich MH17 lautete: Das russische Militär hatte den Separatisten leichtsinnigerweise ein hochmodernes Waffensystem überlassen, und die inkompetenten Milizionäre hatten eine Rakete abgefeuert, weil sie die überfliegende Passagiermaschine für ein ukrainisches Militärflugzeug hielten. Falls die Russen tatsächlich den Separatisten das Buk geliefert hatten, konnte das eigentlich nur über Land von einer russischen Militärbasis aus geschehen sein. In dieser Region waren Dashcams ein verbreitetes Hobby, sodass es durchaus nicht ausgeschlossen war, dass jemand den Buk-Transport in Russland gefilmt hatte. Falls Iggy einschlägiges Bildmaterial im Netz finden konnte, wäre das der Beweis, dass das russische Militär die Mordwaffe geliefert hatte.

Iggys nächster Streich markierte einen vorläufigen Höhepunkt in der Digital-Recherche. Bisher hatte sich Bellingcat fast nur mit Clips und Fotos befasst, die mehr oder weniger auffällig durchs Internet geisterten. Lediglich bei meiner Brown-Moses-Liste der syrischen Videokanäle hatte ich so etwas wie ein strukturiertes Beobachtungssystem etabliert. Aber auch diese Methode war vergleichsweise passiv. Ohne dass Iggy sich darüber im Klaren gewesen wäre, wie innovativ sein Vorgehen war, stürzte er einfach mitten in den Heuhaufen und suchte die Nadel, von der niemand wusste, ob sie überhaupt existierte. Die

Herausforderung bestand darin, richtig zu formulieren, was man suchte. Nur einfach »Buk« als Suchbegriff einzugeben, würde nicht funktionieren. Und nicht jeder kannte die genaue Bezeichnung eines bestimmten Waffensystems, wenn es gerade an einem vorbeirumpelte; auch wenn man als normaler Mensch unmittelbar begriff, dass so etwas ein ungewöhnlicher Anblick war. Iggy loggte sich bei Instagram ein, wo er schon im Fall des SpezNas-Soldaten gut vorangekommen war, und suchte dort mit geläufigeren Begriffen wie »Luftabwehrsystem«.

Unglaublich viele Klicks erwiesen sich als Nieten. Iggy sah Video-Vorschauen durch, bis ihm die Augen tränten, und er betrachtete stundenlang langweiliges, irrelevantes Zeug. Damit verbrachte er rund vier Tage, in denen er wenig schlief. Dann stieß er endlich auf etwas Interessantes. Auf einem Instagram-Foto war ein Buk auf einem Militärtransporter zu sehen. Die Aufnahme stammte vom 23.Juni 2014, also rund einen Monat vor dem MH17-Tag. Dieses Buk mit der deutlich lesbaren Kennzeichennummer 232 an der Seitenwand wirkte neuer und weniger abgenutzt als die Buks, die in der Ukraine am Tag des Abschusses aufgenommen worden waren. Der Instagram-Post enthielt die Information, dass dieses Buk Teil einer langen Kolonne von Militärfahrzeugen war, die durch die russische Stadt Stary Oskol, ungefähr neunzig Kilometer nördlich der Grenze zur Ukraine, gefahren waren. Dazu gehörten noch weitere Buk-Lenkwaffenstarter.

Damit hatte Iggy einen zentralen Anhaltspunkt für seine weiteren Ermittlungen gewonnen. Nun erweiterte er seine Suche auf die Plattform VKontakte. Dort stieß er auf einen Clip, der einen Tag nach der Aufnahme von Stary Oskol gedreht worden war. Es handelte sich um ein Elf-Minuten-Video, das vom Parkplatz eines Magni-Supermarktes aufgenommen war und zeigte, wie dort eine lange Militärkolonne durch die kleine Stadt Alexejewka fuhr. Dutzende Fahrzeuge fuhren vorbei. Aber irgendwo weiter vorn hatte es ein Problem gegeben, weil offenbar einige Fahrzeuge mit hohen Aufbauten nicht unter einem Hindernis hindurchfahren konnten, weshalb sie umkehren mussten. Als der Konvoi nun von der anderen Seite durchs Bild fuhr, tauchten auch etliche Buk auf, alle in tadellosem Zustand. Nur einer wirkte schmuddeliger, im Vergleich zu den anderen wie ein hässliches Entlein. In dem Drei-Ziffern-Kennzeichen fehlte die mittlere Ziffer, man sah nur 3'2.

Iggy hielt das Video an, scrollte ein paar Bilder zurück und dann ein paarmal hin und her. Hatte er damit schon ins Schwarze getroffen? Er verglich das Standfoto hektisch mit der *Paris Match*-Aufnahme und konzentrierte sich insbesondere auf die dort fehlende Markierung. Wenn dieses Exemplar in die Ukraine überführt worden war, hätte man die drei Ziffern übermalt. Mit diesem Vorwissen war das Kennzeichen 3'2 nun ganz schwach zu erkennen.

Von dem neu gewonnenen geografischen Punkt Alexejewka aus versuchte er mithilfe eines Online-Routenplaners die vermutliche Fahrt von Stary Oskol zu rekonstruieren. Mithilfe der Pixifly-App durchsuchte er Instagram nach möglichen Orten und Zeiten. Erneut wühlte er sich am Bildschirm durch endloses Bildmaterial. Schließlich fand Iggy ein Video, das den Konvoi außerhalb von Stary Oskol zeigte. Und auf diesem Material stach das hässliche Entlein mit der 3'2-Markierung deutlicher hervor als auf jedem anderen Bildmaterial bisher.

Dann stieß Iggy auf ein Dashcam-Video, das jemand aufgenommen hatte, der in entgegengesetzter Richtung zu der Militärkolonne gefahren war, während diese nach Alexejewka hineinfuhr. Die Bildauflösung war so gut, dass man die Kennzeichen der Militärfahrzeuge notieren konnte. Jedes trug die Endnummer –50. Diese Endnummer zeigt immer den Bezirk an, wo das Fahrzeug registriert ist. Auf Wikipedia fand Iggy eine Liste mit den russischen Registrierungsnummern. 50 gehörte zum Militärbezirk Moskau. Diese Erkenntnis präsentierte er dem Forum mit Spezialisten für russisches Militär. Wie viele Einheiten innerhalb des Militärbezirks Moskau verfügten über Buk-Lenkwaffenstarter? Die Antwort lautete: Lediglich eine, die 53. Brigade, die in Kursk stationiert ist.

Iggy musste sich eine Weile zurücklehnen, um wieder einen klaren Kopf zu bekommen. Das waren die Fakten: Eine lange Militärkolonne der 53. Brigade war höchstwahrscheinlich von Kursk aus in südöstlicher Richtung nach Stary Oskol gefahren, wo sie am Abend des 23. Juni ankam. Am nächsten Tag ging es weiter südostwärts nach Alexejewka und damit immer näher an die ukrainische Grenze.

Auf VKontakte fand Iggy dann tatsächlich einige Posts eines Unteroffiziers der 53. Brigade, darunter ein Foto von einem Militär-Lkw sowie ein Selfie auf dem Paradeplatz der Einheit. Im Hintergrund waren die himmelwärts gerichteten Lenkwaffen zu sehen, insgesamt ein höchst eindrucksvoller Anblick.

Das war ein gewaltiger Fund, der uns Kopfzerbrechen bereitete. Eine Veröffentlichung auf Bellingcat wäre gleichbedeutend mit schweren Anschuldigungen gegen die militärische Großmacht Russland, deren gegenwärtige Führung weder vor einem Propagandakrieg noch vor der Anwendung von Gewalt zurückschreckte. Als Team hatten wir uns erst seit wenigen Monaten zusammengefunden, und das ganze Bellingcat-Projekt konnte mit jeder einzelnen Behauptung, die wir machten, leicht ins Kreuzfeuer geraten. Hier ging es nicht mehr nur um das Hin-und-her-Tweeten zwischen ein paar Hobbyrechercheuren, sondern wir standen im Begriff, Teil der Öffentlichkeit zu werden. Vor seiner Veröffentlichung prüfte ich Iggys Entdeckungen wieder und wieder, um sicherzugehen, dass wir nichts übersehen hatten. Iggy schloss seinen Beitrag mit den feierlichen Worten: »Die russische Regierung trägt die Verantwortung für diese Tragödie.«

Dieser Bericht bedeutete einen Durchbruch für Bellingcat; die Klickzahlen schossen auf über hunderttausend Page-Views in den ersten vierundzwanzig Stunden. Um die Wirkung zu steigern, hatten wir unsere Veröffentlichung einen Tag vor die Veröffentlichung eines offiziellen Berichts des *Dutch Safety Board* gelegt, der die Ursache für den Abschuss der Passagiermaschine klären sollte, ohne Schuldige zu benennen. Dieses Gremium von unabhängigen Experten bestätigte Erkenntnisse, die wir bereits Wochen zuvor erlangt hatten. Das wurde zu einer Art Leitthema im Fall des MH17-Abschusses: dass unsere Gruppe als eher loser Zusammenschluss weitaus früher zu wichtigen Erkenntnissen gelangte als die offiziellen Institutionen, die über ganz andere Mittel und Möglichkeiten verfügten.

BBC World Service und *Sky News* luden mich ein, in ihren Nachrichtensendungen zu erklären, wie wir arbeiteten und unsere Recherchen betrieben. Gleichzeitig wurden auch Medien in Russland und der Ukraine auf uns aufmerksam. Der TV-Sender *Russia Today* überschüttete mich mit Verleumdungen und bezeichnete das Aufkommen von unabhängigen Internet-Rechercheuren als »gefährlichen Trend«. Damit hatten sie vollkommen recht: Für diejenigen, die mit gefälschten Berichten und Behauptungen unterwegs waren, stellten wir in der Tat eine Gefahr dar. Unsere Arbeit beeinflusste auch die Tätigkeit konventioneller Journalisten und Berichterstatter, die den Themen nachgingen, die wir gesetzt hatten. Das hatte es zu der Zeit, als ich die Vorgänge in Syrien recherchiert und darüber in meinem Blog berichtet hatte, noch bei Weitem nicht gegeben. Und damals gab es in Syrien nach dem Tod von Marie Colvin und der Entführung vieler anderer nur noch sehr wenige Augenzeugenreporter vor Ort. Nun kam es vor, dass wir die Herkunft eines im Internet kursierenden Fotos genau lokalisieren konnten, woraufhin sich die Kollegen auf den Weg machten, um vor Ort weitere Recherchen anzustellen, Augenzeugen zu befragen etc.

Umgekehrt erlangten wir durch ihre Berichte wiederum ein besseres Verständnis der Ereignisse, Vorgänge und Abläufe. Uns geht es vor allem darum, die Möglichkeiten des Internets für Faktenchecks so weit wie möglich auszureizen, aber die Ergänzung durch andere Methoden und Quellen macht durchaus Sinn. Eine Untersuchung kann beispielsweise zu fünfundneunzig Prozent aus Internetrecherche bestehen und zu fünf Prozent aus traditioneller Berichterstattung. Genauso gut sind zehn Prozent Open-Source-Recherche und neunzig Prozent konventionelle Reportage denkbar.

Während die Reaktionen auf unseren Artikel über die 53. Brigade hereinprasselten, erreichte mich unter anderem eine E-Mail von einem Absender, den ich bis dahin nicht kannte. Timmi Allen bot einen besonderen Service für die Nutzer der virtuellen Welt *Second Life* an, indem er 3-D-Ansichten von Gebäuden, Tieren, ja selbst von Gebirgszügen produzierte und verkaufte. Allen hatte mich angeschrieben, weil er seine Methoden grafischer Darstellung auf einige Fotos angewendet hatte, über die Bellingcat berichtete; darunter befand sich ein Videoclip, in dem das *Paris Match*-Foto in das Video von dem russischen Militärkonvoi übertragen worden war, wobei ein besonders klares Bild des Buk herausgekommen war. Der zweiundfünfzigjährige Deutsche wurde dann einer der wichtigsten Mitarbeiter bei Bellingcat. Er war in Ostberlin in der Zeit des Kalten Krieges geboren und hatte in untergeordneten Rängen bei der Stasi gearbeitet. Er war ein alleinerziehender Vater mit einer schwer behinderten Tochter. Als er die Nachrichten über den MH17-Absturz las, musste er unwillkürlich an die Kinder an Bord des Flugzeugs denken. Er war auch über die Reaktion der Russen auf den Absturz erbost – für ihn hatte sich an den Desinformationsstrategien Moskaus nichts geändert. Daher hatte er sich darangemacht, das Video mit hochmoderner Foto-Editing-Software zu bearbeiten.

Als ich das Ergebnis sah, war ich sprachlos. Die Verschmelzung war so gelungen – man konnte nicht mehr erkennen, dass die Bilder aus zwei verschiedenen Videos stammten.

Die umfangreichen Recherchen von Bellingcat zu MH17 brachten mich zu der Überzeugung, dass wir auch über die Ressourcen für langfristige Projekte verfügten. Solange ich nur auf meinem Brown-Moses-Blog publizierte, ging es ja immer um punktuelle Recherchen, um einzelne Vorfälle im syrischen Bürgerkrieg. Doch nun hatte sich ein harter Kern gebildet, und wir konnten in einer gemeinschaftlichen Anstrengung und unter fallweiser Einbeziehung weiterer »freier Mitarbeiter« und Spezialisten ein Thema ausdehnen beziehungsweise Zusammenhänge gründlicher recherchieren. Der Weg ging von verstreuten Indizien zur lückenlosen Beweiskette.

Während ich mir darüber noch Gedanken machte, erreichte mich ein Schreiben der *Leicestershire Police Force.* Darin hieß es, eine offizielle international besetzte Gruppe, die mit der Untersuchung des Absturzes von MH17 befasst war, suche den Kontakt zu mir und wolle mich als Zeugen gewinnen. Dieses »Joint Investigation Team« bestand aus Kriminalbeamten und Staatsanwälten aus den Niederlanden, Australien, Belgien, Malaysia und der Ukraine. Während sich das *Dutch Safety Board* lediglich mit der Frage befassen durfte, was mit dem Flugzeug geschehen war, hatte das *Joint Investigation Team* ein weitergehendes Mandat: Diese Gruppe sollte herausfinden, wer die Verantwortlichen waren.

Im Polizeipräsidium von Leicester wurde ich in einen Besprechungsraum gebeten, wo zwei Herren aus den Niederlanden und einer aus Australien mich bereits erwarteten. Ansonsten waren ein paar britische Beamte anwesend, die darüber wachen sollten, dass alles protokollgemäß vonstattenging. »Könnten Sie so freundlich sein, uns zu berichten, was Sie herausgefunden haben?«, begann einer der beiden Niederländer. »Und – das wäre ebenfalls sehr wichtig zu wissen – wie Sie es herausgefunden haben.« Je länger ich darüber berichtete und ihre Reaktionen mitbekam, desto deutlicher wurde mir: Wir waren die Einzigen, die sich konsequent der spezifischen Methoden der Online-Recherche bedienten. Bei diesem Gespräch wurde den Beamten erstmals bewusst, dass sie diese Methoden und Quellen ernst nehmen mussten.

Auch Bellingcat musste das Ganze ernsthafter und noch seriöser anpacken. Bisher hatte ich meine Erkenntnisse beispielsweise zum syrischen Bürgerkrieg ohne Weiteres mit *Human Rights Watch* oder mit *Amnesty International* geteilt. Bestenfalls hatte ich gehofft, dass vielleicht irgendjemand im internationalen Strafrechtssystem irgendwann einmal Notiz von diesen Erkenntnissen nehmen würde. Nun hatte ich einen direkten Kontakt zur internationalen Justiz – zum ersten Mal trugen wir etwas zu einer offiziellen Kriminaluntersuchung bei.

Kaum war ich wieder zu Hause, schrieb ich den Entwurf einer E-Mail an Iggy, V.P., Aric und Timmi, die durch ihr großes Engagement meine engsten Mitarbeiter in der ersten Phase von Bellingcat geworden waren. Ich etablierte einen Online-Workspace auf der App Slack, einer Art virtuellen Konferenzraum, wo wir auch Fotos, Videos und Karten hochladen und uns gleichzeitig sehen konnten, obwohl ich in England, Iggy in den Niederlanden, V.P. in Finnland, Aric in den USA und Timmi in Deutschland war. Ich konnte niemandem ein Gehalt zahlen und nur lange Arbeitszeiten anbieten. »Wenn du an der Mitarbeit trotzdem Interesse hast«, schrieb ich jedem, »dann lass es mich wissen.«

Und jeder antwortete mit Ja.

Die Fingerabdrücke auf der Mordwaffe

Ein Internet-Teilnehmer machte uns per Tweet auf ein sehr scharfsichtig beobachtetes Detail aufmerksam: Sowohl auf dem *Paris Match*-Foto als auch auf Iggys Videoausschnitt aus Stary Oskol gab es ein kleines, leicht zu übersehendes Element, das übereinstimmte: der Seitenschweller, eine Abdeckung oberhalb der Ketten an der Seitenwand des Fahrzeugs. Wenn ein Buk-Lenkwaffenstarter nagelneu aus der Fabrik kommt, sind diese Teile natürlich identisch. Doch beim Gebrauch nutzen sie sich ab, je nachdem, ob und wenn ja welche Hindernisse das Fahrzeug touchiert. So entsteht auf der Oberfläche des Seitenschwellers ein individuelles Muster aus Schrammen und Dellen. Schon Timmi hatte darauf hingewiesen, dass man bei jedem Fahrzeug ein solches Muster erkennen kann, wenn man das Video anhält und auf das jeweilige Bild zoomt. Daher sammelten wir alle Aufnahmen von Buks, über die wir verfügten, und leiteten sie an Timmi weiter. Er verwendete einiges an Zeit darauf, die Seitenschweller-Fingerabdrücke zu analysieren und einzelnen Buks zuzuordnen. Ergänzend wollten wir in Zukunft jedes neu auftauchende Foto eines Buk mit dieser Sammlung vergleichen, um schnell erkennen zu können, ob es zu unserem »Hauptverdächtigen« passte. Das war nicht schwer, denn dieser verfügte über einen auffallenden Riss im Seitenschweller. So hatten wir also einen »Fingerabruck« des vermutlichen MH17-Abschussgeräts, und hin und wieder passte er bei neuen Buk-Bildern, die im Internet auftauchten.

Während wir uns darum bemühten, unsere Beweise weiter zu untermauern, blieben die Leugner auf der anderen Seite keineswegs untätig. Ströme von Desinformation flossen aus Kreml-nahen Quellen. Der in Russland viel gesehene staatliche TV-Sender *Rossija 1* (Russland 1) brachte eine Sondersendung über MH17. Moderator war Arkadij Mamontow, der früher auch schon einmal eine Sendung moderiert hatte, in der ein Meteoriteneinschlag als göttliches Zeichen wider die homosexuellen Aktivisten in Russland interpretiert wurde. Nun ging es darum, den Nachweis zu führen, dass MH17 von der ukrainischen Luftwaffe abgeschossen worden war. Dazu gehörte unter anderem ein »Feldversuch«, bei dem ein auf dem Boden abgestelltes Flugzeug von einem Militärflugzeug beschossen wurde. Das bot die seltene Gelegenheit zu sehen, wie sich der Einschlag eines Geschosses auf den Rumpf eines Flugzeugs auswirkt, beziehungsweise in welcher Weise dieser durchlöchert wird. Laut dem Sender entsprach das ziemlich genau den Schäden an MH17. Dabei war das Gegenteil der Fall: Nicht nur V.P., sondern auch andere Internetteilnehmer hatten anhand ausführlicher Analysen des vorhandenen Bildmaterials der Trümmerteile gezeigt, dass die Einschlaglöcher keineswegs einheitlich waren, sondern meistens kleiner als die eines aus einer Kanone abgefeuerten Geschosses. Die Einschläge bei der Boeing passten in Größen und Formen nur zu einem Treffer aus einem Geschosskopf, der mit schrapnellartigen Metallteilen gespickt war. Mit dieser Vorführung hatten die Russen unsere Vorwürfe also keineswegs entkräftet, sondern im Gegenteil eher bestätigt.

Im November unternahm das russische Fernsehen einen weiteren, noch groteskeren Versuch, die Wahrheit zu verschleiern. Angeblich gab es Satellitenaufnahmen über die letzten Sekunden des MH17-Fluges, die zeigen sollten, wie ein Jagdflugzeug auf die Maschine schoss. Diese Bilder waren zuerst Mitte Oktober 2014 in einem russischen Nachrichtenforum erschienen und stammten angeblich von WikiLeaks.

Der angebliche Beweis entpuppte sich aber rasch als ein schlecht gemachtes Konstrukt, das sich aus einem Satellitenbild der Erde aus dem Jahr 2012 von Google Earth und einer anderen Aufnahme von Yandex-Maps zusammensetzte; dort war dann ziemlich unbeholfen ein Bild von einem Passagierflugzeug hineinretuschiert. Darauf befand sich sogar das Logo vom Malaysian Airlines an der falschen Stelle.

In dem Maß, wie ihre Lügen in sich zusammenfielen, erhärteten sich unsere Beweise. Anfang November 2014 veröffentlichten wir den ersten größeren Bellingcat-Report, ein fünfunddreißigseitiges Dossier mit dem Titel »MH17: Die Herkunft der Boden-Luft-Rakete der Separatisten«. Darin fassten wir die Massen an Beweisstücken zusammen; das neu gebildete Bellingcat Investigation Team – ich, Aric, Iggy, V.P. und Andrew Haggard – zeichnete als Co-Autoren verantwortlich. Der Bericht war am Ende doch so komplex und umfangreich, dass wir ihn als PDF publizierten und nicht als einfachen Beitrag auf unserer Website.

Folgendes hatten wir festgestellt: Gegen Ende Juni 2014 verließ ein russischer Militärkonvoi der 53. Flugabwehrbrigade seinen Standort Kursk und fuhr Richtung ukrainische Grenze, offiziell als Teil einer »Übung«, die vom 22. Juni bis zum Abschuss von MH17 dauern sollte.

Wir konnten nachweisen, dass ein Buk-Lenkwaffenstarter mit der Nummer 3'2 auf dem Seitenschweller Teil des Konvois war. Der Militärkonvoi fuhr bis zum 25. Juni in südlicher Richtung, wo er in Millerowo, dreißig Kilometer von der ukrainischen Grenze entfernt, gesichtet wurde. Danach verschwand Buk 3'2 drei Wochen lang aus dem Gesichtsfeld der Beobachter. Wurde er in einem russischen Militärlager versteckt? Darüber lässt sich nichts sagen. Aber wir gingen davon aus, dass das russische Militär diesen Buk irgendwann in diesem Zeitraum den Separatisten in der Ukraine überlassen hatte, die ihn am Tag des Abschusses, am 17. Juli 2014, auf einem Tieflader von Donetsk nach Snischne transportiert hatten. Diese Fahrt ist auf Video-Clips und Fotos aus sozialen Medien gut dokumentiert. In Snischne wurde das Buk vom dem Tieflader abgeladen und fuhr mit eigenem Antrieb ungefähr drei Stunden vor dem Abschuss aus Snischne hinaus. Schließlich wurde das infrage stehende Buk nach diesem Zeitpunkt wieder gesichtet, wobei eine Rakete fehlte. Dabei wurde es auf dem gleichen Tieflader durch das ebenfalls von Separatisten kontrollierte Luhansk wieder in Richtung Russland zurücktransportiert.

Ich verbreitete diesen Bericht via Twitter, was nach meinem Dafürhalten die beste Methode war, um auch die Medien darauf aufmerksam zu machen. Unser Bericht fand in der Tat ein weltweites Medienecho. Von nun an schauten die Journalisten genau hin, weil sie gemerkt hatten, dass ihnen Bellingcat weit voraus war. Jedermann konnte außerdem die Beweise selbst überprüfen und seine eigenen Schlüsse ziehen. Aber die Beweiskette war so klar, dass man sich schon selbst belügen musste, wenn man die Verantwortung der Donbass-Rebellen und des russischen Militärs immer noch abstreiten wollte.

Trotzdem blieb ein Rätsel immer noch ungelöst: der Ort des Abschusses. Stunden nachdem MH17 am Boden zerschellt war, erschien ein Schnappschuss auf Twitter. Das Bild wirkte nicht besonders vielversprechend: eine platte Gegend mit ein paar Häuschen und Bäumen im Vordergrund, dahinter trockenes Ackerland. Der größte Teil des Bildes wurde von dem strahlenden Himmel eingenommen, der praktisch makellos blau war bis auf eine schwach sichtbare, senkrecht verlaufende weißliche Dunstspur, die man kaum als natürliche Wolke interpretieren konnte. Der anonyme Fotograf, der die Aufnahme getweetet hatte, bezeichnete das längliche Gewölk als Kondensstreifen einer Rakete. Falls das stimmte, wären wir in der Lage, die Abschussstelle zu finden.

Unser fähigster Rechercheur auf diesem Gebiet war ein neu hinzugekommener Freiwilliger, ein holländischer IT-Spezialist namens Daniel Romein. Wie viele unserer ersten Mitarbeiter war Daniel im Zuge der MH17-Ermittlungen zu uns gestoßen – nicht nur wegen dieser sinnlosen Tragödie an sich, sondern auch wegen der zutiefst unaufrichtigen Art und Weise, wie die Russen anschließend damit umgingen. Als das Kondensstreifen-Foto auftauchte, zirkulierten sogleich alle möglichen Fragen und Zweifel. Einigen war beispielsweise aufgefallen, dass die Zeitangabe auf dem Tweet mehrere Stunden vor dem Abschuss lag. Das ließ sich durch die übliche Zeitverschiebung erklären, da Twitter immer die Zeitzone von San Francisco anzeigt, nicht die Lokalzeit. Doch inzwischen hatten wir einen ersten Anhaltspunkt für die Verortung. Laut dem Kiew-freundlichen Ukraine@War-Blog sollte der Schnappschuss nördlich von Torez entstanden sein. Sie konnten einen der dortigen Einwohner dazu bewegen, zu der vermuteten Stelle zu gehen, wo das Foto aufgenommen war, und noch ein paar weitere Aufnahmen zu machen, möglichst mit auffälligen Anhaltspunkten, vor allem einem hoch aufragenden Pfahl oder Fahnenmast nahe den Häusern im Vordergrund. Schließlich fanden wir auf Panoramio ein Foto jener Gegend aus dem Jahr 2009. Die auffälligen Charakteristika des Bildes glichen wir mit Satellitenbildern von Google aus dem Jahr 2010 ab. Ukraine@War veranlasste noch einmal einen Ortskundigen, eine Neuaufnahme vom Standort des Panoramia-Bildes zu machen, was sehr gut passte.

Das Kondensstreifenfoto war demnach östlich von Torez Richtung Snischne von einem Balkon aus aufgenommen worden. Dann tauchten weitere Bilder auf, die allem Anschein nach von dem gleichen Balkon aus aufgenommen waren. Der Fotograf ließ sich über Links nachverfolgen, sodass wir ihn kontaktierten. Er stellte uns das Ursprungsformat, sozusagen das Rohmaterial seines Kondensstreifenfotos, zur Verfügung; dessen Metadaten konnte man entnehmen, dass daran nichts verändert oder retuschiert worden war. Ein niederländischer Nachrichtensender, *RTL Nieuws*, machte ein Interview mit ihm, und sie erhielten von ihm sogar die Speicherkarte, auf der sich noch weitere Fotos fanden, nachdem das Flugzeug zu Boden gegangen war. Nachdem alles von einem Forschungslabor und unter der Ägide der Technischen Universität Delft überprüft worden war, wurde bestätigt, dass die Aufnahmen authentisch waren.

Damit hatten wir aber erst eine Hälfte der Geschichte geklärt und gar nicht mal die wichtigste. Wir wussten nun, wo die Fotos aufgenommen worden waren und dass sie echt waren, aber es war noch nicht entschieden, was darauf eigentlich zu sehen war. Es gab Skeptiker, die meinten, es könne sich genauso gut um den Kondensstreifen eines Flugzeugs handeln. Die welligen Wölkchen auf dem Foto waren aber in einer Weise angeordnet, die auf eine schwankende Fortbewegung schließen ließ, wohingegen die Kondensstreifen von Flugzeugen geradliniger wirken, selbst wenn sie anschließend vom Wind verweht werden. Wir sahen uns auf Youtube Filme von Buk-Abschüssen an und stellten fest, dass sie anfangs, noch ziemlich erdnah, eine Art graue Rauchspur hinterließen. Auf einer Vergrößerung des getweeteten Fotos ließ sich tatsächlich eine dünne graue Rauchspur links von der weißen Kondensspur erkennen. Wenn man die Kontraste verbesserte, erkannte man sogar zwei Rauchspuren, die miteinander verbunden waren. Aber warum driftete der graue Rauch in horizontaler Richtung? In dem allerersten Video, das wir bei der ganzen MH17-Untersuchung überhaupt angeschaut haben, wo das Buk auf seinen eigenen Ketten aus Snischne hinausfuhr, konnte man bei näherem Hinsehen am Horizont Artilleriefeuer erkennen, weil dort gerade Kämpfe zwischen der ukrainischen Armee und den prorussischen Aufständischen stattfanden. Der Rauch verzog sich wegen des Ostwindes zu einer Seite. Das überprüften wir zur Sicherheit noch einmal anhand einer ukrainischen Wetter-Website. In der Tat wehte der Wind in Snischne zur vermutlichen Abschusszeit in die Richtung, wie es auf dem Kondensstreifenfoto zu sehen war.

Nun sah Daniel sich Satellitenaufnahmen aus der vermutlichen Abschussgegend genauer an. Dabei fanden sich Fahrspuren in einem Weizenfeld sowie – vermutlich – Flächen versengter Erde südlich von Snischne. Um die Rakete abfeuern zu können, musste der Lenkwaffenstarter zuerst von dem Tieflader heruntergerollt werden. Aus diesem Grund waren die Aufnahmen entstanden, wie er auf seinen Ketten zur Stadt hinausfuhr, vermutlich in Richtung des Schauplatzes der Gefechte, um hier die Luftabwehr zu verstärken. Kurz nach dem Abschuss war der Fotoreporter Roland Oliphant vom *Daily Telegraph* nach Snischne gelangt und hatte sich die Gegend außerhalb der Stadt angesehen. Dabei war er auf ein Weizenfeld gestoßen, das an einer Ecke deutliche Brandspuren aufwies, und natürlich machte er Aufnahmen davon. Nachdem das alles bezüglich der Ortsangaben überprüft war, zeigte sich, dass sich dieses Feld ein Stück südlich der Stelle befand, wo die Fahrspuren am 20. Juli auf den Satellitenbildern vom gleichen Feld aufgetaucht waren. Auch das Kondensstreifenfoto deutete auf diesen Ort hin. Ein Audioclip brachte weitere Hinweise. Es handelte sich um Aufnahmen, die von Einwohnern von Snischne am Tag des Abschusses stammte. Man konnte hören, wie auf der Chat-App Zello, die in den Separatistengebieten sehr beliebt ist, auf Russisch gesprochen wurde. Engagierte Bürger, welche die Regierung in Kiew unterstützten, suchten stets nach Informationen über die prorussischen Aufständischen. Was sie entdeckten, luden sie oftmals in sozialen Medien hoch. So war es wahrscheinlich auch mit diesem Audioclip, der auf Youtube landete.

»Okay, Leute, da ist ein Flugzeug abgestürzt«, sagte jemand.

»Dann hat's wahrscheinlich jemand mit der Schleuder runtergeholt. Gut gemacht«, bemerkte jemand anderes.

»Haben sie dem Piloten was in den Hintern geschoben?«

»Unsere Jungs sind klasse.«

Ganz offensichtlich gingen die Sprecher davon aus, dass es sich um ein Militärflugzeug handelte, möglicherweise eine ukrainische An-26-Transportmaschine. Als sie später Hinweise erhielten, dass es sich um ein Passagierflugzeug handeln könnte, wurde das als Quatsch abgetan. Dann wurde über den Abschuss der Boden-Luft-Rakete gesprochen, und in dem Zusammenhang wurden bestimmte Örtlichkeiten in der Umgebung erwähnt. Daraus konnten wir weitere Informationen gewinnen, mit deren Hilfe sich der Abschussplatz weiter eingrenzen ließ.

Eine letzte ergänzende Information bot eine eigentlich wenig eindrucksvolle amerikanische Veröffentlichung vom 22. Juli 2014. Es handelte sich um eine Satellitenkarte in Schwarz-Weiß mit der vermutlichen Flugroute der Rakete. Das Dokument hatte eine so geringe Auflösung und war so unklar, dass es zunächst völlig wertlos schien. Aber es waren doch größere Landmarken zu erkennen, die wir auf weitaus besseren Google-Earth-Karten identifizieren konnten; dadurch ließ sich ermitteln, welchen Ort der amerikanische Geheimdienst für den Abschussplatz hielt. Die Stelle befand sich nahe dem Feld, das wir bereits ermittelt hatten.

Keines dieser vier Indizien – das Kondensstreifenfoto, der Brandschaden im Weizenfeld, die Audioaufzeichnungen und das amerikanische Satellitenfoto – wäre für sich genommen ausreichend gewesen. Aber wenn ein ganzes Bündel unabhängiger Indizien auf die gleiche Stelle verweist, erscheint eine Hypothese doch sehr wahrscheinlich.

Der Kreml und seine Online-Sympathisanten blieben bei ihrer Vertuschungsstrategie. Oftmals wiederholten sie die plumpen Behauptungen, die das russische Verteidigungsministerium in seinem TV-Briefing vier Tage nach dem Abschuss von sich gegeben hatte. Aber die Behauptungen der Generäle fielen wie ein Kartenhaus in sich zusammen. Im Mai 2015 veröffentlichten wir einen funfundvierzigseitigen Bericht, in dem wir die russischen Satellitenbilder widerlegten, die angeblich zwei ukrainische Buk-Lenkwaffenstarter südlich des Dorfes Zaroschinskoje in Reichweite des Flugzeuges zeigten. Wir überprüften diese

Aufnahmen, die angeblich vom 14. und 17. Juli 2014 stammen sollten: drei Tage vor dem Abschuss und am dem Abschusstag selbst. Wie sich jedoch herausstellte, stammten die Bilder aus dem Juni 2014. Um das zu beweisen, sahen wir uns einfach Luftbilder auf Google Earth von Mai, Anfang Juli und Ende Juli an. Auf einem Bild vom 30. Mai war ein Gebiet mit Bäumen und Gestrüpp zu erkennen. Am 2. Juli war das alles gerodet und nur noch die nackte rote Erde übrig, die auch noch auf dem Bild vom 21. Juli zu sehen war. Auf den russischen Bildern war die Vegetation wie durch ein Naturwunder immer noch vorhanden; demnach mussten diese Bilder nicht im Juli, sondern ein paar Wochen früher entstanden sein. Wir fanden ferner heraus, dass die Russen die Fotos auch insoweit manipuliert hatten, als einer der beiden Starter nicht mehr vorhanden war; daraus sollte man wohl schließen, dass er am Tag des Abschusses irgendwo anders eingesetzt wurde.

Google Earth verfügte zwar über Aufnahmen vom 2. und 21. Juli, aber nicht vom Tag des Abschusses. So konnten die Propagandisten in Moskau immer behaupten, dass ein ukrainischer Buk-Starter in dieser Zeit verschwunden war. Zum Glück gab es noch einen kommerziellen Anbieter von Satellitenbildern, Digital Globe. Sie verfügten sogar über eine Aufnahme vom Absturztag, die um 11:08 Uhr Ortszeit gemacht worden war. Aber sie war nicht frei verfügbar, sondern musste bezahlt werden. Dank einer Crowdfunding-Aktion konnten wir 1435 Pfund für den Kauf einsammeln und die Aufnahme anschließend online stellen, damit sie öffentlich einsehbar war. Sie zeigte alle relevanten Fahrzeuge, womit die russischen Fälschungen und Fehlinformationen ein für alle Mal entlarvt waren. Nun hatten wir sämtliche Behauptungen aus dem Briefing der Generäle widerlegt. Ungeklärt war zu diesem Zeitpunkt einzig noch die Frage, wer den Befehl zum Einsatz des Buk gegeben hatte.

Wie erinnerlich, hatte Iggy seinerzeit den dümmlichen Speznas-Offizier mit seiner naiven Instagram-Prahlerei über die Operationen auf ukrainischem Territorium aufgespürt. Diesen Leuten wird beigebracht, wie sie unauffällig töten, gleichzeitig aber auch wohldosierte Spuren im Internet hinterlassen. Wenn so einer dermaßen leichtsinnig sein konnte, dann vermuteten wir, dass man noch weitere Hinweise oder gar Beweise aus dem Netz fischen konnte: Äußerungen von russischen Wehrpflichtigen, die bei den Buk-Transporten dabei waren; Männer die nicht die geringste Lust auf diesen Wehrdienst hatten, sondern Heimweh und sich nach ihren Familien und Freunden sehnten und über die sozialen Medien immer wieder Nachrichten nach Hause schickten.

Wir wussten inzwischen, dass das Buk, von dem aus MH17 von der Südostukraine aus abgeschossen worden war, aus der 53. Luftabwehr-Brigade stammte. Man konnte davon ausgehen, dass die russische Armee ein derart teures Hochtechnologiegerät nicht ohne entsprechend geschultes Bedienpersonal einfach so den Separatisten überließ. Die Offiziere der 53. Brigade mussten Kenntnis von dem Einsatz haben. Um diese Männer zu identifizieren, klickten wir uns durch zahllose russische Postings, weil wir die Organisations- und Befehlsstruktur der Brigade kennenlernen wollten, ihre Aufgaben innerhalb der russischen Armee und auf diese Weise nach Möglichkeit die für den Abschuss verantwortlichen Offiziere. Es dauerte ein Jahr, das herauszufinden. Damit waren hauptsächlich Daniel Romein und Andrew Haggard beschäftigt, unterstützt von der Kernmannschaft von Bellingcat, während wir aber gleichzeitig in dieser Zeit auch noch andere Projekte zu ganz anderen Themen bearbeiteten.

Um uns an die 53. Brigade und ihre Offiziere und Mannschaften heranzutasten, durchkämmten wir als Erstes »VKontakte« (VK), eine Art russisches Facebook. Hier konnte man schon mal einige Suchkriterien eingeben wie A) wohnt in Kursk und Umgebung, also dem Standort der Brigade, B) dient in der russischen Armee. Man konnte auch bestimmte Untereinheiten oder Jahrgänge eingeben, und sofort poppten die Accounts von Dutzenden von Soldaten auf. Wie erhofft, bedienten sich vor allem die jungen Wehrpflichtigen der sozialen Medien und hielten über Fotos und Posts mit ihren Familien Kontakt. Für solche jungen Männer, viele noch Teenager, hatte ein derartiges Kommando zu einer »Übungseinheit« nahe der ukrainischen Grenze wohl eher etwas von einem Abenteuerausflug. Es gab eine Menge Gruppenfotos von ihnen in Tarnanzügen, die Arme um die Schultern gelegt, oder von einem Halt am Straßenrand vor ihren Fahrzeugen und Panzern oder Schnappschüsse von schlummernden Kameraden im Bus. Wir konnten ihre Rangabzeichen auf den Uniformen erkennen und dadurch manche Zuordnungen zu Untereinheiten vornehmen, und wir konnten immer mehr Fahrzeuge der ganzen Militärkolonne identifizieren, weil die Rekruten vor Raketenwerfern, Zugmaschinen und Lkw posierten. Oftmals ließen sich die Fahrzeugkennzeichen mit den Dashcam-Videos abgleichen, die von der Fahrt Richtung ukrainische Grenze Ende Juni 2014 aufgenommen worden waren.

Eine weitere sprudelnde Quelle waren die Mütter und Freundinnen. In der russischen Armee stellt die brutale Behandlung der Rekruten ein großes Problem dar, der Militärdienst wird für die jungen Männer zum Albtraum. Die besorgten Familien wenden sich auf der Suche nach Trost und Rat an Internetforen, wo die Gerüchteküche brodelt. Auf einem Forum, das extra für die Mütter und Ehefrauen der Männer der 53. Brigade eingerichtet worden war, häuften sich im Juni 2014 die Klagen, wie schwierig es geworden war, ihre Männer und Söhne zu erreichen, die zu einer Übung im Oblast Rostow nahe der russisch-ukrainischen Grenze ausgerückt waren und denen die Handybenutzung verboten worden war.

Manchmal ließen sich über die Kommentare auch noch weitere Profile auf VK ermitteln. Ein weiteres beliebtes soziales Netzwerk, »Odnoklassniki«, auf dem frühere Klassenkameraden und Freunde Kontakt halten, erwies sich ebenfalls als Fundgrube. So postete der Vater eines Soldaten einige Fotos seines Sohnes vom 4. Juli 2014 mit dem Hinweis »2014 – An der Grenze«. Bei einer der Aufnahmen stand der Sohn vor einem riesigen Straßenschild mit der Aufschrift »Millerowo«; das war die letzte Stelle, von der wir bisher eine Sichtung des Buk-Konvois hatten – wenige Kilometer von der ukrainischen Grenze entfernt.

Die Schwierigkeit für uns bestand natürlich darin, aus diesen Unmengen von Daten die uns interessierenden kleinen Details herauszufischen. Wie sollte man jeden Post eines jeden Soldaten, anschließend alle Kommentare und schließlich die Profile all dieser Kommentierenden durchchecken? Mit der Zeit entwickelte unser Investigationsteam allerdings bessere Suchmethoden. Das Durchsuchen von sozialen Medien ist ja nichts anderes als ein Teilbereich der allgemeinen Online-Suche. Einer der Besten auf diesem Gebiet ist Henk van Ess, ein holländischer Berater und Coach für Internetkompetenz, der immer neue Methoden ersinnt, wertvolle Informationen bei Facebook, Twitter und Konsorten zu gewinnen. Die meisten seiner Tipps betreffen technische Details, aber einiges hat auch mit geschicktem Querdenken zu tun. Wenn man beispielsweise nach Tweets von Augenzeugen irgendeines Unglücks oder einer Naturkatastrophe sucht, dann sollte man nicht nur nach relevanten Hashtags suchen. Wenn so etwas passiert ist, sind die Leute zu geschockt, um sich Gedanken über entsprechende Markierungen zu machen. Stattdessen sollte man sich geeignete Suchbegriffe ausdenken, die jemand in so einer panischen Situation eintippt. Ein weiterer wertvoller Hinweis von Henk lautet, dass User auf Facebook, die auf einen Post hin »Love« statt »Like« eingeben, eine viel offenere, leichter zugängliche Persönlichkeitsstruktur haben. Man kann davon ausgehen, dass sie ihre Privatsphäre nicht ausreichend schützen, sodass sich viel über sie herausfinden lässt: wo sie sich aufhalten, wie sie ihren Lebensunterhalt verdienen, wer ihre Freunde sind. Selbst wenn die Hauptzielperson einer Recherche Vorsicht walten lässt, gibt es immer wieder Freunde und Partner, die indirekt relativ viel über sie preisgeben.

Dank unserer Social-Media-Recherche über die 53. Brigade und ihre Angehörigen fanden wir unter anderem heraus, dass zur Bedienung eines Buk vier Leute notwendig sind: ein Kommandant im Range eines Leutnants, ferner ein Unteroffizier und zwei Soldaten, die als Fahrer und zur technischen Bedienung da sind. Der Leutnant erteilt den Befehl zum Abfeuern, einer der Soldaten drückt auf den entsprechenden Knopf. In der Befehlskette darüber rangiert der Kommandeur der 53. Brigade (ein Oberst), der Bataillonskommandeur (ein Oberstleutnant), der seine Instruktionen an einen Batteriebefehlshaber (einen Major oder Hauptmann) weitergibt und dieser schließlich an den operierenden Leutnant des Buk. In mühevoller Kleinarbeit war es uns über die Lektüre der Profile in den sozialen Medien der zur Brigade gehörenden Soldaten und viele Hinweise aus den Familien-»Kommentaren« gelungen, die Namen der Offiziere zu ermitteln; meistens hatten wir auch ein Foto dazu. Diese Offiziere hatten wiederum einen VK-Account mit weiteren Kontaktlisten, und so kam eins zum anderen.

Im Februar 2016 veröffentlichten wir erneut einen Bericht, der die gesamte Kommandostruktur der Brigade detailliert und mit Namen und Fotos offenlegte. Über der Brigade rangierten weitere Obersten, Generäle und Beamte des Verteidigungsministeriums. Ganz an der Spitze der Befehlskette stand diejenige Person, in deren Macht es stand, einen umfangreichen Transport mit hochmoderner russischer Waffentechnologie über eine Landesgrenze zu bringen, um die Gewaltbereitschaft von Separatisten anzustacheln und – wenn auch aus Versehen – ein Passagierflugzeug abzuschießen. Bei dieser Person handelte es sich um niemand anderen als Präsident Wladimir Putin. Die Verantwortung für die Tragödie ließ sich bis ganz nach oben zurückverfolgen, und wir konnten die Beweise vor aller Augen offenlegen: Der Kreml trug die Verantwortung.

Am 28. September 2016 veranstaltete das *Joint Investigation Team*, die multinationale Vereinigung von Justizbeamten der betroffenen Länder, welche die strafrechtliche Seite des Absturzes untersuchte, eine Präsentation ihrer bisherigen zweijährigen Tätigkeit für die Opferfamilien und für die Öffentlichkeit. Dabei kamen weitere faszinierende Details ans Tageslicht: ein weiteres Kondensstreifenfoto; ein neuer Schnappschuss des fraglichen Buk in Torez; ein komplettes Video von dem Abschuss, dem, wie sich erst jetzt herausstellte, das *Paris-Match*-Foto entnommen war; abgehörte Telefonate zwischen den Separatisten, in denen der Transport des Buk geplant und koordiniert wurde; die An- und Abfahrrouten zwischen Russland und der Ukraine.

Das Überraschendste für uns aber war, dass Bellingcat sämtliche wesentliche Punkte bereits wenige Monate nach dem Abschuss des Flugzeugs herausgefunden hatte – und zwar ohne juristische Hebel oder nennenswerte finanzielle Mittel.

Detektivarbeit rund um den Globus

Der Fall MH17 verhalf Bellingcat zum Durchbruch. Unsere neuartigen Recherchemethoden lassen sich aber auch auf beliebige andere Themen anwenden. Bei jedem neuen Projekt – vom libyschen Bürgerkrieg über das Voicemail-Hacking in England bis zum Syrienkonflikt – kreuzten sich meine (und dann später unsere) Wege mit immer neuen Internet-Teilnehmern, die sich gerade mit diesem Thema in manchmal obsessiver Weise beschäftigten. So entstand ein immer größeres Netzwerk von Crowd-Fachwissen; gleichzeitig sprach sich im Internet herum, was man mit dieser Art von Digitalrecherche alles erreichen und in Erfahrung bringen kann.

In den ersten Jahren wurden bei Bellingcat eine Vielzahl von Fällen und Themen bearbeitet – aus lateinamerikanischen Ländern und den Vereinigten Staaten, von der Arabischen Halbinsel und aus der Türkei. Einem freiberuflichen Reporter aus Frankreich, Aliaum Leroy, war es gelungen, die Aufenthaltsorte mexikanischer Drogengangster via Youtube ausfindig zu machen. Daraus wurde eine Story über die protzige Selbstdarstellung von Drogenbossen in sozialen Medien. Wir brachten etwas über illegale Machenschaften von Streetgangs in Detroit, denen wir über die Art, wie sie Hashtags bei ihren Graffiti verwenden, auf die Spur gekommen waren. Wir berichteten über den Bürgerkrieg im Jemen und brachten einen – später preisgekrönten – Einblick in den missglückten Militärputsch in der Türkei im Jahr 2016, weil wir die geleakten WhatsApp-Nachrichten der Drahtzieher auswerten konnten. Mittels der für alle zugänglichen Recherche-App Checkdesk bezogen wir auch User in unsere Arbeit mit ein, etwa als es darum ging, Youtube-Videos von direkten Luftangriffen der Russen in Syrien zu lokalisieren und zu verifizieren: Der Kreml behauptete zwar immer, Luftangriffe nur gegen IS-Terroristen zu fliegen, aber in Wirklichkeit bombardierten sie (auch) gezielt moderate Rebellengruppen, um Assad Militärhilfe zu leisten.

Um unsere Rechercheergebnisse noch weiter zu verbreiten, übersetzten Freiwillige unsere Berichte ins Arabische, Russische, Spanische, Französische und Deutsche. Außerdem hielten wir die Nutzer mit erklärenden Artikeln über die Tools der Internetrecherche technisch auf dem neuesten Stand. Die selbst ernannte »OSINT-Ninja« Melissa Hanham erklärte den Usern Massen von Internet-Kartenmaterial (OSINT für »Open

Source Intelligence«). Außerdem beschrieb sie die Wichtigkeit und Bedeutung von Metadaten – also beispielsweise, wie wichtig und wertvoll die Angabe von Uhrzeiten und womöglich von Ortsangaben auf einem Schnappschuss oder Video sind, die von irgendwem ins Internet gestellt werden.

Mit der Zeit gewannen Satellitenaufnahmen eine zunehmende Bedeutung für unsere Arbeit. Das verdankten wir vor allem Chris Biggers, einem Experten für IMINT (Imagery intelligence – Bildaufklärung und -auswertung), der früher für die amerikanische *Geospatial-Intelligence Agency* gearbeitet hat. Er veröffentlichte bei uns Artikel über Satellitenbilder, die den Fregattenbau im Iran zeigen, den Bau des ersten eigenen Flugzeugträgers in Indien sowie offensichtlich neuartige Mini-U-Boote in China. Auf Satellitenbildern konnte er außerdem die Verbreitung und Verwendung von Drohnen vom Iran aus nach China sowie in die Türkei zeigen und nachweisen. Hochtechnisierte Luftaufklärung, vulgo Flugspionage, war einst ein Luxus, den sich nur die reichsten und technisch fortschrittlichsten Nationen leisten konnten. Man brauchte dafür Spezialflugzeuge, die über die Zielobjekte flogen und aus großer Höhe Aufnahmen machten; später wurde das noch durch milliardenteure Satelliten verbessert und erweitert. Doch seit den Neunzigerjahren betreiben auch Privatfirmen dieses Geschäft, etwa DigitalGlobe, ein Unternehmen, das unter anderem die Aufnahmen für Google Earth produziert. Von da an konnte sich jedermann die Luftaufnahmen ansehen, die bis dahin lediglich finanziell gut ausgestatteten Militärplanern und Nachrichtendiensten vorbehalten waren.

Sogenannte reverse (umgekehrte) Bildsuche gehört mittlerweile ebenfalls zum Alltagsgeschäft von Bellingcat. Dabei gibt man ein beliebiges Bild in eine Suchmaschine ein und erfährt so, an welchen Stellen es im Internet sonst noch aufgetaucht ist. Nachdem es in der amerikanischen Großstadt Baltimore nach der Verhaftung des jungen Afroamerikaners Freddie Gray (der dann im Polizeigewahrsam starb) zu Unruhen und Plünderungen gekommen war, tauchten im Internet Fotos auf, die offenbar zwischen den Plünderern geteilt wurden. Auf einem war ein zertrümmertes Kentucky-Fried-Chicken-Restaurant zu sehen, welches von einem handle@slangincrack gepostet worden war. Bei der reversen Bildsuche stellte sich dann heraus, dass das Foto bereits drei Jahre zuvor in Pakistan aufgenommen worden war. Die reverse Bildsuche leistet mittlerweile bei der Überprüfung verdächtiger Social-Media-Accounts unschätzbare Dienste; bei ihnen ist es gang und gäbe, dass von irgendwoher im Internet Fotos geklaut und für eine neue, falsche Identität verwendet werden.

Während wir uns fortwährend in technischer Hinsicht verbesserten und gleichzeitig die Themenpalette ausweiteten, wurden die ursprünglichen Nachforschungen zu echten kriminellen Akten keineswegs vernachlässigt. Sollte man sich damit begnügen, anklagende Reportagen darüber ins Internet zu stellen, die sich irgendwo in der Cloud verloren, während den Verantwortlichen kein Haar gekrümmt wurde? Konnte man nicht mehr machen?

Als die islamistische Terrorgruppe IS am 19. August 2014 Aufnahmen von der Exekution des Reporters James Foley ins Netz stellte, konnte ich den Ort des Geschehens in den Hügeln südlich der syrischen Stadt Raqqa lokalisieren. Damals befanden sich noch weitere Gefangene in den Händen des IS. Daher war es wichtig zu wissen, wo diese Enthauptung stattgefunden hatte, weil man so vielleicht die Möglichkeit hätte, einige zu befreien. Ich publizierte meine Rechercheergebnisse, konnte mir aber nicht vorstellen, wie sie etwas nutzen könnten. Nach dem großen IS-Attentat in Paris, unter anderem auf das Konzerthaus Bataclan, bei dem insgesamt einhunderteinunddreißig Menschen ums Leben kamen, fanden wir ein Profil eines der beteiligten IS-Männer, das Facebook anscheinend übersehen und daher vergessen hatte herauszunehmen. Diese Information wollten wir der französischen Polizei übermitteln, waren uns aber nicht sicher, wie wir vorgehen sollten. Deshalb riefen wir das Hinweistelefon der Polizei an. Daraufhin verschwand die Facebook-Seite umgehend.

Pressejournalisten halten sich traditionell eine gewisse Distanz zu Politikern und Amtsträgern zugute (auch wenn gegen diese Regel ständig verstoßen wird). Wir gehören nicht zu dieser Art von Traditionsjournalismus und mussten uns eigene Gedanken über ethische Prinzipien für unsere Art von Recherche- und Aufdeckungsjournalismus machen. So war uns zum Beispiel aufgefallen, dass die für irgendwelche Untaten Verantwortlichen ganz rasch ihre Internet-Präsenz löschten und nach Möglichkeit ihre Spuren im Netz verwischten, nachdem wir entsprechende Rechercheergebnisse veröffentlicht hatten. Das bedeutete auch, dass sie so gut wie nie zur Verantwortung gezogen werden konnten, wenn wir uns entschieden, die Justiz vorab zu informieren. Es herrschte Konsens, dass unsere Hauptsorge den Opfern gelten muss: Das ist unsere wichtigste Verantwortung. Falls abzusehen ist, dass jemand durch unsere Berichte einen Schaden erleiden könnte, müssen wir vor der Veröffentlichung entsprechende Vorsichtsmaßnahmen ergreifen. Wir versuchen auch diejenigen zu schützen, die im Zusammenhang mit Zeugenaussagen genannt werden, die aber keinerlei Schuld oder Verantwortung trifft. So haben wir beispielsweise bei der Berichterstattung über MH17 in allen Veröffentlichungen über die 53. Brigade die Fotos weggelassen, auf denen einfache Soldaten zu erkennen sind, die nichts mit dem Abschuss des malaysischen Flugzeugs zu tun haben. Im Zusammenhang mit diesem Komplex haben sich auch ein paarmal Augenzeugen des Absturzes mit uns in Verbindung gesetzt. Es wäre ein echter Knüller gewesen, diese Informationen zu veröffentlichen, und traditionelle Journalisten hätten wohl kaum darauf verzichtet. Wir verwiesen die Zeugen stattdessen an das *Joint Investigation Team*, den multinationalen Untersuchungsausschuss, um der Justiz den ersten Zugriff auf ihre Information zu ermöglichen. In Syrien hatten wir immer wieder Beweise für Verbrechen in Händen, aber es hätte natürlich keinen Sinn ergeben, die dortige Justiz zu verständigen. Stattdessen arbeiteten wir mit dem von den UN mandatierten Kriegsverbrechertribunal bezüglich Syrien zusammen sowie mit Menschenrechtsgruppen und Anwälten, die entsprechende Fälle vor Gericht bringen.

Aber wir wollten natürlich mehr erreichen, als Material übers Telefon an Anwälte und staatliche Ermittler weiterzugeben. Wir wollten, dass wirkliche Entscheidungsträger den von uns online erhobenen Informationen und Faktenzusammenstellungen Beachtung schenkten.

Ich werde niemals die beschämende Debatte im britischen Parlament vergessen, als es um die Frage ging, ob Großbritannien im syrischen Konflikt militärisch eingreifen sollte. Unsere britischen Abgeordneten hatten überwiegend keinen blassen Schimmer von den Unmengen an Informationen und Beweisen über die Lage in Syrien, die sich jeder normale Bürger mit einem Mausklick auf den Bildschirm holen konnte.

Maks Czuperski, ein junger Mitarbeiter beim Atlantic Council, einer einflussreichen Denkfabrik in Washington, der meine Veröffentlichungen zu Syrien und Russland bereits kannte, fragte wegen eines gemeinsamen Projekts von Bellingcat und dem Council bei mir an. Mir war sofort klar, dass uns das auch voranbringen konnte. So würden viele wichtige, einflussreiche Leute im Umfeld des Atlantic Council mitbekommen, dass wir mehr waren als ein Team von Online-Hobbyschnüfflern. Unser erstes gemeinsames Projekt war ein umfangreicher Bericht über die russische Präsenz in der Ostukraine, der im Mai 2015 unter dem Titel »Für jeden sichtbar gut versteckt« veröffentlicht wurde. Dieser Bericht schlug hohe Wellen, und es dauerte nicht lange, bis ich auf der ganzen Welt unterwegs war, um über unsere Erkenntnisse Vorträge zu halten und zu erklären, wie Bellingcat arbeitete und solche Erkenntnisse gewann. So sprach ich unter anderem vor dem Ukrainischen Parlament, bei einer Journalisten-Tagung in Norwegen, vor dem Europäischen Parlament in Brüssel, vor Beamten des Internationalen Strafgerichtshofs in Den Haag, im Silicon Valley. Da ich vorzeitig vom College abgegangen bin und daher keine akademische Ausbildung habe, waren das für mich völlig neuartige Erfahrungen. Während meine Zuhörer etwas über Bellingcat erfuhren, bekam ich Einblicke, wie solche Leute tickten.

Es folgten noch zwei weitere derart umfangreiche Berichte zusammen mit dem Atlantic Council: »Distract Deceive Destroy: Putin at War in Syria« (Ablenken, täuschen, zerstören: Putin im syrischen Bürgerkrieg, 2016) und »Breaking Aleppo« (Wie Aleppo geknackt wurde, 2017) über die flächendeckende Zerstörung der Stadt durch das Assad-Regime. Eine weitere Folge meiner Zeit als Senior Fellow bei Atlantic Council war die Schaffung des *Digital Forensic Research Lab*, das inzwischen zu einer wichtigen Forschungsstätte für Innovationen im Bereich Open Source geworden ist. Einmal im Jahr veranstalten wir unter dem Titel »Digital Sherlocks« eine Tagung, zu der Online-Detektive aus der ganzen Welt anreisen.

In dieser ganzen Zeit kamen auch immer wieder Anfragen von Leuten, die uns baten, sie mit unseren Methoden vertraut zu machen. Daher veranstalteten wir hin und wieder entsprechende Workshops auf der ganzen Welt. Ich managte Bellingcat nach wie vor so gut wie im Alleingang und war vor allem damit beschäftigt, genug Spendengelder zusammenzukratzen, um das Ganze am Laufen zu halten und ein wenig Geld in die Kasse zu bekommen. So gelang es mir, wenigstens den besonders engagierten Mitarbeitern von Bellingcat ein bisschen Bezahlung für ihre Workshops anzubieten. Als Google mich mit einer beachtlichen Summe bedachte, nahm ich Aric als ersten Festangestellten in die Firma, neben den Dutzend ständigen Mitarbeitern, die freiwillig für Bellingcat arbeiteten, und einer beträchtlichen Zahl gelegentlicher Beiträger. Der nächste feste Mitarbeiter wurde Hadi Al Khatib, der Aktivist aus Syrien, den ich bei dem Tactical-Tech-Treffen in Norditalien kennengelernt hatte. Nachdem es die internationale Gemeinschaft nicht vermocht hatte, sich auf eine spürbare Reaktion auf Assads Chemiewaffeneinsätze zu einigen, war Hadi klar geworden, dass die Syrer es aufgegeben hatten, noch auf Hilfe von außen zu hoffen. Trotzdem drehte er weiter seine Videos und lud sie in sozialen Medien hoch. Er meinte, man müsse das machen, um etwas an die kommende Generation weitergeben zu können. Vielleicht würde es zu einem späteren Zeitpunkt gelingen, die Verantwortlichen zur Rechenschaft zu ziehen. Hadi gründete dann ein Open-Source-Projekt mit Sitz in Berlin: *The Syrian Archive* (Das syrische Archiv), wo man mit hochmodernen Methoden Social-Media-Dokumente für Ermittler, Journalisten, Aktivisten und Menschenrechtsanwälte sammelte, auswertete und katalogisierte. Hadi musste allerdings hart um finanzielle Unterstützung kämpfen; schließlich fanden wir einen Weg, ihm gemeinsam mit Googles *Digital News Initiative Fund* eine großzügige Spende zukommen zu lassen. Im Gegenzug wurde Bellingcat zur Plattform für die Erkenntnisse aus den Recherchen des *Syrian Archive*.

Dank der Unterstützung durch Google konnten wir auch dem jungen Holländer Christiaan Triebert eine Stelle anbieten, dem ich während eines Workshops am King's College in London ein paar Sonderlektionen in Open-Source-Recherchen erteilt hatte. Er hatte schon ein wenig Erfahrung als freier Reporter in Syrien, Irak und der Ukraine gesammelt, war aber zu der

Überzeugung gelangt, dass man authentische Nachrichtenstorys mindestens genauso gut online erarbeiten kann. Neben seinen eigenen Recherchearbeiten hielt Christiaan auch selbst überall auf der Welt jede Menge Bellingcat-Workshops ab, von Kolumbien bis Libanon, von Polen und Kirgisistan bis nach Kenia. So verbreiteten wir ganz bewusst die Bellingcat-Methode weltweit.

Mein erster Versuch einer geografischen Verortung war mir 2011 gelungen, als ich während der Pausenzeiten in meinem Bürojob in Leicester und nach Feierabend den Frontverlauf an einem weit entfernten Kriegsschauplatz nachwies. Einige Jahre später stehe ich an der Spitze eines weltumspannenden Unternehmens, das sicher mein weiterer Lebensinhalt sein wird. Als ich anfing, war »online« praktisch noch gleichbedeutend mit »wenig bedeutsam«, »nicht viel wert«. Seither ist zum einen die Unterscheidung zwischen »online« und »offline« durchlässiger geworden. Aber inzwischen haben sich auch die Regeln geändert, und es kam zu gewaltigen Veränderungen in der Internet-Nutzung. Das Entstehen sozusagen eigenhändiger und eigenverantwortlicher Faktenrecherche engagierter Bürger verstärkte auch die Aktivitäten dunkler Mächte.

Inzwischen sind wir im Zeitalter der Informationskriege angekommen. Die Fakten selbst wurden zum Angriffsziel. Und damit auch Bellingcat.

DRITTES KAPITEL

Eine Firewall aus Fakten – der Abwehrkampf gegen den digitalen Albtraum

Möglicherweise handelt es um einen Fehlalarm, aber wir halten es für möglich, dass Hacker im Regierungsauftrag versuchen werden, Ihr Google-Passwort zu ergattern. Wir können allerdings nicht mitteilen, wer uns diesen Hinweis gegeben hat, weil es dann auch die Angreifer erfahren, aber das passiert bei weniger als 0,1 % aller Gmail-User. Falls es ihnen gelingt, haben die Angreifer Zugang zu sämtlichen Daten, können Ihre Aktivitäten beobachten und eigene Aktivitäten von Ihrem Account aus durchführen. Deshalb empfehlen wir, Passwort zu ändern.
Mit besten Grüßen
Ihr Mail-Team

Möglicherweise haben Sie den kleinen Sprachfehler bemerkt: »Deshalb empfehlen wir, Passwort zu ändern.« Diese Mitteilung an Mitglieder des Bellingcat-Investigationsteams erreichte uns Mitte 2016, einige Monate nach dem großen Bericht über die 53. Brigade. Sie enthielt noch einige andere Elemente, die verdächtig klangen. Der Link »Passwort ändern« führte zu einer Webadresse, in der zwar die Begriffe »Google« »Passwort« und »Sicherheit« vorkamen, das aber in Wirklichkeit nicht von Google stammte. Es handelte sich um einen Spear-Phishing-Angriff, also eine gezielte Attacke, bei der die Betrüger geschickt ein plausibles Anliegen oder wie hier eine Warnung vortäuschen, verbunden mit der Aufforderung, das Passwort über die gefälschte Website eines seriösen Providers oder Teilnehmers zu ändern; dadurch erlangen die Angreifer das Passwort und damit Zugang zu den individuellen Rechnern der Angriffsziele, meist Unternehmen oder Organisationen. So haben sie Zugang zu allen Dateien und können alles Mögliche damit anstellen, beispielsweise private E-Mails veröffentlichen, »Beweise« für strafbare Handlungen einschleusen oder private Fotos online stellen.

Aric, V.P. und ich waren schon öfter Ziel solcher Angriffe gewesen und hielten sie für die üblichen vereinzelten Phishing-Attacken, nicht für eine groß angelegte Kampagne einer ausländischen Macht. Doch wenige Monate vor der amerikanischen Präsidentschaftswahl zwischen Hillary Clinton und Donald Trump tauchten im Juni 2016 Berichte auf, wonach eine Cyberspionage-Einheit des russischen Militärgeheimdienstes alles Mögliche unternahm, um Hillary Clintons Kandidatur scheitern zu lassen. In westlichen Sicherheitskreisen hatte man diese Einheit »Fancy Bear« getauft (Bedeutung etwa: Teddybär, Lieblingsbär).

WikiLeaks hatte sich von »Guccifer 2.0« entwendete E-Mails beschafft und beriet diese »Bären-Operation« des Kreml, wie man den größtmöglichen Effekt bei der amerikanischen Wählerschaft erzielen kann – so jedenfalls hieß es in einer späteren amerikanischen Anklageschrift. (Bei Guccifer 2.0 handelte es sich tatsächlich um Russen und nicht um einen rumänischen Hacker, wie man zunächst vermutet hatte.) Im Juli 2016 veröffentlichte Julian Assanges WikiLeaks kurz vor dem Nominierungskonvent der Demokratischen Partei in den USA Tausende von parteiinternen E-Mails, was dort die beabsichtigte Verwirrung stiftete, zu Streitigkeiten führte und Clintons Kandidatur beschädigte. IT-Sicherheitsfirmen wie ThreatConnect und CrowdStrike versuchten nachzuvollziehen, was da im Gange war. Ihrer Ansicht nach verschaffte sich diese Cyberspionage-Einheit vor allem mit angeblichen Google-Passwort-Warnungen Zutritt zu Rechnern. Die fehlerhafte Rechtschreibung oder Syntax in E-Mails hatte mich bereits früher stutzig gemacht. Wir hatten ungefähr seit einem Jahr immer wieder derartige Fakes per E-Mail erhalten. Ich leitete sie meist an Threat-Connect weiter, die der Ansicht waren, dass die Angriffe auf uns ebenfalls von Fancy Bear stammten.

Bislang war es dem Kreml also nicht gelungen, sich bei uns einzuhacken; umso mehr versuchten sie, uns in der Netz-Öffentlichkeit anzuschwärzen. Durch unsere Enthüllungen hatten wir immer wieder Moskau als Drahtzieher entlarvt. Das blieb in russischen Propagandaorganen wie dem TV-Sender RT (früher: Russia Today) und dem Sputnik-Nachrichtenportal natürlich nicht unkommentiert. Nachdem wir die aufgrund von Bildmaterial gemeinsam durchgeführten geografischen Nachweise von direkten russischen Luftangriffen in Syrien veröffentlicht hatten, brachte RT einen Beitrag über mich, in dem ich als »dreister Hochstapler« und »arbeitsloser Internet-Junkie« bezeichnet wurde sowie als »einer aus jener neuen Generation von Clubsessel-Beobachtern, die angeblich aus allgemein zugänglichem Internet-Bildmaterial ›Erkenntnisse‹ über Vorgänge auf Kriegsschauplätzen gewinnen wollen, ohne jemals dort gewesen zu sein.« Als Autor solcher Beschimpfungen wurde ein gewisser Richard Galustian genannt, der »als Militär- und Sicherheitsexperte seit vierzig Jahren im Nahen Osten und in Nordafrika unterwegs« sei. Auf einem LinkedIn-Profil unter diesem Namen ist von einer achtjährigen Tätigkeit als freier Berater für den Nahen Osten und Nordafrika die Rede, außerdem von langjähriger Tätigkeit bei der »Guyfawkes Corporation« als »Establishment Anarchist«. Der gleiche Verfassername erscheint auf Statements und kleinen Beiträgen auf Websites, die krude Verschwörungstheorien propagieren, wo in einem Fall einmal der Holocaust als »brillante Propaganda-Erfindung« bezeichnet wurde.

Im April 2016 warf die Sprecherin des russischen Außenministeriums, Maria Sacharowa, Bellingcat vor, wir steckten mit der ukrainischen Regierung unter einer Decke und würden Falschinformationen produzieren in der Absicht, »mit Scheinbeweisen Russland die Schuld« für den Abschuss der MH17 »in die Schuhe zu schieben«. »Aktuell verfügen wir sogar über Informationen«, fuhr sie fort, »aus denen wir schließen können, dass es loyale und ergebene Scheinzeugen gibt, die dafür extra ausgewählt und allem Anschein nach systematisch auf ihre Aussagen vorbereitet wurden.« Daraufhin baten wir sowohl das Außen- wie das Verteidigungsministerium, diese Aussagen zu untermauern. Zu unserer eigenen Überraschung erhielten wir sogar eine Antwort: »Es ist bekannt, dass die ›Expertenaussagen‹ von Bellingcat auch von westlichen Medien in Zweifel gezogen werden, weil sie als unbewiesen und unsubstanziiert, also ohne entsprechende Tatsachen gelten«, erwiderte das Außenministerium. »Das alles können Sie selbst im ›World Wide Web‹ googeln, da Sie sich selbst ja für so überaus professionelle Internet-Ermittler halten.«

Da diese Mitteilung außer ihrem sarkastischen Ton keine weiteren Nachweise enthielt, schrieben wir zurück. Die darauffolgende Antwort klang noch absurder, vor allem wegen einiger Fantasiebehauptungen, die fast wörtlich aus Blog-Posts eines Users namens »albert-lex« aus *LiveJournal* übernommen waren. Diese E-Mails waren dermaßen unprofessionell, dass wir uns fragten, ob der Account des russischen Außenministeriums mittlerweile gehackt worden sei. Doch aufgrund der Metadaten konnten wir feststellen, dass sie in der Tat von Mitarbeitern des russischen Außenministeriums stammten, die wir über Facebook identifizieren konnten.

Dabei ging es bei allem, was wir sowohl bei Bellingcat als

auch allgemein im Internet beobachten konnten, inzwischen um weit mehr als um Desinformationsversuche aus Russland. Mit Faktenverdreherei beschäftigen sich im digitalen Zeitalter ganze Heuschreckenschwärme von obsessiven Amateuren, nur auf den eigenen Vorteil bedachte Gauner sowie echte, gewaltbereite Extremisten. Einige Kommentatoren verzweifeln bereits an diesem postfaktischen Chaos, und sie beklagen, was aus dem Internet geworden ist. Eine intakte Gesellschaft ist aber nicht dazu gezwungen, sich von digitalen Tricksern und Täuschern hinters Licht führen zu lassen. Die Frage muss vielmehr lauten, ob man die Existenz zweier Parallel-Informationsuniversen, in denen sich die einen an Fakten orientieren und die anderen zweifelhaften viralen Inhalten Glauben schenken, akzeptiert oder ob man zum Gegenangriff übergeht. Wir haben uns für Letzteres entschieden. Die Ansprüche sind hochgesteckt, aber die Aufgabe ist zu wichtig, wie sich aktuell in der Covid-19-Pandemie erwiesen hat, wo die teilweise verbreiteten Lügen über das Virus und seine Übertragung dazu führen können, Tausende, wenn nicht Millionen von Menschen das Leben zu kosten.

Bei Bellingcat haben wir von Anfang an versucht, uns mit einem Notfallplan gegen Informationskrisen und Angriffe aller Art zu rüsten. Wir sind immer wieder Ziel bösartiger Hackerangriffe und Verleumdungen; dazu kommt ein regelrechter Verhau von falschen Behauptungen online. Die Online-Adressen unserer mächtigsten Gegner stammen aus Russland, aber erbitterte Feinde haben wir überall auf der Welt: kontrafaktische Netzwerke, die überall wie Gegenentwürfe zu Bellingcat ihr Haupt erheben.

Die kontrafaktische Internetgemeinde

Kaum etwas anderes zeigt so anschaulich, wie verstörend die Informations- und Propagandakriege im Internet geworden sind, wie die Versuche, freiwillige Helfer im syrischen Bürgerkrieg, die Weißhelme, als Mörder und Organhändler zu diffamieren. Die Behauptungen über den syrischen Zivilschutz, ebenjene Weißhelme, welche mitunter ihr eigenes Leben riskieren, um Verschüttete nach Bombenangriffen zu retten, sind völlig absurd. Wenn man genauer hinsah, bemerkte man, dass sich hier etwas ganz Übles zusammenbraute: eine diffuse, aber durchaus gelenkte Desinformationskampagne, deren Aussagen und Behauptungen von Verschwörungstheoretikern ausgingen, die von Regierungspropagandisten aufgegriffen wurden und zu alternativen Medienkanälen weitersprangen und wieder zurück zum Ausgangspunkt – ein ganz eigenes Biotop, das ich die kontrafaktische Internetgemeinde nenne.

Die Weißhelme – der syrische Zivilschutz – waren in Syrien dort aktiv, wo die Regierung keine Kontrolle mehr hatte, also überwiegend in Rebellengebieten. Es handelte sich um einige Tausend freiwillige Helfer; zweihundertfünfzig von ihnen bereits im Einsatz umgekommen. Bei den Damaskus- und Moskau-Unterstützern waren sie deswegen so verhasst, weil sie Dashcams auf ihren Helmen trugen und viel Bildmaterial in die sozialen Medien hochluden, wenn Zivilisten wieder einmal bei einem Angriff zu Schaden gekommen waren. Denn das bedeutete nichts anderes, als dass sie Kriegsverbrechen dokumentierten. Als die Assad-Truppen im April 2017 den Angriff mit dem Giftgas Sarin auf die nordwestsyrische Ortschaft Chan Schaichun durchführten, bei der mindestens achtzig Menschen sofort getötet und mehrere hundert verletzt wurden, verbreitete die kontrafaktische Internetgemeinde die Mär, die Weißhelme seien daran schuld.

Die Verschwörungstheorien verbreitende Seite InfoWars bezeichnete die Weißhelme als »einen Ableger von al-Qaida, der von George Soros und der britischen Regierung finanziert wird«. Dieser Beitrag war mit Mimi Al-Laham gezeichnet, einer von mehreren Autorennamen, welche die Youtuberin Maram Susli verwendet, die sich wahlweise auch »Partisan Girl« oder »Syrian Girl« nennt. Sie hat auch schon die abstrusesten Theorien zu den Angriffen auf das World Trade Center (9/11) und anderen Themen lanciert und trat schon in den Podcasts des amerikanischen Neonazis und Ku-Klux-Klan-Führers David Duke sowie des Holocaust-Leugners Ryan Dawson auf, der die Existenz von Gaskammern als »riesengroßen Quatsch« bezeichnet.

Gestalten wie Maram Susli begegnen mir im Internet seit Jahren immer wieder, schon seit der Zeit, als ich anfing, Kommentare im Live Blog des *Guardian* zu posten. Damals habe ich mich angeblich durch das Beharren auf Fakten und Beweisen »versündigt« und wurde als »Sprachrohr« von Deep State bezeichnet oder als »gekauftes Werkzeug« der NATO, wenn nicht Schlimmeres.

Die Hasstiraden gegen mich steigerten sich noch im August 2013, nachdem ich, damals noch auf Brown Moses, meine Beweise für den Giftgasangriff auf Ghouta präsentiert hatte. Eine Woche nach diesem Kriegsverbrechen postete Susli – die aus Damaskus stammt, aber inzwischen in Australien lebt – ein Video mit folgendem Statement: »Es sieht ganz danach aus, als würden die Imperialisten wieder einmal einen Krieg anzetteln – und zwar gegen mein Heimatland. Der angebliche Chemiewaffenangriff, den ich schon im vergangenen Jahr vorausgesagt habe, wird nun tatsächlich dreist behauptet.« Bei der Gelegenheit bezeichnete sie mich als unqualifiziert und voreingenommen; auf Twitter legte sie dann richtig los und nannte mich »ein Gemüse« und einen »Typen, der nie eine militärische Ausbildung absolviert hat und sich aufgrund wackeliger Fotos allen möglichen Mist zusammenreimt und glaubt, damit irgendwas beweisen zu können«.

Mit dem paranoiden Quark, den sie unablässig von sich gab, hätte sie sich noch vor wenigen Jahren komplett ins Abseits befördert. Aber inzwischen findet sich für solche Tiraden online durchaus ein größeres Publikum, nämlich in den Echokammern der Faktenleugner. So wie Bellingcat durch Networking bei gleichgesinnten Faktenermittlern und wirklich an Information Interessierten immer mehr Zulauf fand, vollzog sich ein ähnlicher Prozess auf der »anderen« Seite des Internets. Wie bei unserem Netzwerk suchen auch die News-Junkies der kontrafaktischen Internetgemeinde ihre Art von Wahrheit online. Auch sie werden von der Sorge umgetrieben, dass den etablierten Medien zu viel durch die Finger flutscht. Auch ihnen ist aufgefallen, dass Politiker unwahre Behauptungen aufstellen oder einfach schlecht informiert sind, und sie hoffen, dass man ihnen mithilfe moderner Medientechnologie in die Parade fahren kann. Doch wenn wir auch in mancher Hinsicht gemeinsame Wurzeln haben: Unsere Zielrichtungen sind grundverschieden. Wenn man das Motto von Bellingcat mit »Nachspüren, nachprüfen, nachfassen« zusammenfassen könnte, müsste es bei der kontrafaktischen Internetgemeinde »Glaube, leugne, bleib stur« heißen. Ihre Methode besteht darin, mit der Schlussfolgerung anzufangen, was nichts anderes bedeutet, als eine Behauptung aufzustellen, für die keine Begründungen geliefert werden. Gegenargumente werden niedergebrüllt. Wir suchen im Internet nach weiteren Belegen und Sachbeweisen, sie suchen nur weitere Bestätigung und Unterstützung ihrer vorgefassten Meinungen. Auch wenn die kontrafaktische Gemeinde im Allgemeinen an den Rändern des demokratischen Spektrums verortet ist, sollte man diese Politbiotope auf keinen Fall unterschätzen. Von Zeit zu Zeit sickern ihre verschrobenen Narrative doch einmal in die öffentliche Debatte.

Wenn man sich mit diesen Gemeinschaften beschäftigt, stößt man auf einen Kessel sehr bunt Gemischtes: Antiimperialisten, die meist zu den Linksextremen zählen, Assad-Unterstützer, Russlandversteher, Rechtsalternative, Linksalternative … Diese unterschiedlichen Gruppen rücken in jüngster Zeit näher zusammen, berufen sich auf dieselben Quellen, liefern verstärkt Beiträge zu den gleichen »alternativen« Websites. Ein Kernpunkt und größter gemeinsamer Nenner ihrer Glaubenssysteme ist ein pathologischer Hass auf den Westen, insbesondere auf die amerikanische Regierung. Diejenigen unter ihnen, die sich in Frontstellung gegen den Westen und die Vereinigten Staaten bringen, gelten von vornherein als unschuldige Opfer, egal wie sie sich sonst verhalten. So entwickeln sie ihre ganz eigenen Logiken. Da beispielsweise sämtliche westliche Regierungen davon ausgehen, dass die Assad-Regierung Chemiewaffen einsetzt, gilt ihnen ein unabhängiger, objektiver Nachweis eines solchen Einsatzes als Teil der westlichen Konspiration.

Ein typisches Merkmal der Rhetorik der kontrafaktischen Gemeinde sind endlose Rückfragen, wobei sie sich nie die Zeit nehmen, die Antworten zu verarbeiten. Wenn ich sie auf unsere ausführlichen Untersuchungen hinweise, stellen sie sofort die nächste Frage. Es ist eine Art Hütchenspiel; Sachbeweise werden ignoriert, weil hinter allem eine Manipulation vermutet wird. Solch eine sämtliche Antworten und Erkenntnisse von vornherein unterdrückende Taktik wird vor allem von RT (Russia Today) vorexerziert, deren Motto lautet: »Stell noch mehr Fragen«.

Selbstverständlich ist eine gesunde kritische Einstellung Teil jeder gründlichen und seriösen Untersuchung. Zu große Leichtgläubigkeit kann zu schwerwiegenden Fehlern oder Fehlentscheidungen führen, wie es bei der Behauptung der amerikanischen Regierung hinsichtlich angeblicher Massenvernichtungswaffen in den Händen von Saddam vor dem Irakkrieg der

Fall war. Das Hauptmerkmal der kontrafaktischen Gemeinde ist aber gar nicht Skepsis, sondern vielmehr Zynismus. Wenn der Skeptiker fragt: »Wo sind die Beweise?«, fragt der Zyniker: »Wem nutzt es?« Und in der Regel haben sie die Antwort schon parat.

Vom Standpunkt eines Internet-Rechercheurs ist das Genörgel der Kontrafaktischen meistens nervig, aber manchmal hat es auch sein Gutes. Dieses Gemaule zwingt uns nämlich dazu, bei der Recherche wirklich genau zu sein und jedes kleine Detail zu berücksichtigen und zu überprüfen. Ich ermahne jeden, der sich auf ein Thema einlässt, sich auch genau anzusehen, was die Verschwörungstheoretiker dazu zu sagen haben und ob sie mit handfesten Beweisen für ihre Behauptungen aufwarten können. Dadurch wird man automatisch gezwungen, genauer hinzuschauen, und man kann den Ansturm besser parieren, der sich unweigerlich einstellt, wenn man stark umstrittenes Material bearbeitet und anschließend präsentiert. Ich kommuniziere selbst per Tweet häufig mit Vertretern der kontrafaktischen Gemeinde in der Hoffnung, dass sie mich eines Tages auch mal positiv überraschen, statt immer dieselbe Leier zu wiederholen. Weil wir dem gleichen Internet-Biotop entwachsen sind, kann ich ihre Antworten meistens ziemlich gut vorhersagen. Am meisten wundert mich, wie stupide sie sind: Auch wenn sie irgendeine absurde Behauptung nicht belegen können, präsentieren sie umgehend die nächste absurde Behauptung mit der gleichen Selbstgewissheit wie zuvor.

Die Chemiewaffenangriffe auf Duma am 7.April 2018 boten der kontrafaktischen Internetgemeinde wieder einen Anlass, die Weißhelme zu beschuldigen. In den sieben Jahren nachdem sich der Aufstand gegen das Assad-Regime zu einem regelrechten Bürgerkrieg ausgeweitet hat, hatte sich das Blatt durch die Intervention der Russen definitiv zugunsten Assads gewendet. Nun versuchten seine Truppen, die noch vorhandenen Widerstandsnester in einigen Rebellengebieten mithilfe von chemischen Waffen endgültig auszuräuchern. Bei den Westmächten fehlte jeglicher politische Wille, im Syrienkonflikt zu intervenieren; das war bereits seit Jahren klar. Aber Chemiewaffeneinsätze würden zumindest Proteste der internationalen Gemeinschaft hervorrufen, deshalb musste Assad und seinen Unterstützern daran gelegen sein, sie zu vertuschen. Ihre Parole in Bezug auf Duma lautete daher, es handle sich um ein umfassendes Täuschungsmanöver, das die angeblichen Retter selbst inszeniert hätten, um das Assad-Regime ins Unrecht zu setzen.

Moskau ging sogar noch weiter, indem man von dort aus einfach unterstellte, die britische Regierung hätte den Weißhelmen die Anweisung erteilt, einen derartigen Angriff zu fingieren. Im russischen Staatsfernsehen wurde ein angeblicher Knüller präsentiert: Auf Fotos war eine von Weißhelmen wie für einen Film aufgebaute Szenerie zu sehen, mit deren Hilfe sie vorgeblich Beweise fälschten. Man erkannte ein Kleidergestell mit Kostümen, sah, wie Make-up-Spezialisten einige Statisten mit Staub und Verletzungen dekorierten, außerdem natürlich Männer mit dem Logo des syrischen Zivilschutzes auf ihren Jacken. Ein als Weißhelm verkleideter älterer Mann hielt künstliche Glieder in die Kamera, die mit Blutfarbe beschmiert waren.

Allerdings konnte Bellingcat nachweisen, dass die Fotos von der Facebook-Seite eines syrischen Films mit dem Titel »Der Mann der Revolution« stammten. Darin geht es um einen Journalisten, der illegal nach Syrien einreist, weil er »ruhmsüchtig und ehrgeizig ist und internationale Auszeichnungen gewinnen will. Als daraus nichts wird, hilft er Terroristen beim Fabrizieren von Fotos von einem angeblichen Giftgasangriff. Seine Absicht ist es, daraus eine Weltsensation zu machen.« In diesem Pro-Assad-Propagandafilm wird das natürlich vereitelt.

Wir registrierten insgesamt zweiundzwanzig Behauptungen im Zusammenhang mit Chemiewaffengebrauch, die 2018 gegen die Weißhelme gerichtet waren und die zumeist aus russischen Quellen stammten. Dabei fiel ins Auge, wie viele davon einfach ins Blaue hinein gemachte Behauptungen waren, ohne dass man sich besondere Mühe gegeben hätte, sie mit irgendeiner Form von Evidenz zu unterfüttern. Hauptsache, die Weißhelme wurden irgendwie in ein schlechtes Licht gerückt, indem beispielsweise behauptet wurde, sie würden mit einer lächerlich großen Anzahl von Helfershelfern zusammenarbeiten. Hierbei wurden sowohl Spezialmilitäreinheiten der USA als auch militante Islamisten genannt. Jeder Mensch, der halbwegs bei Verstand ist, konnte auf den ersten Blick erkennen, wie absurd das alles war – als ob diese Gruppen aus geradezu verfeindeten Lagern jemals in dieser Weise konspirieren würden!

Kate Starbird, Professorin an der Universität von Washington in Seattle, die unter anderem erforscht, wie sich Desinformation in sozialen Medien verbreitet, führte auch eine aufschlussreiche Untersuchung über Inhalte bezüglich der Weißhelme durch. In einer früheren Studie über Verschwörungstheorien im Zusammenhang mit Amokläufen war ihr bereits aufgefallen, dass man die Inhalte in »alternativen Medien« nicht nach dem klassischen Links-/Rechts-Schema einordnen kann. Vielmehr ähneln sich in mancher Hinsicht die Äußerungen aufseiten der alternativen Rechten wie der alternativen Linken. Diese Art von Gleichklang durch Berührung der Extreme war auch hier festzustellen. Die Professorin stellte einen Datensatz aus Tweets, in denen die Weißhelme erwähnt wurden, für den Zeitraum zwischen Ende Mai und Anfang September 2017 zusammen. Dann sortierten sie und ihre Mitarbeiter die eingeschlossenen Links und sahen sich an, welche Arten von Websites einen entsprechenden Content enthielten. Daraus entwickelten sie eine grafische Netzwerke-Darstellung, an der man ablesen konnte, wie oft jede einzelne Quelle zitiert wurde und wann ein Artikel zurückgetweetet wurde. Diese Art von Recycling war insofern besonders bedeutsam, als es dadurch zu sogenannten falschen Triangulationen kommt: Dabei werden Nachrichten oder Behauptungen sozusagen über Bande gespielt und indirekt weitervermittelt – den Lesern begegnen sie dann dem Anschein nach aus verschiedenen Quellen und wirken dadurch glaubhafter, obwohl sie nur einmal in Umlauf gebracht wurden.

Auf Prof. Starbirds Netzwerkegrafik konnte man schließlich zwei Cluster erkennen: Auf dem einen konnte man sehen, wie häufig Nachrichten und Artikel aus den Mainstream-Medien geteilt wurden, also etwa Artikel von *Associated Press* (AP) über die Ermordung einiger Weißhelme durch die IS-Islamisten. Aber dieser Cluster war fast winzig im Vergleich zu dem zweiten, der aus dem Biotop der alternativen Medien stammte: ein Knäuel aus Verbindungen, wobei sich die größten Knoten bei 21stCenturyWire.com, MintPressNews.com, Global Research.ca, SputnikNews.com sowie RT.com und einigen anderen bildeten. Daraus folgt, dass eine kleine Zahl von anscheinend unbedeutenden Websites (abgesehen von den Kreml-Sites) bei der öffentlichen Debatte über die Weißhelme eine wichtige Rolle spielt.

Die am häufigsten getweetete Seite, 21stCenturyWire, wurde von einem ehemaligen Redakteur von InfoWars ins Leben gerufen; die wichtigste Beiträgerin zu Weißhelme-Themen war eine gewisse Vanessa Beeley, die im mittleren Alter zur Pro-Assad-Bloggerin mutierte. 2016 hatte sie Assad persönlich in Syrien kennengelernt. Bald darauf wurde sie nach Moskau eingeladen und von Kreml-Beamten hofiert, und sie lernte Mutter Agnes kennen, eine Nonne, die dafür bekannt ist, dass sie ständig wiederholt, die syrische Opposition hätte die Chemiewaffenangriffe auf Ghouta vorgetäuscht. Beeley ist insofern ein durchaus interessanter Fall, als sie zwar hauptsächlich für 21stCenturyWire schreibt, aber auch bei RT und Sputnik gelegentliche Auftritte hat; außerdem werden ihre Beiträge auch auf der Website Global-

Research wiederholt, was sich zwar nach einem seriösen »Think Tank« anhört, aber in Wirklichkeit handelt es sich um einen Umschlagplatz für Verschwörungstheorien aller Art von Impfgegnern über 9/11-Truther (»Wahrheitssucher«) bis hin zu Klimawandelleugnern und zwischendrin auch ein paar antisemitischen Einsprengseln. Im Jahr 2019 verstieg sich Beeley zu immer kruderen Behauptungen wie etwa der, es »gäbe Beweise, dass die Weißhelme in Organhandel in Syrien verstrickt sind. Der lukrative Handel mit menschlichen Organen und Körperteilen, Knochen, Blut und Sonstigem stellt eine besonders reiche Ernte in Kriegszeiten dar, was natürlich im Geheimen geschieht.« Das wurde zuerst bei RT gesendet, erschien aber auch bei 21stCenturyWire, GlobalResearch und anderen derartig obskuren Seiten.

Bei derartigem Content-Recycling werden die Beiträge gegebenenfalls auch etwas umgeschrieben, um sie für bestimmte Zielgruppen mundgerecht zu machen: beispielsweise für US-Veteranen, Gegner des Islam, Freunde des Islam, Antisemiten, Rechts- oder Linksgerichtete. Zu diesem alternativen Medien-Biotop gehören auch Websites, die von autoritären Regierungen betrieben werden, aber es wäre falsch, sie für bezahlte Trolle zu halten. Leider findet man in dieser Szene der kontrafaktischen Internetgemeinde auch viele eigentlich ganz seriöse und vernünftige Leute.

Unsere Kritiker behaupten, Bellingcat sei unseriös; vor allem würden wir gemeinsam mit den Imperialisten Operationen planen und durchführen und seien dadurch reich geworden. Ich würde diesen Leuten gerne zeigen, unter welchen bescheidenen Umständen wir leben und welche Anstrengungen wir unternehmen müssen, um etwas Geld zur Unterstützung aufzutreiben. Dabei achten wir darauf, Geld aus möglichst vielen verschiedenen Quellen zu bekommen, damit Bellingcat vollkommen unabhängig bleibt. Der Löwenanteil der Zuwendungen stammt von Stiftungen (die alle auf unserer Website aufgelistet sind); etwa ein Drittel aus den Workshops, die wir weltweit zu Ermittlungs- und Erkenntnismethoden bei der Open-Source-Recherche abhalten, und schließlich Zuwendungen und Spenden von Einzelpersonen, die über die Crowdfunding-Website Patreon eingesammelt werden. Dabei machen wir gegenüber jeder Spenderorganisation glasklar, dass wir ihnen keinerlei Einfluss auf unsere Inhalte, Themen oder unsere Vereinspolitik einräumen. Ferner schaffen wir Transparenz, indem wir uns jährlich einer Anhörung stellen, deren Ergebnisse wir ebenfalls auf unserer Website veröffentlichen, wie es unserem Status als gemeinnützige Gesellschaft nach niederländischem Recht entspricht; diesen Status haben wir im Jahr 2020 erlangt. Wir verfügen außerdem über einen Aufsichtsrat, der die Aktivitäten des Managements von Bellingcat überwacht. Wenn wir den vom Aufsichtsrat erwarteten Sorgfaltspflichten nicht entsprechen, können wir auch sanktioniert werden.

Von Kritikern wird unsere Neutralität im Hinblick auf die häufigen Recherchen und die Berichte über die Putin-Regierung und das Assad-Regime immer wieder in Zweifel gezogen. Diese Berichterstattung entspringt allerdings keiner wie immer gearteten Agenda, sondern dem Umstand, dass sie zu den momentan unehrlichsten Regierungen zählen, die auch vor Gewaltanwendung nicht zurückschrecken und eine entsprechend breite Spur im Open-Source-Internet hinterlassen. Wir würden mit unseren Methoden auch jedes andere Thema über Missbräuche und verbrecherische Handlungen im Westen recherchieren und haben dies auch bereits getan, indem wir die Umgehung beziehungsweise die Verdrehung von Unternehmensrichtlinien in Großbritannien aufgedeckt haben. Wir haben bei der Beobachtung der Luftschläge, die eine von Saudi-Arabien geführte Koalition im Jemen durchführt, aufgezeigt, dass hierbei amerikanische und vermutlich auch britische

Waffen und Kriegsmaterial eingesetzt werden – unter Verletzung von internationalem Recht. Schließlich haben wir eine ausgesprochen gründliche Untersuchung der Bombardierung einer syrischen Moschee in Al-Jina durchgeführt, bei der am Abend des 16. März 2017 mehrere Dutzend Menschen mitten im Abendgebet getötet wurden. Wir fanden heraus, dass dafür das US-Militär verantwortlich war.

Was die kontrafaktische Gemeinde am meisten ärgert, ist, dass sie von niemandem, der eine gewisse Autorität hat und Respekt genießt, wirklich ernst genommen wird. Diese Leute können nicht verstehen, warum Bellingcat und seine Methoden anders betrachtet werden als sie. Schließlich verwenden auch sie Videos, Fotos und Zitate aus Postings in sozialen Medien. Und trotzdem werden sie links liegengelassen. Um das für sich einordnen zu können, verharrt die kontrafaktische Internetgemeinde in dem immer gleichen falschen Zirkelschluss: Die Organisationen der etablierten staatlichen und gesellschaftlichen Mächte vertrauen den Untersuchungsergebnissen von Bellingcat, folglich muss Bellingcat selbst Teil des Establishments sein, und alle, die unseren Ergebnissen Anerkennung zollen, sind dann eben Komplizen dieser großen Verschwörung. Und so weiter und so fort.

So verwenden unsere Kritiker viel Zeit darauf, unsere Berichte sorgfältig durchzuackern in der Hoffnung, einen Irrtum oder Fehler nachweisen zu können. Das gibt ihnen eine gewisse Befriedigung. Es ist ja nicht so, dass wir unfehlbar wären, aber unsere Herangehensweise und unsere Recherchemethoden unterscheiden sich eben von der Praxis der klassischen Investigativjournalisten. Diese pflegen die Kontakte zu verdeckten Quellen, die gerne anonym bleiben wollen. Die Geschäftsgrundlage dieser Art von Berichterstattung lautet folglich an die Leser gerichtet: »Ich vertraue dieser Quelle, also kannst du mir auch vertrauen.« Dieser »Pakt« zwischen Leser und Presse birgt natürlich alle Risiken von blindem Vertrauen, Manipulation oder auch einfach nur Missverstehen. Im Gegensatz dazu beruht der Ansatz von Bellingcat auf vollkommener Transparenz und jederzeitiger Nachprüfbarkeit: Das ist das Versprechen von »offen« in »Open Source«. Wir können jederzeit nachweisen, was wir wo gefunden haben, und erheben keinesfalls den Anspruch, die »ganze Geschichte« oder sämtliche Hintergründe zu kennen, sondern wir präsentieren lediglich die Fakten, die wir durch unsere Recherchen gewonnen haben. Wenn wir auf irgendwelche Hinweise oder Beweise stoßen, wie beispielsweise geleakte Telefon-Metadaten, bemühen wir uns immer, dies durch anderweitige Open-Source-Informationen zu bestätigen. Alles sollte möglichst widerspruchsfrei sein. Wenn Zweifel bestehen, betonen wir das ausdrücklich, oder wir sehen von einer Veröffentlichung ab.

Angesichts der Masse und der Bedeutung dessen, was Bellingcat bisher entdeckt und herausgefunden hat, unterstellt uns die kontrafaktische Gemeinde immer wieder, dass wir von Geheimdiensten mit Informationen, Tipps oder ganzen Storys versorgt werden. Aber daran zeigt sich nur die völlig Unkenntnis dessen, was man durch systematische Online-Recherche in Erfahrung bringen kann. Dabei stehen alle Verifizierungen vollkommen für sich und brauchen keine Paten oder geborgte Reputation aus Amerika, Russland oder China oder von Bellingcat. Wenn jemand wissen will, woher wir unsere Informationen haben, kann er unsere Berichte lesen, auf die darin enthaltenen Links klicken und sich selbst ein Bild machen.

Aufbau einer Firewall

Wenn man sich daran erinnert, welche Lügen nach dem Abschuss von MH17 verbreitet wurden, dann denkt man auch daran, was fünf Jahre später passierte, als der Flug PS752 außerhalb von Teheran abstürzte, was einhundertsechsundsiebzig Menschenleben kostete. Bellingcat und andere Open-Source-Rechercheure durchkämmten sogleich die sozialen Medien und stießen rasch auf Beweise dafür, dass dieses Flugzeug am 8. Januar 2020 von einer Rakete getroffen worden war. Außerdem wurde ziemlich schnell die vermutliche Absturzstelle lokalisiert. Anfangs versuchte die iranische Regierung noch, alles abzustreiten, aber das ging schief, und daraufhin gab sie zu, dass ihr Militär das zivile Passagierflugzeug aus Versehen abgeschossen hatte. Möglicherweise stand den Iranern das Schicksal der russischen Offiziellen vor Augen, die sich mit ihren Lügen über MH17 vollkommen unglaubwürdig und lächerlich gemacht hatten, sodass man ihnen jahrelang nichts mehr glaubte – ein schwerer Rufschaden. Wenn jeder Interessierte sich die Beweise selbst ansehen kann, dann wäre es einfach dumm, alles abstreiten zu wollen.

In der Frühzeit von Bellingcat traf ich mich hin und wieder mit Managern von Google und Facebook, und wir sprachen über unsere Faktenrecherchen und das Problem, wie Desinformation von ihren Plattformen aus verbreitet wird. Google zeigte sich durchaus hilfsbereit; sie schufen ein kleines Programm, das die Clips, die auf Youtube hochgeladen werden, mit Metadaten versieht. (Youtube gehört zu Google.) Doch im Lauf der Zeit verkomplizierten sich die Beziehungen zwischen den Open-Source-Investigatoren und Youtube. Ursache dafür war der ständig steigende Druck der Öffentlichkeit auf die Video-Plattform, Videos zu entfernen, die Formen von Gewalt zeigten, insbesondere wenn sie geeignet war, die Betrachter zu radikalisieren. Im Sommer 2017 führte Youtube einen Algorithmus ein, mit dem Videos, die die Youtube-Standards verletzten, markiert wurden, und in der Folge verschwanden Hundertausende von Videos aus Syrien, wodurch ungeheure Mengen von potenziellem Beweismaterial von einem auf den anderen Tag gelöscht waren. Gleichzeitig bemühte sich Facebook um Partnerorganisationen wie die unsere, um die Glaubwürdigkeit und Qualität ihrer Content-Auswahl abzusichern – und das am liebsten für umsonst. Bellingcat war für solche Aufgaben zu klein und verfügte einfach nicht über genügend Mittel und Manpower, sodass Facebook sich dafür nach anderen Partnern umsah; sie konnten Associated Press, Snopes und ABC News dafür gewinnen, ihnen zu helfen, wirklich irreführende Videos mit völlig falschen Behauptungen auszusortieren. Facebook erweiterte nach und nach den Kreis dieser »Partnerfirmen«, übrigens auch für mehrere Dutzend Sprachen. Aber allein mit Faktenchecks ließ sich das Problem nicht in den Griff bekommen. Eine solche Partnerorganisation schaffte es vielleicht, bei ungefähr zweihundert Fällen derartige Faktenchecks durchzuführen. Denn jeder Check ist arbeitsintensiv, manchmal sitzt man Tage daran, bis die oft umstrittenen Fakten so weit geklärt sind, dass man sich ein Urteil bilden kann. Die allgemein anerkannten Faktenchecker von Snopes zogen sich auch wieder aus dem Projekt zurück. Eine jährlich Zahlung von 100000 Dollar für 2017 war für ihre Tätigkeit bei Weitem nicht ausreichend.

Die großen Social-Media-Plattformen stecken hier in einem echten Dilemma. Einerseits wollen sie natürlich gefährlichem Material keinen Raum bieten; andererseits wollen sie das Recht der freien Meinungsäußerung nicht einschränken. Auf jeden Fall haben sie aber einen Interessenkonflikt, denn zu ihrem Geschäftsmodell gehören eben gerade auch die »Aufreger«, wenn sich User bemüßigt fühlen, möglichst aufwühlenden Content einzustellen, der nicht unbedingt von Wahrheitsliebe geprägt ist. Wenn die Social-Media-Giganten sich jemals entschließen sollten, Fake News und Verschwörungstheorien ernsthaft zu bekämpfen, dann müssen sie die Algorithmen für ihre Empfehlungen verändern und sehr viele Moderatoren einstellen. Aber wahrscheinlich würde auch das nicht ausreichen. Man stelle sich einmal vor, wie sich so ein Moderator plötzlich in eine hitzige Online-Debatte zu irgendeinem beliebigen Thema einmischt. Ist Hexamin tatsächlich ein Marker für vom Assad Regime verwendetes Sarin-Gas? Was genau wissen wir darüber, wie Falun-Gong-Mitglieder in chinesischen Gefängnissen behandelt werden? Liefert Frankreich tatsächlich illegal Waffen für die Luftangriffe der Saudis im Jemen? Was so ein Moderator beurteilen muss, kann sowohl Teil einer Desinformationskampagne sein als auch eine durchaus seriös geführte Auseinandersetzung in der Netzöffentlichkeit. Oder es könnte sich um eine echte Auseinandersetzung über Desinformation handeln.

Das eigentliche Dilemma führt direkt an die Abgründe des Internets: Es ist die Angst, dass die technische Zukunft in ein nicht mehr beherrschbares Chaos läuft. Wir bei Bellingcat sind uns durchaus darüber im Klaren, dass sich faktenbasierte Evidenz nicht immer durchsetzen wird. Dennoch sind es gerade unsere ständigen Bemühungen, die den Unterschied überhaupt erst markieren. Open-Source-Recherche leistet sehr viel mehr, als die Tricksereien und Lügen von Regierungen aufzudecken und dadurch zu verhindern. Es werden eben auch die Lügengeschichten eingedämmt, die über die kontrafaktische Gemeinde ins Informationssystem eingespeist werden.

Ein bemerkenswerter Fall ereignete sich 2019. Die Websites von »Alternativ-Medien« trommelten damals gegen die OVCW, die Organisation für das Verbot chemischer Waffen mit Sitz in Den Haag, indem behauptet wurde, die Organisation verheimliche Informationen, welche die syrische Regierung im Hinblick auf den Chemiewaffenangriff auf Duma im Jahr zuvor entlasteten. Die Verschwörungstheoretiker posaunten diese Behauptungen lauthals herum. Bellingcat nahm diesen angeblichen Skandal unter die Lupe, fand ihn gegenstandlos, und die maßgeblichen Medien schlossen sich dem an. Da sie das Thema weitgehend ignorierten, blieb es im seriösen Informationsspektrum ganz am Rand. Die Firewall funktionierte also.

Um das alles richtig einschätzen zu können, muss man wissen, welche enorme Bedeutung der Nachweis des Einsatzes von Chemiewaffen gerade in der Anfangszeit der Open-Source-Recherchen im Internet hatte. Der Einsatz gerade dieser Waffen verletzt, mehr als bei allen anderen Waffenarten, humanitäres Völkerrecht, ruft moralischen Abscheu hervor und führt am ehesten zu Vergeltungsaktionen durch die internationale Gemeinschaft. Daher versuchen diejenigen, die sich solcher Kampfmittel bedienen, das stets zu verheimlichen. Gerade deshalb ist Faktenaufklärung bei jedem (vermuteten) Chemiewaffeneinsatz oberstes Gebot und der Schlüssel zu weiteren Maßnahmen. Das war von Skripal bis Syrien stets der Fall. Nach dem Angriff auf Ghouta am 21. August 2013 verwendeten die Assad-Truppen kein Sarin mehr, dafür aber Chlorgas; dieses wirkt nicht so tödlich, ist aber gleichermaßen geeignet, die Bevölkerung in Angst und Schrecken zu versetzen. Im Jahr 2019 haben unabhängige Experten dreihundertsechsunddreißig Chemiewaffeneinsätze im syrischen Bürgerkrieg nachgewiesen; davon gingen achtundneunzig Prozent auf das Konto des Regimes.

Ein weiterer bekannter und berüchtigter Sarin-Einsatz ereignete sich am 4. April 2017. Damals versuchte das Militär Assads mit aller Macht noch verbliebene Rebellennester auszulöschen; dabei griffen sie unter anderem die nordwestsyrische Ortschaft Chan Schaichun an der Straße zwischen Aleppo und Damaskus an. In einem Vergeltungsschlag beschossen die Vereinigten Staaten den Militärflugplatz asch-Scha'irat in Homs mit Tomahawk-Marschflugkörpern, weil man annahm, dass der Angriff auf Chan Schaichun von dort aus geführt worden war.

Wir vertieften uns in die über Open Source erreichbaren möglichen Beweise und Augenzeugenberichte. Von großer Bedeutung war dabei ein Netzwerk syrischer Freiwilliger, die mit ihren Smartphones die Abflüge, Flugrichtungen und sonstige Flugbewegungen von allen Militärflughäfen nach Möglichkeit systematisch aufzeichneten – hauptsächlich mit dem Ziel, ihre Kameraden in Rebellengebieten rechtzeitig vor Luftangriffen warnen zu können. Dieses Frühwarnsystem ist unter der Bezeichnung Syrien-Wache bekannt geworden. Um 6:26 Uhr Ortszeit hatte demnach ein Suchoi Su-22 Jagdflugzeug von dem Flugplatz bei Homs abgehoben. Diese Su-22 trug die Bezeichnung »Quds 1«, was bedeutet, dass es sich um das Flugzeug eines Staffel-Kommandanten handelte – von ihm war belegt, dass er bereits früher Chemiewaffeneinsätze geflogen hatte. Die syrische Armeeleitung bestärkte die Einsatzbereitschaft des Kommandanten durch Besuche des Armeechefs bei dieser Einheit auf dem Flugplatz (zu sehen in einem Youtube-Video), durch Dankesbezeigungen (ein Foto auf Twitter) und entsprechende lobende Verlautbarungen wie »der Held, der das Depot geknackt hat« (Eintragung bei Facebook). Beim OVCW wurden Blut- und Gewebeproben sowohl von getöteten wie von verletzten Opfern chemisch analysiert; man konnte nachweisen, dass sie Sarin oder einer ähnlichen Substanz ausgesetzt gewesen waren. Diese Ergebnisse wurden ausdrücklich als »unbestreitbar« bezeichnet.

Doch erst der nächste infame Chemiewaffenangriff bereitete der OVCW einen angeblichen Skandal. Ein Jahr nach dem Angriff auf Chan Schaichun wollte das Assad-Regime mit aller Gewalt die östlichen Vororte der Hauptstadt Damaskus zurückerobern. Duma leistete bis zuletzt Widerstand. Das *Syrian Network for Human Rights* (Syrisches Netzwerk für Menschenrechte) berichtete über zwei verschiedene Angriffe am 7. April 2018, bei denen Chemiewaffen zum Einsatz kamen. Der erste Einschlag erfolgte gegen 16 Uhr in der Nähe der Sa'da-Bäckerei, der zweite gegen 19:30 Uhr beim Shuhada-Platz; dabei wurden fünfundfünfzig Menschen getötet und achthundertsechzig Personen verletzt. Zeugen berichteten, es hätte nach Chlor gerochen. Eine Woche danach führten die USA, Frankreich und das Vereinigte Königreich Luftangriffe auf drei Fabriken durch, in denen aller Wahrscheinlichkeit nach chemische Waffen produziert werden.

Vielen war es ein Rätsel, wieso Chlorgas so schwere Symptome auslösen konnte, dass einige Dutzend Menschen starben und Hunderte erkrankten. Normalerweise entsteht bei der Explosion einer Chlorbombe eine hellgrüne Gaswolke, die sich rasch verflüchtigt. Bei dem am schwersten getroffenen Ort explodierte der Gaszylinder allerdings in einem geschlossenen Gebäude und nicht auf offener Straße; daher wurde die Giftwolke nicht vom Wind verweht. Im kriegserprobten Syrien haben die Menschen mittlerweile Erfahrung und wissen, dass Chlorgas schwerer ist als Luft und daher zu Boden sinkt. Um sich zu schützen oder zu retten muss man also in der Regel eine Treppe hinaufrennen. Bei dieser Detonation im Gebäude erwies sich jedoch genau das als eine Falle. Da viele Bewohner mitbekommen hatten, dass eine Chlorbombe explodiert war, rannten sie weiter nach oben – mitten hinein in die absinkende Wolke und immer näher an die Quelle heran, statt davon weg. Vertreter der OVCW haben anschließend das betroffene Gebäude mehrmals besucht, Proben genommen und Zeugen befragt. Schließlich erschien 2019 ein ausführlicher Bericht, in dem bestätigt wurde, dass ein Gasangriff stattgefunden hatte und dass das Gas aus Zylindern ausgetreten war, die aus der Luft abgeworfen worden waren. Allein den Umstand, dass die Bomben vom Himmel fielen, musste man bereits als Beweis dafür werten, dass das Regime für den Angriff verantwortlich war, denn die Aufständischen verfügten über keinerlei Luftstreitkräfte.

Die Gegner derartiger evidenzbasierter Informationen waren indessen keineswegs bereit, diese Schlussfolgerungen klaglos hinzunehmen. Wenige Tage nach dem Angriff auf Duma wurde ein Team des russischen militärischen Abschirmdienstes GRU dabei ertappt, wie es sich in das WLAN des OVCW-Hauptquartiers in Den Haag einhacken wollte. Das hatte zur Folge, dass vier Spione des Landes verwiesen wurden. Wie weit sich die Russen Zugang zu Daten und Dateien der OVCW verschaffen konnten, darüber kann nur spekuliert werden. Sicher ist hingegen, dass dieser »Skandal« in der kontrafaktischen Gemeinde weiterbrodelte, vor allem nachdem Moskau gegen die Feststellungen in dem Abschlussbericht der OVCW über Duma Widerspruch eingelegt hatte. Bei »Exhibit A« handelte es sich um ein internes Memo, welches einer der OVCW-Inspektoren, Ian Henderson, verfasst hat; darin widerspricht er einigen Aussagen des Berichts. Dieses Schreiben tauchte auf der Website von »The Working Group on Syria, Propaganda and Media« auf, einem etwas obskuren Netzwerk von Akademikern und Rechercheuren, die für ihre verschwörungstheoretischen Ansätze bezüglich der Weißhelme, des Skripal-Falles und der Chemiewaffeneinsätze in Syrien bekannt sind. In seiner Schrift argumentiert Henderson, es spreche eine größere Wahrscheinlichkeit dafür, dass die beiden fraglichen Gaszylinder eher »von Hand in die beiden Gebäude eingebracht wurden und nicht aus Flugzeugen abgeworfen wurden«. Falls das stimmte und die Zylinder tatsächlich »händisch« abgelegt wurden, spräche alles für ein Täuschungsmanöver.

Diese Variante oder Hypothese wurde von dem Kolumnisten Peter Hitchens von der britischen Zeitung *Mail on Sunday* aufgegriffen und gelangte so in die Mainstream-Presse. Hitchens ist für die Inbrunst bekannt, mit der er seine zuweilen recht speziellen Meinungen verkündet, beispielsweise seine Zweifel an der Stichhaltigkeit der Evolutionstheorie. Ein anderer in Großbritannien bekannter Journalist, Robert Fisk vom *Independent*, griff das Thema mit einem Artikel unter der Überschrift »Die Beweise über den ›Gas‹-Angriff auf Duma, die wir niemals sehen sollten« auf. Seit November 2019 erschien nach und nach immer neues internes Material aus der OVCW, darunter die E-Mail eines weiteren Mitarbeiters mit dem Pseudonym »Alex«, der Mitglied der von OVCW entsandten Untersuchungskommission war, also zum innersten Kreis der Eingeweihten zählte. »Alex« beklagte sich darüber, dass seine Vorgesetzten die Feststellungen seines Untersuchungsteams entstellt wiedergegeben hätten; es hätten nur geringe Spuren von Chlorgas nachgewiesen werden können, und die könnten genauso gut woandersher stammen.

»Diese Enthüllung muss man als die schlimmste ›Aufhübschung‹ bezeichnen, durch welche Öl ins Kriegsfeuer gegossen werden sollte, seitdem Tony Blair Dokumente und Dossiers ›redigiert‹ hat, um seine Teilnahme an der amerikanischen Invasion der Willigen im Irak zu rechtfertigen«, schrieb Hitchens und spielte damit direkt der kontrafaktischen Internetgemeinde in die Hände, welche immer wieder darauf herumreitet, wie die Geheimdienstberichte über angebliche Massenvernichtungswaffen manipuliert und fabriziert wurden, um 2003 den US-Einmarsch in Saddams Irak zu rechtfertigen. Doch die Schlussfolgerung aus diesem Ereignis lautet, dass nicht *jede* Behauptung bezüglich ABC-Waffenbesitz gleich ein Schwindel sein muss. Vielmehr müssen Beweise zwingend in einer Weise offengelegt werden, dass sich jedermann ein Urteil bilden kann.

Nick Waters gehört als Rechercheur mittlerweile zu unserer Stammbelegschaft. Der immer noch junge ehemalige Offizier der Infanterie hatte in Afghanistan gedient und kam durch einige Vorträge, die ich am King's College in London gehalten hatte, mit Open-Source-Recherchen in Berührung. Er nahm sich dieser Sache näher an, indem er zunächst die geleakten Dokumente mit den offiziellen OVCW-Berichten verglich und daraufhin unabhängige Chemiker, Toxikologen und andere Fachleute befragte. Seine zentrale Frage lautete, ob es sich bei dem Angriff auf Duma möglicherweise doch um ein Täuschungsmanöver gehandelt haben könnte.

Den Darstellungen der russischen und der syrischen Regierung zufolge hätten die Aufständischen Leichen in die beiden Wohngebäude gebracht und dort abgelegt. Auf Open-Source-Fotos konnte man mindestens vierunddreißig Leichen erkennen, darunter auch Kinder; viele hatten eine Art Schaum im Gesicht. Bei keiner der Leichen waren irgendwelche Anzeichen von Gewaltanwendung zu erkennen, und die Menschen waren offenbar erst kürzlich umgekommen, denn es gab keine Anzeichen von Verwesung. Die Annahme, eine größere Zahl von Zivilpersonen sei just zu diesem Zeitpunkt auf irgendeine andere Weise getötet worden und gleich anschließend in verschiedenen Stockwerken von Wohngebäuden abgelegt worden, ohne dass davon irgendjemand Notiz genommen haben sollte (denn es gab keine entsprechenden Zeugenaussagen), spannte die Glaubwürdigkeit bis zum Äußersten an. Laut einem zweiten Verschwörungsszenario, das sich in Umlauf befand, hatten die Zylinder tatsächlich Chlorgas enthalten, waren aber per Hand dort platziert worden, um das Assad-Regime in ein schlechtes Licht zu rücken. Die Giftgasattacke auf Duma geschah im Zusammenhang mit einer umfassenden syrischen Militäraktion, bei der das ganze Gebiet dermaßen heftig bombardiert wurde, dass die Rebellen in diesem Vorort am Tag danach kapitulierten. Wenn es sich tatsächlich um ein Täuschungsmanöver gehandelt hätte, dann hätte man unter diesen Umständen eines gnadenlosen Bombardements schwer beschädigte Metallzylinder mit Giftgas füllen und diese extrem schweren Objekte in zwei verschiedenen Gebäuden mehrere Stockwerke hochschleppen müssen, ohne dass jemand eine derartig absonderliche Aktion jemals gegenüber einem der anwesenden unabhängigen Journalisten oder später gegenüber den OVCW-Inspektoren erwähnt hätte.

Ein weiteres Problem der »händischen« Theorie war die Tatsache, dass die fraglichen Zylinder Aufprallschäden aufwiesen, wie sie für einen Abwurf aus mehreren hundert Metern Höhe typisch sind. In seiner geleakten Stellungnahme behauptete Henderson, dass syrische Hubschrauber sie nicht aus einer solchen vergleichsweise geringen Höhe abgeworfen haben konnten. Aber es ist eine Tatsache, dass die Syrer manchmal in voller Absicht so niedrig flogen, weil sie dann als Ziel nicht so leicht zu erfassen sind, besonders bei Nacht – und es war eben dunkel, als sich die Angriffe auf Duma ereigneten. Wenn man alles bedenkt, was damit verbunden sein müsste, Gaszylinder aus früheren Angriffen in dieser Weise zu verwenden und sie bewusst zu platzieren, dann fällt diese Vorstellung quasi von sich aus in sich zusammen. Die Aufschlagschäden müssten genau zu einem Aufprall in den entsprechenden Gebäuden passen. Ferner beginnt das Metall nach einer Chlorgasexplosion sofort in bestimmter Weise zu korrodieren; somit hätten die Aufständischen diese Korrosion genau nachahmen müssen. Außerdem müssten Einschlagkrater »nachgebaut« werden, die genau zu denen bei einem solchen Einschlag passen. Auf Bildmaterial, das ein russisches Kamerateam aufgenommen hatte, konnte man eine beschädigte Terrassenmauer erkennen. Wie hätte man beim Austüfteln eines Täuschungsmanövers je vorhersehen können, wie man so etwas konstruiert?

Henderson beklagte sich darüber, dass die Untersuchungskommission seine Einwände abgelehnt hätte. Das war nicht weiter überraschend, er gehörte nämlich nur zu den Auswertern des Materials, nicht zum Kernteam vor Ort. In einer internen E-Mail, die ebenfalls von WikiLeaks veröffentlicht wurde, brachte ein höherrangiger OVCW-Mitarbeiter, Sébastien Braha, seine Verwunderung darüber zum Ausdruck, dass jemand in solch einer nachgeordneten Position wie Henderson überhaupt auf die Idee kam, einen derartigen Bericht zu verfassen. Jedenfalls gab die Untersuchungskommission insgesamt drei Gutachten bei verschiedenen unabhängigen technischen Experten in Auftrag. Jedes widersprach Hendersons Ansichten.

Der Einwand des zweiten Bedenkenträgers »Alex« lautete, dass lediglich geringe Spuren von Chlor gefunden worden seien. Eines der Argumente der kontrafaktischen Gemeinde in diesem Zusammenhang lautete, dass das wenige vorhandene Chlor genauso gut von Haushaltsreinigern stammen könnte. Doch der Bellingcat-Experte Tariq Bhatti, ein Chemiker, wies darauf hin, dass die »Spuren« der Substanz genau das waren, was man nach einem Chlorgasangriff erwarten würde. Chlorgas hinterlässt keine eindeutigen Marker, sondern allenfalls chemische Verbindungen, aus denen man Rückschlüsse auf seinen Gebrauch ziehen kann. In Duma waren solche organischen Chlorverbindungen in verschiedenen Stockwerken der Gebäude gefunden worden sowie in der angrenzenden Straße. Die höchste Konzentration hatte sich an einer Stelle gefunden, wo einer der Zylinder auf einem Bett gelandet war.

Entweder hätte man mit einem bis ins Letzte ausgetüftelten komplizierten Plan zu Werke gehen müssen, den man unter massivem Bombardement und ohne von Zeugen bemerkt zu werden bis ins kleinste Detail hätte umsetzen müssen – oder syrische Militärhubschrauber haben einen auch ansonsten gut dokumentierten Angriff geflogen, der in seiner Ausführung sehr gut zu einer ganzen Reihe früherer Chlorgasangriffe mit Militärhubschraubern in Syrien passte.

Nur wenige seriöse Medien ließen sich auf diese Täuschungsmanöver-Version ein, womit der angebliche Skandal – vollkommen zu Recht – die geringstmögliche Beachtung fand. Als ein *Newsweek*-Journalist vorschlug, aus dem OVCW-Skandal eine

Story zu machen, lehnte die Chefredaktion das unter Hinweis darauf ab, wie Bellingcat die ganze Sache geradegerückt hatte. Jener Reporter, der die Zeitschrift daraufhin verließ, versäumte es allerdings, auch jener Bastion der Glaubwürdigkeit anzudienen, die in Russland residiert, RT.

Einige Zeit später veröffentlichte die Organisation für das Verbot chemischer Waffen auch noch eine unabhängige Untersuchung darüber, was es mit den Leaks auf sich hatte. Fernando Arias, der Chef von OVCW, sagte im Februar 2020, dass »Whistleblower« der falsche Begriff für die beiden internen Kritiker sei. Der erste habe ein unzureichend belegtes persönliches Statement in Umlauf gebracht, während der andere zwar im April 2018 mit nach Syrien gereist sei, aber die Kommandostelle in Damaskus nie verlassen habe, weil er die für Vor-Ort-Untersuchungen notwendige Ausbildung noch nicht absolviert hatte. Dann sei er im August 2018 bei der OVCW ausgeschieden, wodurch er die letzten *sieben Monate* der Arbeit der Untersuchungskommission überhaupt nicht mehr mitbekommen habe. »Die beiden ehemaligen Mitarbeiter konnten es offensichtlich nicht akzeptieren, dass ihre abweichenden Ansichten nicht mit den Fakten übereinstimmten. Als sie ihre Ansichten intern nicht durchsetzen konnten, nahmen sie die Dinge auf eine Weise in die Hand, die ihren Pflichten und Obliegenheiten gegenüber unserer Organisation widerspricht«, sagte Arias. »Ihre Schlussfolgerungen sind fehlerhaft, unzureichend informiert und falsch.«

Wenn Bellingcat auf seine Weise einen Beitrag dazu leistet, eine Firewall gegen unwahre Behauptungen und Lügen zu errichten, dann trägt die kontrafaktische Gemeinde unabsichtlich auf ihre Weise dazu bei, diese Firewall zu verstärken. Wenn seriöse Journalisten mitbekommen, dass bestimmte Leute, die irgendeiner Theorie anhängen, dieselben sind, die jahrelang die Beweise für den Abschuss von MH17 infrage gestellt haben, jeglichen Chemiewaffenangriff in Syrien infrage stellen und merkwürdige Verschwörungstheorien im Fall Skripal zusammenfabulieren, dann werden sie rasch die Finger davon lassen.

In manchen Ländern ist es schwierig, diese Firewall aufrechtzuerhalten. Die starke Polarisierung der politischen Lager in den Vereinigten Staaten führt beispielsweise dazu, dass einflussreiche Medien wie *Fox News* irgendeinem nützlichen Spin den Vorzug vor evidenten Tatsachen geben; dadurch wird auch die Mainstream-Presse in den Sog des Nachrichtenschmutzes mit hineingezogen und verbreitet unwahre Geschichten. Seit der Präsidentschaft von Donald Trump, der sich erwiesenermaßen immer wieder der Behauptungen der »Alternativmedien« bedient, hat sich dieses Problem noch verschlimmert. Man muss das Schlimmste befürchten, wenn die Informationskriege aus dem Internet immer mehr in die Medienwelt einsickern.

Ziel von Bellingcat ist, analoge Offline-Nachrichten mithilfe von Online-Indizien und -Beweisen zu falsifizieren oder zu verifizieren. Das Internet ist mittlerweile viel mehr als ein Archiv für das gesellschaftliche Leben im weitesten Sinne. Inzwischen ist es zum Versuchslabor für alles geworden, was noch vor uns liegt. Das gilt ganz besonders für den politischen Extremismus. Wir bei Bellingcat beobachten dessen rasante Ausbreitung im Internet seit Jahren. Und inzwischen ist er auf der Straße, in der Öffentlichkeit angekommen.

Der Hass im Netz ergießt sich auf die Straßen

In seiner Heimat im amerikanischen Bundesstaat Kansas sah sich Eric das Bildmaterial von einer »Unite the Right«-Versammlung ganz genau an (»Rechte, vereinigt euch«). Seitdem er erstmals auf eigene Faust ein Ereignis verortet hatte, nämlich seit der Geolokalisation des Buk-Lenkwaffenstarters drei Jahre zuvor, beschäftigte er sich immer wieder damit, offen zugängliche Quellen im Internet zu durchforsten; sein Hauptinteresse galt dabei Gewaltausbrüchen im Ausland. Aber am 12. August 2017 wurde sein eigenes Land von solch einem Gewaltausbruch heimgesucht: in der idyllischen Universitätsstadt Charlottesville. Leute in Ku-Klux-Klan-Aufmachung oder in Nazi-Uniformen gehören in den USA zum üblichen Bild bei Aufmärschen der rechten Szene. Neu war hier, dass auch viele junge Leute in Polohemden und Khaki-Hosen mit dabei waren, also eher solche vom Typ College-Student.

Aric archivierte bei der Gelegenheit Social-Media-Feeds und stellte neben den üblichen Sachen, die bei Twitter, Youtube oder Facebook erschienen, eine Database aus Videos von der Live-Streaming-App Periscope zusammen. Für die Nachwelt brauchte man solche Aufzeichnungen dieses besonderen Tages in der amerikanischen Geschichte. Die Clips der größeren Fernsehanstalten und Nachrichtenmedien konnte er dabei getrost ignorieren, denn diese haben natürlich ihre eigenen Archive, sodass in dieser Hinsicht nichts verlorengeht. Aric hielt also strikt Ausschau nach Bildmaterial von Usern beziehungsweise Privatleuten, das allzu leicht ohne Vorwarnung wieder verschwinden kann. So kam eine Menge Material zusammen, denn es gab viele Alt-Right-Demonstranten, aber auch Antifaschisten und neutrale Beobachter, die das Chaos eifrig per Video protokollierten; einige trugen sogar GoPro-Camcorder auf dem Kopf.

Unter anderem gab es eine Fotosequenz, auf der zu sehen ist, wie eine Gruppe weißer Männer einen jungen Afroamerikaner in einem Parkhaus einkreist, ihn zu Boden schlägt und mit Holzlatten oder Ähnlichem auf ihn einprügelt. Dabei wird sein Handgelenk gebrochen, und er trägt eine tiefe Kopfwunde davon. Der Fotojournalist Zach D. Roberts tweetete das schockierendste Foto: Das Opfer kniet auf allen vieren, wird angegriffen, und auf dem Bild sieht man einem der Schläger direkt ins Gesicht: Der junge Mann trägt Khaki-Hosen, ein legeres Polohemd mit offenem Kragen und einen weißen Helm mit einigen Stickern darauf. Und er schwingt gerade einen Stock, der auf den Afroamerikaner am Boden niedersaust. Nicht weit entfernt von diesem Parkhaus befindet sich ein Polizeirevier, aber es war weit und breit kein Beamter zu sehen. Der Aktivist Shaun King tweetete eine kleine Serie von drei Fotos des gleichen Angreifers mit dem Bauhelm und stellte die Frage: »WER IST DAS?«

Vier Jahre zuvor hatten Online-Rechercheure die Suche nach Schuldigen bei dem Boston-Marathon-Anschlag (2013) durch Ungeschicklichkeit leider vermasselt. Seitdem hatte sich viel verändert. Wir wussten inzwischen, wie es ging, und wussten auch, wie man Vorsicht walten lassen musste. Aric betrachtete die drei Aufnahmen des Verdächtigen ganz genau: das eine vom Angriff selbst, zwei andere im gleichen Outfit, die ihn grölend zusammen mit einigen weiteren rechtsextremistischen Protestlern zeigte. Auf seinem Helm konnte man »Commie Killer« (Kommunisten-Killer) über Fadenkreuz-Stickern und einem Sticker mit dem Totenkopfsymbol der SS lesen. Hier trug er einen Rucksack mit Tarnfleckenmuster und ebenfalls solch ein Polohemd. Doch wie soll man innerhalb einer Bevölkerung von 325 Millionen Menschen nur anhand solcher Bilder eine Identität ermitteln?

Aric gelang dies innerhalb einer Stunde.

Neben den drei getweeteten Fotos fand Aric auch noch Pressefotos, auf denen allem Anschein nach derselbe junge Mann bei einem Fackelzug am Vorabend der Unite-the-Right-Versammlung zu sehen war, auf der junge Männer mit militärisch kurzem Haarschnitt skandierten: »Ihr werdet uns nicht vertreiben! Die Juden werden uns nicht vertreiben!« Das Verifizieren eines Gesichts erfolgt im Prinzip nach den gleichen Regeln wie das Verifizieren eines Ortes. Der Körper eines Menschen spielt hier die Rolle der geografischen Umgebung auf einem Ortsbild; man sucht nach typischen Merkmalen, die zu anderen Bildern oder Aufnahmen passen. Sowohl auf dem Foto von dem Fackelzug als auch auf dem Foto mit dem Helm trug der Mann eine Dog-Tag-Kette, eine Herrenkette mit einem flachen militärischen Anhänger, einer sogenannten Hundemarke. Auf beiden Fotos war das rechte Ohr des Mannes klar erkennbar, die Form stimmte überein. Aber am schlüssigsten war der Beweis am Hals des Mannes. Da es Sommer war und heiß, hatte er sein Hemd aufgeknöpft, sodass man eine ganz charakteristische Reihe kleiner Leberflecke unten an seinem Hals sehen konnte. Das traf auf beide Fotos zu. Es handelte sich zweifellos um die gleiche Person.

Auf Twitter gibt es einen Account @YesYoureRacist (Jawohl, du bist ein Rassist), der dazu eingerichtet wurde, die Demonstranten der Alt-Right zu identifizieren; hier waren bereits zwei Männer auf dem Fackelzug-Foto als Jacob Dix und Ryan Martin aus Centerville in Ohio identifiziert worden. Es gab inzwischen auch Stimmen, die lieber davon Abstand nehmen wollten, Teilnehmer an politischen Versammlungen mit Klarnamen zu benennen, auch wenn deren Ansichten noch so abwegig sein sollten. Wenn wir gewollt hätten, hätten wir bei Bellingcat sicherlich jeden Alt-Right-Demonstranten identifizieren können, aber das lag gar nicht in unserer Absicht. Unseren ethischen Vorgaben zufolge geht es nur um eine Kernfrage: Befasst sich unsere Untersuchung mit Personen, die ein schweres Verbrechen begangen haben, oder handelt es sich um solche, die eine Machtposition innehaben und kriminelle Handlungen begehen könnten? Als ich in meinen Anfangszeiten von Brown Moses über den Video-Hacking-Skandal berichtete, ging es um beschämende Verhaltensweisen von Journalisten, die Dinge tun, die ich niemals tun wollte: andere Menschen nur deswegen an den Pranger stellen, weil sie am falschen Ort waren oder in

Gesellschaft einer falschen Person. Informationskrieger in der Ukraine ermitteln und attackieren in Open-Source-Recherchen Menschen nur deswegen, weil sie in irgendeiner marginalen Art und Weise mal mit prorussischen Separatisten Kontakt hatten. Dazu gehören auch Journalisten, die sich positiv gegenüber Moskau äußern; alle diese Menschen kommen auf eine Liste von unerwünschten Personen. So würden wir bei Bellingcat nicht verfahren. Als wir beispielsweise über einen der beiden Geheimdienstagenten recherchierten, die in den Mordversuch an den Skripals verwickelt waren, stießen wir in Social Media auf Hochzeitsfotos der Tochter seines Vorgesetzten. Die kleine Tochter des GRU-Agenten war als Blumenmädchen dabei, was auf eine engere persönliche Beziehung dieses Agenten zu seinem Chef schließen lässt. In so einem Fall würden wir niemals Fotos von ihr veröffentlichen. Bei uns geht es darum, Verantwortliche festzunageln, vor allem wenn sich Amtsträger Verfehlungen haben zuschulden kommen lassen.

Im Fall des jungen Mannes von Charlottesville bestanden jedoch keine Zweifel: Der Mann, den wir identifizieren wollten, stand im dringenden Verdacht, ein Gewaltverbrechen begangen zu haben.

Aric ging nun im Weiteren von der Hypothese aus, dass Demonstranten gerne zusammen mit Freunden beziehungsweise Gleichgesinnten zu solchen Versammlungen gehen. So ähnlich wie wir die Offiziere der 53. Brigade anhand von Fotos der Soldaten in den sozialen Medien identifizieren konnten, suchte er also online nach Spuren der beiden Freunde des Verdächtigen auf dem Foto. Auf Facebook gab er »jacob dix centerville« als Suchbegriff ein und stieß auf das Profil eines athletischen, blonden jungen Mannes. Die im öffentlichen Bereich seines Accounts zugänglichen Fotos passten eindeutig zu dem Mann rechts von dem Verdächtigen auf dem Fackelzugfoto. Dann gab Aric »ryan martin centerville« ein und fand einen stämmigen dunkelhaarigen Jugendlichen mit Kinnbart und Halstattoo – das passte perfekt zu dem Mann links von dem Verdächtigen. Aufgrund der Einstellungen auf Ryan Martins Facebook-Profil war seine Freundesliste nicht sichtbar, aber Jacob Dix war weniger auf den Schutz seiner Privatsphäre bedacht. Auf der Liste fand sich Ryan Martin sowie ein weiterer junger Mann, dessen Profilfoto wiederum den Aufnahmen des Verdächtigen ähnelte. Er wurde als »Dan Boc Borden (Bigrabbit)« aus Mason in Ohio identifiziert. Aric checkte dann die Listen von Bordens Likes. Dazu gehörten »Men's Rights Activism Universe« (Männerrechtsbewegung Universe), »Feminism is Evil« (Feminismus ist böse) sowie »Kekistan«, ein Fantasieland im Internet, in dem politische Korrektheit verhöhnt wird und dessen »Nationalflagge« eine abgewandelte Version der Reichskriegsflagge der Nazis ist. Zu Bordens Facebook-Freunden zählten Dix und Martin.

Aric durchblätterte nun auf der Suche nach dem Mann mit dem weißen Helm Bordens öffentlich zugängliche Fotos. Da musste er nicht lange suchen. Schon auf seinem Facebook-Profilfoto hatte Borden das Kinn keck gehoben, wodurch der Blick auf den Hals und die charakteristischen Leberflecke völlig frei war. Damit hatte Aric eine lückenlose visuelle Beweiskette in der Hand. Dies war der Mann aus dem Fackelzug, der Mann mit dem weißen Bauhelm und der Mann, der in dem Parkhaus in flagranti bei einer Gewalttat fotografiert worden war. »Es handelt sich um einen Dan Borden«, tweetete Aric. »Ich habe ihn festgenagelt.«

Wir wissen nicht, welche Rolle das in den Ermittlungen der Staatsanwaltschaft und der Polizei gespielt hat, aber zwei Wochen darauf befand sich Borden in Untersuchungshaft. Der Achtzehnjährige war bereits polizeibekannt: Während seiner Schulzeit hatte er einmal einen Mitschüler mit einem Messer bedroht und ihn »Judenlümmel« genannt. Borden hatte auch wiederholt den Hitlergruß gezeigt. Wegen des Angriffs und der

Körperverletzung in dem Parkhaus wurde er zu vier Jahren Haft verurteilt.

Nach der »Unite the Right«-Versammlung in Charlottesville wurde eine Flut von Beiträgen veröffentlicht, in denen eine ganze Reihe von extrem rechten Organisationen entlarvt wurden: »Identity Evropa« (etwa: Europa-Identitäre) erkennbar an ihren weißen Polohemden, Haarschnitten im Nazi-Stil und ihrem pseudointellektuellen Getue. Die »Traditionalist Worker Party« (Traditionalistische Arbeiterpartei), das sind Neonazis aus dem Arbeitermilieu, die als Motorradfahrerclub auftreten. Vanguard America (etwa: Vorhut Amerika), zu deren Unterstützern jener Zweiundzwanzigjährige gehörte, der mit seinem Wagen vorsätzlich in eine Gruppe Gegendemonstranten in Charlottesville fuhr, wodurch die zweiunddreißigjährige Heather Heyer ums Leben kam. Aber was am Anfang nach einem Coming-out für Faschisten aussah, erreichte dieses Ziel dann doch nicht so ganz – unter anderem wegen Rechercheuren wie Aric, die diesen Extremisten ihre Grenzen aufzeigten, indem sie ihnen klarmachten, dass sie sich offline nicht mit derselben Schamlosigkeit austoben konnten, wie sie das online taten. Der weiße Nationalist Richard Spencer gab zu, dass sich nach Charlottesville alles verändert hatte. »Wir müssen uns einfach eingestehen, was dort passiert ist«, sagte er. »Seitdem fürchten wir die Öffentlichkeit.« Zwar hat das Internet erheblich dazu beigetragen, dass sich dieser Extremismus ausbreiten konnte, aber es ist eben auch ein Werkzeug, um ihn zu entlarven.

Aric archivierte rund dreihundert Videos aus Charlottesville, von denen viele sicher alsbald wieder aus dem Internet verschwunden wären. Vielleicht bewirbt sich eines Tages einer dieser Männer um ein öffentliches Amt und versucht, seine Beteiligung an dieser Demonstration zu verbergen. Dank des Internets werden die Wähler dann erfahren, was er am 21. August 2017 gemacht hat.

Die Fallen entschärfen

Robert Evans ist in den beiden Jahrzehnten vor und nach der Jahrtausendwende in Oklahoma und Texas aufgewachsen; er stammt aus einer konservativen Familie, deren Wertesystem er tief verinnerlicht hat. Während eines gescheiterten Zwischenspiels auf dem College überwand er seine Kindheitsprägungen und ging ganz in der Leidenschaft auf, die ihn von Jugend an begleitete: das Internet. Er dilettierte ein wenig in einschlägig technischem Fachjournalismus und verfasste anschließend spöttische kleine Infobeiträge für die Unterhaltungs- und Satire-Website Cracked.com (bedeutet etwa: »Beknackt.com«). Außerdem arbeitete er als Berichterstatter aus der Ukraine, dem Irak und Syrien. Als er zufällig auf Bellingcat stieß, war er von dieser neuen Art von Reportage sofort fasziniert. Es dauerte nicht lange, bis er mir Artikel über eines der Sachgebiete anbot, in denen er sich ebenfalls eine gewisse Expertise erarbeitet hatte: über die Online-Umtriebe der extremen Rechten. Roberts Beiträge waren keine technisch raffinierten Geolokalisationen oder Messungen von Schattenlängen zur Ortszeitbestimmung. Er analysierte die Kommunikation von Faschisten in den sozialen Medien. Dabei hatte er ein größeres Ziel im Auge: Er wollte verstehen und erklären, wie eine Subkultur, die hauptsächlich aus jungen Männern besteht, sich in Foren radikalisiert; damit wollte er die konventionellen Medien davor bewahren, in die Informationsfallen zu tappen, die extremistische Trolle allenthalben aufstellen. Roberts erklärende Berichte zu diesem Thema gehören bis heute zu den meistgelesenen Artikeln auf Bellingcat.

Als ich noch die Foren der ähnlich gestrickten Humor-Plattform »Something Awful« besuchte, verbrachten viele junge Männer damals schon sehr viel Zeit damit, irgendwelche Archivfotos mit Photoshop zu bearbeiten und mit »witzigen« Bildunterschriften zu versehen, oder sie produzierten humorige

GIF-Dateien mit Video-Loops, um sich gegenseitig zu amüsieren. Dann etablierte sich ein ziemlich extremes Forum namens »4chan«, und das Anfertigen und Posten solcher Meme-Dateien wanderte wegen ihres Hangs zur ungenierten Verbreitung geschmacksverletzender Scheußlichkeiten überwiegend dorthin. Eines des Subboards von 4chan, das unter */pol/* bekannte Politically Incorrect (»politisch nicht korrekt«) unterstützte mit seinen Memes 2016 die Präsidentschaftskandidatur von Donald Trump; dieses Projekt lief unter der Bezeichnung »The Great Meme War« (eine Anspielung auf »The Great War«, Der Große Krieg, womit im Englischen der Erste Weltkrieg gemeint ist; man wollte dem Kampf für Trump eine hohe weltgeschichtliche Bedeutung verleihen). Viele der jungen Männer, die dabei mitmachten, sahen darin zunächst nur eine Art Scherz, aber einige reizte die Wirkung, die sich offensichtlich damit erzielen ließ. Etliche anonyme Poster popularisierten in jener Zeit einen ältlichen und etwas hässlichen Cartoon-Breitmaulfrosch namens Pepe, dem man wahlweise die Züge von Trump (mittels Hinzufügen einer blonden Haartolle), von charakteristischen Alt-Right-Typen oder typischen »Weißen Nationalisten« verlieh. Die erfolgreichsten dieser Memes landeten auch auf Facebook und fanden so ein Massenpublikum.

Im Zusammenhang mit dem ständigen Anwachsen der kontrafaktischen Internetgemeinde verbreitete und verstärkte sich online allerlei fragwürdiges Gedankengut. Im Unterschied zu gewöhnlichen Bürgern – die vielleicht etwas blauäugig Sympathien für Assad oder Putin hegen, weil sie meinen, diese täten »Gutes«, indem sie den islamistischen Terror bekämpften – beschäftigten sich solche »Channer« kaum mit internationalen Themen. Die vorherrschende Stimmung auf 4chan könnte man als eine Art zynischen Nihilismus beschreiben, wonach das Leben sowieso hässlich und sinnlos ist. Wer irgendetwas ernst nimmt, macht sich in den Augen dieser Leute lächerlich – selbst wenn dir jemand eine Pistole an den Kopf hält und droht, dich zu erschießen.

Robert Evans klickte sich nun durch geleakte Posts, die von Discord stammten, einem Onlinedienst für Instant Messaging vor allem für Computerspieler, welcher von Neonazis infiltriert wurde. Nach der Demonstration in Charlottesville erblühten ganz neue Zweige am alten Stamm der Alt-Right-Bewegung (rechte Alternative); so entstanden Gruppen wie »Proud Boys« (Stolze Jungs), »Patriot Prayer« (Patriotisches Gebet) und »Anti-Communist Action« (Antikommunistische Aktion), die jegliche politisch korrekte »Schönrednerei« ablehnten und sich selbst als »Verteidiger freier Meinungsäußerung«, »traditioneller Werte« und »Bollwerk gegen die radikale Linke« bezeichneten. Aber das ist nur die halbe Wahrheit.

Etlichen geleakten privaten Posts konnte Robert entnehmen, wie einige User davon sprachen, »unsere Machthebel zu verbergen«, womit gemeint war, die wahren Ansichten zu verbergen, um die Massen nicht zu verschrecken. »Warum sollen wir nicht eine nationalistische Partei gründen?«, fragte der Gründer der Antikommunistischen Aktion in einem Austausch von Messages. »Wir versprechen den Konservativen eine Steigerung der Militärausgaben und die Sicherheit der Außengrenzen, den Reddit-Leuten erzählen wir was von üppigen Budgets für Wissenschaft und Raumfahrt, und die Linken ködern wir mit Krankenversicherung für alle … Ansonsten verbergen wir unsere Machthebel.«

Diese über Discord gelaufenen Chats, die von dem linksorientierten, per Crowdfunding finanzierten Medienkollektiv »Unicorn Riot« geleakt wurden, erwiesen sich als Goldader. Robert konnte mitverfolgen, wie sich hier fünfundsiebzig Personen radikalisierten. Das Thema wurde von den Faschisten heiß diskutiert; viele von ihnen erinnerten sich ganz genau, wann und wo sie die »bittere Pille« der unangenehmen Wahrheiten geschluckt hatten. In dem Film *Matrix* muss sich die Hauptfigur Neo entscheiden, ob er eine rote Pille schlucken will, um in schockierender Klarheit zu erkennen, dass die Menschen ihr Dasein als ignorante Sklaven fristen, oder eine blaue Pille, die ihn in süße Unwissenheit zurückversetzt. Wenn in den USA auf der extremen Rechten davon die Rede ist, die »rote Pille zu schlucken«, dann bedeutet das, die allgemein akzeptierten, »politisch korrekten« Standardmeinungen aufzugeben. Das geht so weit, dass selbst eine Legende wie die von einer jüdischen Verschwörung zum Genozid an Menschen weißer Hautfarbe akzeptiert wird; in diesen Krisen spricht man in diesem Zusammenhang auch von »the Jewish Question« oder »JA« (die Judenfrage). Ein typischer Verlauf derartiger Bekehrungen reichte von Sympathie für Trump, darauf folgend Teilnahme an »The Great Meme War«, dann 4chan, und irgendwann endet man als Neofaschist.

Einer der Teilnehmer an den Discord-Chats bekannte, früher ein männlicher Feminist gewesen zu sein, der Trump zuerst für einen Rassisten gehalten hatte, aber er wollte den republikanischen Präsidentschaftskandidaten verstehen. Danach betrachtete er ihn nicht mehr als Rassisten, sondern fand, dass er gute Konzepte und Ziele hatte. Er besuchte das Forum »The_Donald« auf Reddit wegen der Memes, die dort zu sehen waren, und begann schließlich, Trump aktiv zu unterstützen. Als ihm das Subreddit zu langweilig wurde, besuchte er einen Monat vor der Wahl 4chan/pol/, fand die dortigen Nazi-Memes dümmlich, aber amüsant und fing an, sich deren »ironischen« Rassenslang von der Überlegenheit der Weißen anzueignen. Schließlich gelangte er zu der Ansicht, dass an diesen Memes, die eine Verschwörung gegen Weiße suggerierten, doch etwas dran sein könnte. So wurde er am Ende zu einem »Weißen Nationalisten«.

Die weit überwiegende Mehrzahl in diesen Foren waren

Männer; dazu eine Handvoll Frauen mit sehr extremen Ansichten. Dieses Muster wiederholte sich überall bei der extremen Rechten. Mehr als die Hälfte der jungen fünfundsiebzig Faschisten hatten die roten Pillen online geschluckt. Die am häufigsten zitierte Stelle dafür war Youtube und dort vor allem die Videos von Carl »Sargon von Akkad« Benjamin: ein Brite, der mit Videos, in denen er Feministen verächtlich machte, bekannt, ja prominent geworden ist. Anschließend wetterte er gegen Immigration und politische Korrektheit. Auch die Clips eines gewissen Alex Jones von InfoWars spielten eine Rolle. Was Jones über eine globalistische Weltverschwörung von sich gab, schien etlichen zu gefallen, auch wenn er einigen nicht antisemitisch genug war. »InfoWars hat mich im Hinblick auf die JQ sehr gut unterrichtet, weil viele ihrer Fakten einfach stimmen und sie bloß die Namen ändern«, schrieb ein Poster.

Wir müssen uns eingestehen, dass sich diese politische Radikalisierung nicht mehr bloß auf soziale Medien beschränkt. Am 27. Oktober 2018 drang ein sechsundvierzig Jahre alter Mann während des morgendlichen Gottesdienstes in eine Synagoge in Pittsburgh ein, wo er wahllos um sich schoss. Dabei wurden elf Menschen getötet und sechs verletzt. Es handelte sich um den bis dahin schwerwiegendsten Angriff auf eine jüdische Gemeinde in der amerikanischen Geschichte. Der Mann hatte Botschaften auf »Gab« hinterlassen, eine Art Twitter für die extreme Rechte. Dort hatte er unter anderem Bild- und Nachrichtenmaterial des Senders *Fox News* hochgeladen, außerdem Memes, die General Augusto Pinochet verherrlichten, der Chile von 1973 bis 1990 diktatorisch regiert hat. Dieses Regime war unter anderem dafür bekannt, Kritiker und Dissidenten dadurch zu Tode zu bringen, dass man sie aus großer Höhe aus Hubschraubern stieß. Deswegen wurde »Todesflüge« ein Meme für Neofaschisten, das auch auf bedruckten T-Shirts erschien, welche politisch Linksgerichteten »Gratis-Flüge« in Aussicht stellten.

Online wirkten die Umtriebe der amerikanischen »weißen Suprematisten« wie ein recht neues Phänomen, aber Robert entdeckte unter anderem, dass ihre digitale Spur weit in die Vergangenheit zurückreicht. Eine Schlüsselfigur war ein gewisser Louis Beam, ein Texaner, der während des Vietnamkrieges in der US-Armee gedient hatte; er war hauptsächlich als Maschinengewehrschütze von Hubschraubern aus eingesetzt und gab später zu Protokoll, welchen »Spaß« es ihm bereitete, »den Feind zu töten«. Im Anschluss steigerte er sich in einen blindwütigen Kommunistenhass und Verachtung für die eigene Regierung in den USA hinein. In Texas wurde er Mitglied des Ku-Klux-Klan. Zwei Aktionen von Beam aus den Achtzigerjahren hatten eine längerfristige Wirkung. Zunächst schrieb er einen mehrfach veröffentlichten Artikel über »führungslosen Widerstand«. Dann schuf er 1984, als noch kaum jemand im Alltag Computer verwendete, eine Art Online-Schwarzes-Brett, das er »Aryan Liberty Net« nannte (Netzwerk Arische Freiheit). In einem gedruckten Ku-Klux-Klan-Newsletter schrieb er im gleichen Jahr: »Man stelle sich vor, es gäbe eines Tages einen einzigen Computer, zu dem alle patriotischen Führer und Strategen Zugang hätten und so miteinander in ständiger Verbindung stünden. Man stelle sich ferner vor, dass jeder wahre Patriot in diesem Land ebenfalls Zugang zu diesem Computer hätte und sich jederzeit Rat und Information aus dem dort gesammelten Wissen der Anführer der Bewegung holen könnte. Warum warten, bis es ›eines Tages‹ so weit ist? Warum sollten wir das nicht schon *heute* haben?« Damit kündigte er, seiner Zeit weit voraus, die Gründung seines Netzwerks Aryan Liberty Net an, das wohl auch eine Art Online-Bibliothek oder -Archiv sein sollte. Viele Leute benutzten dieses »arische« Online-Schwarze-Brett in erster Linie dazu, die Klarnamen, Adressen und Telefonnummern von jüdischen und linksgerichteten Organisationen aller Art zu veröffentlichen, außerdem die Kontaktdaten derjenigen, die man für Verräter an der weißen Rasse hielt.

Dreißig Jahre später erhielten solche Ansichten von der »natürlichen« Vorherrschaft der Weißen durch die sogenannte Gamergate-Kontroverse 2014 weiteren Auftrieb. Damals beklagten sich Leute in der Videogamer-Szene, dass tonangebende Kreise in dieser Branche Frauen und Leute mit sogenannten progressiven Ansichten begünstigten. Daraus entwickelte sich eine Mobbingkampagne gegen Spieleentwicklerinnen, woraufhin 4chan das Thema blockierte. Daraufhin wechselten Fans von 4chan, die an dem Thema brennend interessiert waren, auf eine andere, noch extremere Chat-Website, sozusagen einen Ableger namens 8chan. Erst zu dieser Zeit besuchte Robert zum ersten Mal die 8chan-Website und war entsetzt angesichts der ungenierten Frauenfeindlichkeit, des rücksichtslosen Anprangerns und der Preisgabe von Privatadressen sowie der »Razzien«, die von den Usern durchgeführt wurden. Als Teenager hatte Robert oftmals die verschrobene »Humor«-Seite »Something Awful« besucht, wo er sich gelegentlich gemeinsam mit anderen Jugendlichen an »Razzien« beteiligt hatte – an Online-Schwarmangriffen gegen User, die man einer Bestrafung zuführen wollte, wie beispielsweise eine Firma, die pädophile Websites hostete. Solche Teenager, die sich sonst in ihrem normalen Leben ohnmächtig und ausgeliefert fühlten, spürten, dass sie an solchen Stellen eine Wirkung erzielen und Einfluss nehmen konnten, wenn sie sich zusammentaten. Im Übrigen hatten solche Erlebnisse eine geradezu rauschhafte, süchtig machende Wirkung. Aber das, was bei Gamergate passierte, unterschied sich von dem, was Robert bisher über Online-Razzien wusste und erlebt hatte; hier wurden die Mittel des Mobbings und der Belästigung einfach dazu benutzt, Frauen in Angst und Schrecken zu versetzen, die einfach ihre Meinung geäußert hatten.

Seit der Gamergate-Kontroverse behielt Robert auch 8chan im Auge. Am 15.März 2019 erreichten ihn die Nachrichten über die entsetzlichen Anschläge auf zwei Moscheen in Christchurch in Neuseeland. Dabei erfuhr er auch, dass der Angreifer auf 8chan/pol/board ein Manifest dazu gepostet hatte, wozu auch Links zu einem Videostream gehörten, der authentische Bilder von den Tötungen enthielt. Auf Facebook Live konnte man mitverfolgen, wie der Achtundzwanzigjährige seinen Kombi vor der ersten Moschee parkte und den sorgfältig ausgesuchten Soundtrack dazu einspielte. Beim Einparken fiel der Blick auf drei Handfeuerwaffen auf dem Beifahrersitz, darunter ein Sturmgewehr, das in weißer Farbe mit Parolen beschmiert war. Er schaltete ein auf das Gewehr montiertes Stroboskoplicht ein, das zweifellos dazu gedacht war, die Opfer zu verwirren und abzulenken. Dann griff er nach einer Schrotflinte. Einer der Gläubigen begrüßte ihn am Eingang zur Al-Noor-Moschee mit »Hallo, Bruder«. Der Angreifer eröffnete umgehend das Feuer und erschoss ihn sowie einige andere, die am Eingang standen. Im Innern feuerte er gleichermaßen auf Kinder wie auf ältere Menschen. Mittendrin kehrte er zu seinem Wagen zurück, um ein weiteres Gewehr zu holen. Dann ging er von einem Raum zum anderen und erschoss bislang nur Verwundete, und als er das Gebäude verließ, richtete er das Gewehr auf zufällige Passanten. Unterwegs zur zweiten Moschee war die Fahrt mit Musik untermalt. Seinem Facebook-Live-Publikum teilte er mit: »Es blieb gar keine Zeit zum Zielen, so viele Leute waren dort.« Innerhalb von sechs Minuten hatte er mehr als vierzig Menschen umgebracht. Dann brach das Video ab; danach tötete er weitere sieben Personen, bevor ihn die Polizei überwältigte.

Die journalistischen Abläufe bei Amokläufen folgten stets einem vorhersagbaren Muster: Die Reporter erfassten die Zahlen der Toten und Verwundeten, benannten den Angreifer und versuchten, den Grund für die Tat zu erfahren. Im digitalen

Zeitalter haben die Amokläufer das längst verinnerlicht und liefern ihrem »Publikum« von ihnen selbst verfasste oder gar inszenierte Manifeste online. Der Killer von Christchurch muss recht viel Zeit darauf verwendet haben, ein vierundzwanzigseitiges Dokument unter dem Titel »The Great Replacement« (Der Große Austausch) zu verfassen, in dem er eine der gängigsten Verschwörungstheorien ausbreitet, wonach die globalen Eliten planen, Menschen christlich-europäischer Abkunft durch Angehörige nicht-weißer Ethnien zu ersetzen. Zu dem Gekritzel auf seiner Schrotflinte gehörte auch die Zahl 14; das bezieht sich auf die aus 14 Wörtern bestehende Formel des Bankräubers und Neonazis David Lane: »We must secure the existence of our people and a future for white children.« (Wir müssen den Fortbestand unseres Volkes und die Zukunft für die weißen Kinder sichern.)

In Neuseeland machen Muslime gerade ein Prozent der Bevölkerung aus – das ist wohl kaum die »Masseninvasion«, welche die Rassisten glauben anprangern zu müssen. Aber dieser Moscheen-Anschlag war von vornherein dazu gedacht, weit über Neuseeland hinaus ein Echo zu finden. Er war an das weltweite Publikum von 8chan gerichtet. Indem er dieses Manifest gründlich analysierte, erkannte Robert, was den meisten anderen Journalisten entgangen war: Es handelte sich um eine Falle. An diesem Tag arbeitete er bis in den frühen Morgen und fasste seine Erkenntnisse in einem Beitrag für Bellingcat zusammen. Darin warnte er davor, sich von der Absicht dieses Manifests täuschen oder einlullen zu lassen; Presse und Öffentlichkeit sollten nicht darauf hereinfallen. Typischerweise werden bei Ermittlungen für Bellingcat Berge von Open-Source-Infomaterial nach versteckten Hinweisen durchsiebt. Roberts Ansatz war hier anders, indem er Informationen entschlüsselte, die viele andere zwar gesehen, aber nur wenige verstanden haben.

»Also, Jungs«, postete der Killer auf 8chan bei der Ankündigung seiner unmittelbar bevorstehenden Tat, »es ist an der Zeit, mit dem Shitposting aufzuhören und stattdessen mit einem Post im echten Leben ein Zeichen zu setzen.« Mit dem Begriff »Shitpost« werden Inhalte bezeichnet, die bewusst eingesetzt werden, um eher naive Internet-User unter Stress zu setzen oder ihnen etwas vorzumachen. Zum Beispiel behauptete er, die afroamerikanische konservative Kommentatorin Candance Owens sei für ihn eine Inspiration gewesen; das war ein offensichtlicher Versuch, diese bekannte Figur bei der Medienberichterstattung mit in sein Boot zu holen, obwohl diese in den USA prominente junge Frau nichts mit den Überzeugungen dieses Killers gemeinsam hat. Noch deutlicher wurden seine manipulativen Absichten, wo er behauptete, das Videogame »Spyro the Dragon« »zeigte mir, was Ethno-Nationalismus bedeutet«. Das sollten alles nur Pointen sein, um das 8chan-Publikum zum Lachen zu bringen. Es ist und bleibt schwer zu verstehen, wie jemand, der einen Massenmord plant, gleichzeitig den Wunsch hat, seine Online-Freunde mit Witzen zu unterhalten. Aber diese Art von »Humor« ist allen vertraut, die mit den Message-Plattformen aufgewachsen sind. Bereits das Motto von »Something Awful« lautete: »Das Internet macht dich dumm«, ein Slogan mit einem Doppeleffekt: Er mokiert sich über quengelige Kritiker, die sich online über die Matschbirnen der jungen Leute beklagen. Zweitens lautet die Botschaft, dass »wir« nichts, aber auch gar nichts ernst nehmen. Das signalisierte eine sehr niedrigschwellige Umgebung, in der sich auch Außenseiter oder einfach Leute von außen nach Herzenslust austoben können. Doch im Verlauf weniger Jahre verschob sich die Macht im Internet; heute ist es kein Spielplatz mehr, wo man sich unbehelligt austoben kann. Der Unernst und die Frivolitäten früher Nerds gerann durch die »anons«, wie die User von 4chan und 8chan genannt werden, zu einer Art Sadismus. (Alle User dieser Seiten beteiligen sich nur anonym unter ihren Mickymaus-Namen – das ist eindeutig der

Schlüssel, wie es überhaupt zu solchen extremen Äußerungen kommt. Die Faschisten nutzen ihren kaltschnäuzigen »Humor« noch für einen anderen Zweck. Damit lassen sich wirklich inakzeptable Vorstellungen und Ideen tarnen und so in den Mainstream einschleusen. Ein typisches Beispiel dafür ist der »Happy Merchant« (Glücklicher Kaufmann), eine Cartoon-Karikatur eines bärtigen Juden mit dämonischem Blick, der in gieriger Vorfreude seine Hände reibt – wie ein jüdisches Stereotyp aus der Nazipropaganda, das heute durch die »witzig gemeinten« rechtsextremen Memes geistert.

Roberts Bellingcat-Beitrag »Shitposting, missionarischer Terrorismus und der Anschlag auf die Christchurch-Moscheen« wurde rund um die Welt geteilt, erreichte so ein großes Publikum und veränderte die Berichterstattung in den Medien. Mit dieser neuen Form von Open-Source-Analyse lieferte Bellingcat seinen Beitrag, um die Firewall gegen das Informationschaos aufrechtzuerhalten, und half den Mainstream-Medien dabei, nicht in die Falle zu tappen, die der Killer mit seinem Manifest aufgestellt hatte. Die Premierministerin von Neuseeland, Jacinda Ardern, weigerte sich konsequent, den Namen des Killers in den Mund zu nehmen, wodurch sie ihm bewusst jene Prominenz verweigerte, nach der sich solche Massenmörder sehnen. Und die Medien folgten ihrem Beispiel. Eine Untersuchung von Tausenden englischsprachiger Presseartikel und Beiträge ergab, dass nur vierzehn Prozent aller amerikanischen Publikationen den Namen des Täters nannten – das wäre in früheren Fällen undenkbar gewesen. Die Online-Präsenz der englischen Tageszeitung *The Daily Mail*, ein Massenblatt, brachte Bildmaterial von der Helmkamera des Attentäters sowie das gesamte Manifest als PDF. Doch das Publikum war inzwischen sensibilisiert, und *MailOnline* musste die Veröffentlichung nach einem Proteststurm wieder rausnehmen.

Im krassen Gegensatz dazu wurde der Christchurch-Killer

für das Publikum von *8chan/po/community* zum Idol. Man fabrizierte per Photoshop »ironische« Bilder von ihm mit einem Heiligenschein. Andere User fertigten eifrig Übersetzungen des Manifests ins Französische, Bulgarische, Russische, Deutsche, Niederländische an. Anons schlugen weitere Anschlagziele vor. Als einer von ihnen um Vorschläge bat, lautete die erste Antwort: »Jag eine Synagoge in die Luft. Dann bist du ein Held.« Weniger als einen Monat später setzte einer der 8chaner diesen Plan in die Tat um. »Es ist vollbracht, Jungs«, postete er. »Aus tiefstem Herzen danke ich euch für alles. Ich bin erst seit anderthalb Jahren dabei, aber was ich hier lernen durfte, ist nicht mit Geld zu bezahlen. Es war mir eine Ehre.« Dann folgte ein Link zu *seinem* Manifest sowie zu einem Facebook-Livestream von dem Attentat auf die Poway-Synagoge außerhalb von San Diego in Kalifornien, das er unmittelbar danach ausführte. Dabei wurden ein Mensch getötet und drei andere verwundet. Auch in diesem Manifest gab es jede Menge Shitposting, um die Justiz zu verwirren und sich über die Presse lustig zu machen, dazu antisemitische Tiraden sowie Insiderwitze für das 8chan-Publikum. Bis dahin hatte die Öffentlichkeit einigermaßen verstanden, was Shitposting bedeutete. Nun geriet 8chan selbst ins Visier.

Robert verbrachte viel Zeit in dieser Jauchegrube, um der Öffentlichkeit den Abstieg dorthin zu ersparen. Auf der Site tummeln sich verschiedene Diskussionsgruppen; die verstörendsten auf /pol/hangout, die von Neonazis dominiert wird. Dort finden sich Memes, in denen Pepe der Frosch auf Hitler gebürstet ist, oder ein breitmäulig lächelnder Pepe-Frosch mit einem Gewehr in der Hand und dem »glücklichen Kaufmann« im Zielfernrohr. Man stößt dort auch auf Dinge mit engerem Bezug zum historischen Nazismus, beispielsweise »ernsthafte« Debatten über die beste englischsprachige Übersetzung von *Mein Kampf*. Wenn es ein großes, beherrschendes Thema gab, dann war es der Wunsch, eingebildete Feinde zu eliminieren: Juden, Muslime, Schwule, Lesben und viele andere. Die »rote Pille« hatte ihnen »die Augen geöffnet« und sie dorthin gebracht. Aber /pol/ bedeutete auf jeden Fall eine weitere Stufe der Radikalisierung, was nichts anderes bedeutete, als dass sich die Anons gegenseitig zu »realem Wirkungsposting« antrieben und aufhetzten, womit nichts anderes als Gewalttaten gemeint waren. Eine dieser Strategien wurde »siege posting« (etwa: Belagerungszustand) genannt; damit waren Terroranschläge gemeint mit dem Ziel, die amerikanische Gesellschaft zu spalten. Im Grunde eine Art Bürgerkrieg, um die Neonazi-Machtübernahme vorzubereiten. Sowohl der Christchurch- als auch der Poway-Attentäter hofften insgeheim, ihre Gräueltaten würden von der Regierung mit scharfen Waffenkontrollgesetzen beantwortet, was wiederum zu einem breiten, offenen Bürgerkrieg führen sollte.

Inzwischen war die Öffentlichkeit durch jenen Kult des Terrors, der da aus der Unterwelt des Internets auftauchte, einigermaßen alarmiert und wollte mehr darüber wissen. Das war ganz klar an den Klickzahlen von Roberts nächstem Investigationsbericht abzulesen, die den vorangegangenen Rekord-Artikel noch einmal übertrafen. Beide zusammen erreichten mehr als eine Million Pageviews.

Roberts nächstes Thema war der dritte auf 8chan angekündigte Überfall mit zweiundzwanzig Todesopfern auf einen Walmart-Supermarkt in El Paso in Texas. Die erste 8chan-Reaktion auf den Post und das Manifest des Täters war ein Beitrag eines Anon, der den Schauplatz dieses Verbrechens als »Ort des Friedens« bezeichnete. Auch das ist ein Meme in satirischer Anspielung auf den Islam als Religion des Friedens. Die nächste Reaktion auf die Ankündigung des Täters lautete: »An jedem Sabbat«, eine unverhüllte Aufforderung zu weiteren Taten. In diesen Zusammenhängen konnte niemand mehr vom »Werk eines Einzeltäters« sprechen.

Ein weiteres charakteristisches Element des von 8chan befeuerten neofaschistischen Terrorismus bezeichnete Robert als »gamification« der Gewalttaten; in Anspielung auf Videospiele (»games«) ist hier ein entsprechendes »Spiel«-Element bei der Durchführung der Taten gemeint. Einerseits haben Milliarden von Menschen sich mit Videospielen vergnügt, und so gut wie niemand ist dadurch auf die Idee gekommen, anderen Menschen ein Haar zu krümmen. Aber man kann feststellen, dass Elemente aus diesen Spielen in die echten Anschläge einfließen. Der Livestream von der Helmkamera des Christchurch-Attentäters zeigte seine Perspektive mit der Waffe in der Hand – diese Perspektive ähnelt auf geradezu unheimliche Weise den Perspektiven in den Shooter-Games. Sowohl er als auch der Poway-Attentäter auf die Synagoge untermalten ihre Streams mit einem Soundtrack wie in einem Videospiel. Als der Poway-Schütze auf 8chan ankündigte, dass er vorhatte, unschuldige Menschen zu töten, lautete die erste Reaktion: »Möglichst viele Treffer!«, also erschieße noch mehr Menschen als bei früheren Attentaten. Online stößt man auf Gewinnertabellen, Trefferlisten mit möglichst hohen Abschusszahlen, die auch nach dem Schwierigkeitsgrad verschiedener Spiele in unterschiedliche Kategorien eingeteilt sind. So beispielsweise eine Liste für den Flight Simulator von Microsoft, bei dem mithilfe von Flugzeugangriffen Massentötungen durchgeführt werden. Auf der Website von *Encyclopedia Dramatica*, einer Art Wikipedia für Trolle, verzeichnet die Top-Kategorie »Höchste Trefferquote« die Schwierigkeitsgrade unterschiedlicher Angriffe. Die Angriffe und Abschüsse eines Einzelschützen gelten als »Goldstandard für Mord«. Auch wenn es dort Listen gibt, die gezählte Massaker zurück bis 1835 verzeichnen, stammen fast alle hochzahligen Ereignisse aus den allerletzten Jahren. Nach dem dritten auf 8chan angekündigten Anschlag verlangte dessen Gründer, Frederick Brennan, der sich selbst schon vor längerer Zeit von der Site getrennt hatte, ein Abschalten der Website. Daraufhin ging sie auch eine Weile offline, nur um als 8kun wiederaufzuerstehen. Was auch immer dort passiert, die Radikalisierung ihrer User hat bereits stattgefunden.

Aber die Botschaft ist nicht völlig entmutigend. Niemand wird das Internet jemals »reparieren«, genauso wenig, wie man den Lauf der Welt ändern kann. Aber das ist keine Rechtfertigung dafür, das reale Leben offline nur noch zynisch zu betrachten. Wir verdanken dem Internet ungeheure neue Möglichkeiten und sogar Macht, und es ist höchste Zeit, damit vernünftig umzugehen.

Beteiligung der Öffentlichkeit

Wir versuchen auch immer, das Publikum in unsere Recherchen oder Ermittlungen mit einzubeziehen. Ein besonders signifikanter Fall ereignete sich, als es noch den IS gab. Einer der Medienkanäle der islamistischen Extremisten, der für die Verbreitung von Enthauptungsvideos und die Ansprachen von deren Anführern bekannt war, hatte im Mai 2016 eine besondere Ankündigung gemacht. Sie verbreiteten ihre Nachricht über den verschlüsselten Messenger-Dienst Telegram; daraufhin sandten ihre heimlichen Unterstützer aus vielen europäischen Städten handgeschriebene Treuebekundungen an die Extremisten im Nahen Osten. Es sollte so aussehen, als hätten Legionen von Frontkämpfern bereits den Westen erreicht.

Der Reporter Jenan Moussa vom panarabischen Satellitensender *Al Aan TV* postete eine dieser Botschaften mit einem Foto, das angeblich in der norddeutschen Universitätsstadt Münster aufgenommen worden war. Darauf hielt er an einer Straßenkreuzung vor undeutlich sichtbarem Hintergrund sein Bekenntnisschreiben in die Kamera. Weitere solcher Fotos mit

Bekenntnisschreiben ließen eine Vorstadtstraße in Amsterdam erkennen oder erahnen, andere waren aus dem Fenster einer Wohnung in Paris aufgenommen worden, wieder andere in einem roten Doppeldeckerbus in London. Erst kurz zuvor hatten sich IS-Anschläge in Brüssel und Paris ereignet, die viele Menschenleben gekostet hatten und bei denen Hunderte verletzt wurden. Deshalb herrschte nun angesichts dieser Treue-Kampagne große Furcht. Man stellte sich die bange Frage, wo der IS als Nächstes zuschlagen könnte.

»Hallo, Leute«, schrieb ich zusammen mit einem Repost des Fotos aus Münster an meine Twitter-Follower, »hier habe ich eine echte Herausforderung einer Verortung für euch.« Den aufmerksamen Amateurdetektiven unter ihnen fiel sogleich eine Litfaßsäule im Hintergrund auf, und sie fanden ebenfalls schnell heraus, dass es in Deutschland eine Marketing-Firma gibt, auf deren Website sämtliche Litfaßsäulen in deutschen Städten aufgelistet sind. Nun musste man nur noch weitere Litfaßsäulen an größeren Straßenkreuzungen aufspüren und diese Stellen mit Google Street View abgleichen, um diejenige zu finden, die zu dem Foto passte. Es dauerte nicht lange, bis sie fündig wurden. Das war keine L'art-pour-l'art-Übung, denn der IS-Unterstützer hatte sein Foto erst wenige Stunden zuvor aufgenommen. Falls diese viel befahrene Kreuzung von Videokameras überwacht wurde, konnte die Polizei das Material checken und den IS-Unterstützer leicht identifizieren. All das innerhalb von weniger als einer Stunde.

Die Teilnehmer an der Suchaktion in Bezug auf das Foto mit dem roten Doppeldeckerbus konnten einen ähnlichen Erfolg verzeichnen. Man konnte zwar dessen Liniennummer nicht erkennen, aber eine Bushaltestelle mit dem Buchstaben K und eine Brücke mit dem Wort »GROVE« in Großbuchstaben. Eine einfache Google-Suche mit der Eingabe »bus haltestelle k grove london« ergab: Buslinie 149. Die Haltestelle K auf dieser Linie befindet sich nahe Bruce Grove Station im Norden von London. Bei Google Street View konnte man den genauen Ort, diese Straßenkreuzung identifizieren; sie befindet sich ziemlich genau in der Mitte zwischen dem Polizeirevier Tottenham und dem Magistrate Court (etwa: Amtsgericht) von Tottenham – sollte die dortige Justiz bei der Verfolgung dieser Spur Erfolg haben, könnte derjenige, der dieses Selfie gemacht hat, diese Amtsstellen alsbald von innen kennenlernen.

Nach diesen ersten »Fahndungserfolgen« warnten sich die IS-Anhänger sogleich gegenseitig, auf keinen Fall mehr Fotos zu posten, auf denen die Orte, wo sie lebten, erkennbar waren. Doch dafür war es bereits zu spät. Andere Teilnehmer aus der Öffentlichkeit hatten bereits ein Foto aus einer Kleinstadt nahe dem Amsterdamer Flughafen Schiphol identifiziert, und zwar anhand der auffälligen Anordnung von Balkonen an einem bestimmten Wohngebäude. Bei einem Foto von einer Straße in Paris konnte man das stilisierte »S« des Suzuki-Logos erkennen. In Paris gibt es ungefähr ein halbes Dutzend Suzuki-Händler. Man musste sich nun einfach in Google Street View die entsprechenden Straßen anschauen und landete bald einen Treffer: Es handelte sich um die Rue Championnet. Man konnte sogar das Gebäude lokalisieren, von dem aus die Aufnahme gemacht worden war, und sogar das richtige Fenster.

Die Polizei nahm an allen diesen Ort sofort die Fahndung auf, woraufhin die Medienaktion des IS vollkommen verpuffte. Statt Angst und Schrecken zu verbreiten, mussten diejenigen, die sich mit ihren Fotos geoutet hatten, nun Hohn und Spott über sich ergehen lassen und wurden als »IS-Fanboys« oder »Möchtegern-Dschihadisten« bezeichnet. Der IS-Medienkanal reagierte mit einer halbstündigen Audioansprache eines ihrer Sprecher, für die sich niemand mehr interessierte. Der Islamische Staat stand zwar in dem Ruf, gerade mithilfe der sozialen Medien junge Leute zu radikalisieren und zu rekrutieren und Widerstand abzuschrecken. Aber der allergrößte Teil der Menschheit fand IS einfach abstoßend.

Wir müssen uns nicht ohnmächtig damit abfinden, solchen Kriegsverbrechern und ihren Unterstützern einfach kampflos das Internet zu überlassen.

Ein Jahr nach dem Social-Media-Desaster für den IS mobilisierten wir erneut das Publikum, um uns bei Ermittlungen zu unterstützen, diesmal bei einer der abscheulichsten Online-Subkulturen überhaupt: bei den Tätern von Kindesmissbrauch. Europol, das die europaweite Strafverfolgung koordiniert, verfügt über einen Bestand von vierzig Millionen erbeuteten Fotos von Kindesmissbrauch. Auch hier kann man zu ermitteln versuchen, wo diese Verbrechen begangen wurden und von wem. In aller Regel können die Ermittler natürlich nicht einfach solche illegalen und traumatisierenden Bilder ins Netz stellen und die Öffentlichkeit um Hilfe bitten. Aber sie hatten eine andere Idee, was sie mit dem vorhandenen Material anfangen konnten: indem sie die Opfer ausblenden und nur den Hintergrund zeigen in der Hoffnung, dass irgendjemand irgendetwas erkennt, woran man vor allem den Ort des Verbrechens identifizieren kann. Im Juni 2017 starteten sie daher die »Trace an Object«-Aktion (Erkenne ein Objekt), um Hilfe von der Öffentlichkeit zu erhalten. Zu der Zeit verfügte Bellingcat bereits über eine gewisse Gefolgschaft von erprobten Amateur-Detektiven, die man umgehend via Twitter mobilisieren konnte. Also tweeteten wir die Europol-Fotos an unsere Follower. Oft waren auf diesen Aufnahmen Kleidungsstücke, manchmal ein Gebäude oder ein Werbeprospekt zu sehen. Wir stellten also Seiten mit bestimmten Motiven für die Verifikations-App »Check«, das Nachfolgeprogramm von »Checkdesk« zur Verfügung, das wir früher für Verortungen von Luftschlägen im Nahen Osten verwendet hatten.

Innerhalb weniger Tage erhielten wir erste Ergebnisse. Einer der User, genannt »Bo«, war besonders erfolgreich; ihm gelang es, ein Indiz nach dem anderen zu identifizieren. Üblicherweise waren die Freiwilligen technisch nicht besonders versiert – in den meisten Fällen handelte es sich um einfache reverse Bildsuche. Aber auch mit solchen Methoden lassen sich Ergebnisse erzielen. Solche Crowd-Ermittlungen bieten außerdem den Vorteil einer breiten Wissensbasis. Innerhalb von zwei Wochen konnte Europol im Rahmen dieser Aktion rund zehntausend Hinweise verzeichnen. Im ersten Jahr veröffentlichte Europol Aufnahmen von hundertneunzehn Objekten, von denen neunundsiebzig identifiziert werden konnten. Laufend kamen weitere Hinweise herein, bis Januar 2020 über vierundzwanzigtausend. Dadurch konnten immerhin zehn missbrauchte Kinder identifiziert und zwei mutmaßliche Täter ermittelt werden.

In immer mehr Ländern wenden sich die Bürger gegen Desinformationskampagnen und versuchen, etwas gegen die kontrafaktische Internetgemeinde zu unternehmen. In dieser Hinsicht sind die baltischen Staaten Estland, Lettland und Litauen besonders aktiv. Diese drei kleinen, zwischen Ostsee und Russland eingezwängten Länder waren früher Teil der Sowjetunion; der Kreml zählt sie nach wie vor zu seiner Einflusssphäre, nicht zuletzt, weil in den Ländern große russische Minderheiten leben, insgesamt neunhunderttausend Russen in allen drei Staaten. Moskau hat den »Schutz« seiner Landsleute in anderen Ländern bereits zuvor als Vorwand für Militärinterventionen genutzt, vor allem in der Ukraine. Daher blicken diese Länder besorgt und angespannt auf ihren übermächtigen Nachbarn. Außerdem sind gerade auch die baltischen Staaten einem ständigen Strom russischer Desinformation ausgesetzt; vor allem in den sozialen Medien agieren vom Kreml finanzierte Nachrichtenkanäle. Als Antwort auf die russischen Trolle gibt es in den baltischen Staaten die »Elfen« – Freiwillige, die gegen Falschinformationen ankämpfen.

Wenn Trolle versuchen, Online-Kommentierungen in eine bestimmte Richtung zu lenken, wenn sie naive Facebook-User mit manipulativem Content oder durch die Kommentierung von Nachrichtenmeldungen provozieren wollen, dann halten die Elfen immer dagegen. »Wir haben nicht die Absicht, eine Gegenpropaganda zu lancieren«, sagt ein Litauer Elf, der als Mittdreißiger in einer Werbeagentur arbeitet, auf *Daily Beast*. »Wir wollen nur auf den Müll hinweisen, der da kursiert.« Das benachbarte Finnland ist ebenfalls ein Land mit einer langen gemeinsamen Grenze zu Russland. Nach der russischen Besetzung der Krim im Jahr 2014 verstärkte die finnische Regierung Maßnahmen gegen Falschmeldungen und Manipulationen, indem der Bevölkerung Lernkurse über Desinformationspraktiken angeboten wurden. In den ersten Jahren nahmen Tausende Finnen daran teil. Auch die schwedische Regierung hat Kampagnen gegen Desinformation aufgelegt und eine eigene Behörde zur psychologischen Landesverteidigung eingerichtet.

Wir alle sollten wachsam sein und uns vor Desinformationstricks hüten. Wer meint, die Generation der Digital Natives, die jungen Leute, die von Anfang an mit dem Internet aufgewachsen sind, seien dagegen gefeit und könnten kritisch mit dem Medium umgehen, liegt komplett falsch. Eine Untersuchung der amerikanischen Stanford University, die 2016 die Fähigkeit von Tausenden amerikanischer Studenten testete, Online-Fakes zu erkennen, stellte im Ergebnis fest, dass »die Fähigkeit junger Menschen, die Informationsangebote im Internet zu hinterfragen, in einem einzigen Wort zusammengefasst werden kann: trostlos … Bei jedem Beispiel, das wir untersucht haben, und auf allen intellektuellen Niveaus waren wir entsetzt, wie unvorbereitet und unfähig Schüler und Studenten diesbezüglich sind.« 82 Prozent der Schüler der Mittelstufe konnten eine Nachricht nicht von einer Anzeige unterscheiden.

Die Schweden haben Lernmaterial entwickelt, um Kindern

Grundlagen über Fake News, Online-Propaganda und manipulierte Bilder beizubringen. Die Ukraine ist vielleicht dasjenige Land, das am stärksten von Propagandatrollen heimgesucht wird; hier werden Teenagern Kurse in Medienkunde angeboten, die durchaus positive Wirkung haben: Bei denjenigen Schülern, die an den Pilotprojekten teilgenommen haben, können doppelt so viele auf Anhieb Hassrede erkennen, und 18 Prozent sind besser für Fake News sensibilisiert. In Dänemark gibt es die Publikation »Trolls in Your Feed«, die sich an Schüler wendet; sie ist Teil einer Strategie gegen russische Desinformation. Auch an Schulen in den USA gibt es da und dort schon Pilotprojekte für Kurse, in denen Fälle von verfälschter Berichterstattung besprochen werden.

Parallel dazu gibt es immer mehr Projekte, die sich mit Faktenchecks befassen. Im Jahr 2014 gab es weltweit weniger als fünfzig. Zwei Jahre später hatte sich ihre Zahl verdoppelt. Mitte 2020 gab es laut »Reporter's Lab« bei der Duke University mindestens 290 Faktencheck-Projekte in Afrika, Asien, Australien, Europa, Nordamerika und Südamerika. Einige sind an herkömmliche Medien angelehnt wie etwa »Les Décodeurs« (an die Tageszeitung *Le Monde* in Frankreich) oder der von der deutschen ARD betriebene »Faktenfinder«. Es gibt aber auch unabhängige wie »Pagella Politica« in Italien oder »Newtral« in Spanien. Zu nennen wäre noch der alte Haudegen »Snopes«, der bereits 1994 gegründet wurde, aber auch Newcomer mit globalem Ansatz wie »First Draft News«, wo Bellingcat als Gründungspartner mit von der Partie war. First Draft unterstützt in erster Linie Reporter und akademische Forscher bei Verifizierungen, insbesondere im Hinblick auf Wahlen; wichtige Projekte der jüngeren Zeit betrafen Brasilien, die Vereinigten Staaten, Nigeria und andere.

Solche Faktencheck-Projekte sind im Vergleich zu den Massen an Desinformation natürlich noch ganz gering an Anzahl und Reichweite. In einem interessanten, von den britischen Faktencheckern von »Full Fact« veröffentlichten Essay mussten sie zugeben, dass die erste Generation von Online-Faktencheckern einfach nach dem Prinzip »Publish and pray« (etwa: veröffentlichen und das Beste hoffen) verfuhren, der immer noch sehr verbreitet ist. In neueren Ansätzen wird versucht, eine öffentliche Debatte auch aktiv anzustoßen, indem die Veröffentlicher direkt mit Fälschungen konfrontiert, Korrekturen und Richtigstellungen verlangt, Beschwerden bei Aufsichtsgremien eingereicht werden und unter Umständen Druck auf die Justiz und andere Institutionen ausgeübt wird, etwas zu unternehmen. Ein dritter Ansatz, den vor allem Full Fact vertritt, geht dahin, die ganze Bandbreite des Internets zu mobilisieren, wenn möglich durch internationale Zusammenarbeit über Ländergrenzen hinweg. Diesen Ansatz favorisieren auch wir.

Mehr als je zuvor führen Ereignisse, über die in Nachrichten berichtet wird, dazu, dass die User sofort das Internet auf der Suche nach »Live«-Eindrücken durchkämmen. Wir ermuntern solche User durchaus, um dadurch glaubwürdige Aussagen und Fakten gewinnen zu können. So hat Bellingcat beispielsweise innerhalb eines Monats nach der Erklärung der Covid-19-Pandemie durch die WHO (Weltgesundheitsorganisation) im März 2020 eine ganze Reihe von Ansätzen entwickelt, mit deren Hilfe normale Bürger und Internet-User selbst Online-Recherchen zu diesem Thema durchführen können – darunter eine Anleitung, wie man Falschinformationen über das Coronavirus entlarvt: ein Artikel über Betrüger, welche die Krankheit auf Facebook und Youtube ausbeuten; ein Videoclip, wie man Open-Source-Tools dazu verwendet, Erkenntnisse in einer Welt zu gewinnen, die durch den Lockdown größtenteils zum Stillstand gekommen ist. Als der afroamerikanische Verdächtige George Floyd von einem Polizeibeamten in Minneapolis getötet wurde, was zu heftigen Protesten in den USA und weit darüber hinaus führte, veröffentlichten wir einen Hintergrundbeitrag über die rechtsextreme Boogalo-Bewegung, die darauf hofft, die Unruhen würden in einen zweiten amerikanischen Bürgerkrieg münden. Wir stellten eine umfangreiche Liste mit Ortsangaben von Angriffen auf Journalisten zusammen, um der Öffentlichkeit vor Augen zu führen, in welchem Ausmaß man versucht, Informationen zu unterdrücken. Außerdem haben wir versucht, unsere Leser und Nutzer sowie die Öffentlichkeit im Allgemeinen mithilfe eines neuen Podcasts namens BellingChat mit unseren Recherchemethoden vertraut zu machen.

Weitere Krisen werden unvermeidlich sein, man denke nur an den Klimawandel. Widerspruch und Gegenmaßnahmen gegen alle Arten von Falsch- und Desinformation müssen ein wesentliches Element künftiger Reaktionen auf Katastrophenmeldungen sein. Krisenmanagement kann nicht erst dann beginnen, wenn das Desaster bereits begonnen hat. Alle möglichen Manipulatoren und Faktenverdreher werden jedes größere Nachrichtenereignis, selbst globale Katastrophen, für ihre Zwecke zu nutzen wissen, und dagegen sollte man gewappnet sein. Auch dagegen, dass sich die kontrafaktische Gemeinde immer neue Verschwörungstheorien einfallen lässt und dass Extremisten alles verschlingen. Bellingcat wird alles in seiner Macht Stehende tun, um Firewalls zu errichten, aber wir müssen sie gemeinsam instand halten.

Dabei sollten wir unsere Aufmerksamkeit nicht nur auf große Ereignisse richten. Sie werden ja bereits von den herkömmlichen Medien ausführlich behandelt. Bellingcat hat es sich auch zur Aufgabe gemacht, Vorkommnisse und Geschichten ans Tageslicht zu holen, die von den großen Medien übersehen werden. Das ist übrigens eine Aufgabe für jeden.

Der ehemalige Bellingcat-Mitarbeiter Christiaan Triebert war einmal in die mittlerweile abgesetzte, sehr populäre holländische Talkshow *De Wereld Draait Door* (Die Welt dreht sich weiter) eingeladen, wo er erklärte, wie er die Zusammenhänge rund um den Staatsstreichversuch in der Türkei gegen Erdogan aufklärte, indem er die geleakten WhatsApp-Nachrichten einiger Verschwörer mit anderen Open-Source-Informationen kombinierte und so das gesamte Mosaik zusammensetzte. Diese Sendung hatte auch ein elfjähriger Junge gesehen. Dessen Mutter meldete sich beim Sender, weil ihr Sohn Christiaan für ein Schulprojekt interviewen wollte. Das Treffen kam zustande, und im Lauf des Gesprächs fragte der Junge: »Warum konzentrieren Sie sich immer nur auf Krieg?« Er fand, Umweltschäden und Tierwohl seien viel wichtigere Themen. Der Junge und Christiaan kamen überein, sich gemeinsam mit einem Projekt zu befassen. Der Junge machte sich vor allem Sorgen über die illegale Jagd auf Haifische, die nur für die Zubereitung von Haifischsuppe und die Herstellung einiger Haifischprodukte getötet werden. Auf diese Anregung hin nahmen wir Kontakt mit dem World Wildlife Fund auf und verlinkten uns mit deren Beobachtungsnetzwerk »Traffic«. Dies wiederum führte dazu, dass Christiaan nach Südafrika flog, um an einem einschlägigen Seminar über die Verfolgung von verbotenem Handel mit Naturprodukten und Verstößen gegen Artenschutzabkommen teilzunehmen; danach arbeitete er bei einer Untersuchung über das Abschlachten von Nashörnern mit. All dies war letztlich auf die Initiative dieses elfjährigen holländischen Jungen zurückzuführen.

VIERTES KAPITEL

Maus fängt Katze – eine Spionagegeschichte wird zum Musterfall

Zwei russische Geheimdienstoffiziere spazierten am 4. März mit einer chemischen Waffe im Rucksack mitten durch die friedliche, idyllische Stadt Salisbury in Südengland. Als sie das Wohnhaus von Sergej Skripal erreichten, nahmen sie ein Flakon aus dem Rucksack und besprühten die Eingangstür.

Im Haus fand eine kleine Familienbegegnung statt. Skripals Tochter Julia war tags zuvor für einen für zwei Wochen geplanten Aufenthalt zu ihrem Vater gereist. Ihre Mutter war einige Jahre zuvor an Krebs gestorben; ihr älterer Bruder erst vor wenigen Monaten im Alter von dreiundvierzig Jahren, offenbar an einer Leberkrankheit. An diesem Wochenende wäre sein Geburtstag gewesen. Julia und Sergej wollten einen Friedhofsbesuch machen, verließen das Haus und verschlossen sorgfältig die kontaminierte Tür.

In den Neunzigerjahren hatte sich Skripal als Doppelagent betätigt. Offiziell war er Offizier im Dienst des russischen Militär-Nachrichtendienstes GRU, hatte aber auch Geheimnisse an die Briten verraten. Die Russen hatten ihn 2004 enttarnt, und daraufhin war er zu dreizehn Jahren Freiheitsstrafe verurteilt worden. Im Zuge eines Austauschs mit den Amerikanern wurde Skripals Haft 2010 vorzeitig beendet, und er kam in den Westen. Man bot ihm eine Handvoll Städte an, wo er sich niederlassen konnte; er entschied sich für Salisbury, wo er unter neuer Identität in 47, Christie Miller Road wohnte. Bald nach dem »Umzug« starb seine Frau. Bevor sich Julia und ihr Vater auf den Weg zum Friedhof machen wollten, fuhren sie ins Stadtzentrum, gingen in einen Pub und aßen anschließend in einem italienischen Restaurant zu Mittag. Beiden war schon während des Essens nicht wohl. Sie zahlten und gingen nach draußen an die frische Luft. In einem Park ließen sie sich erschöpft auf einer Parkbank nieder und sackten vollends in sich zusammen.

Der Skripal-Fall enthält eine ganze Reihe von Elementen, die für eine Bellingcat-Story typisch sind: ein Verbrechen, das mittels einer chemischen Waffe begangen wird; eine autoritäre Regierung im Hintergrund, die alle Welt belügt und glaubt, sie käme damit durch; eine umfangreiche Desinformationskampagne im Netz; die kontrafaktische Internetgemeinde, die auch noch ihren Senf dazugibt; westliche Justizbehörden, die verzweifelt versuchen, den Fall juristisch mit klaren Beweisen zu lösen. Dann treten auch noch »freiwillige« Ermittler aus dem Netz auf den Plan, die allesamt der Überzeugung sind, dass Fakten die ihnen gebührende Rolle spielen sollten, dass Online-Beweise erhoben werden können, dass alles verifiziert werden muss und dass Verantwortlichkeiten auch in so einem Fall klar zugerechnet und benannt werden müssen. Mehr als jeder andere Fall haben unsere Ermittlungen in der Causa Skripal der Welt gezeigt, was Bellingcat ist und worum es uns geht: Wie viel wir als Kollektiv, als Schwarm erreichen können und dass Macht und Möglichkeiten des Internets sich nicht darin erschöpfen, die öffentliche Diskussion zu verzerren. Auch ganz normale Staatsbürger können sich konkret für Gerechtigkeit und Wahrheit einsetzen.

Von dem Durchbruch für Bellingcat – unseren Ermittlungen über den MH17-Absturz – bis zur gelungenen Identifizierung der GRU-Agenten bei dem Attentatsversuch in Salisbury zieht sich eine rote Linie. Im Jahr 2017 hatten wir außerdem mehrere Monate vor dem Skripal-Attentat die wesentlichen Fakten und Erklärungen zur Tragödie des MH17-Abschusses herausgefunden. Zu der Zeit waren wir nur noch damit beschäftigt, die Verantwortlichen für den Abschuss namhaft zu machen, also die Befehlsgeber entsprechend den Stimmen der abgefangenen Telefonate der russischen Separatisten. Im Dezember 2001 konnten wir einen ersten umfangreicheren Bericht über die Identität einer dieser Personen veröffentlichen. Eine Schlüsselfigur bei dieser Ermittlung auf unserer Seite war Roman Dobrochtow, der auch bei den Skripal-Ermittlungen eine zentrale Rolle spielen sollte.

Dobrochtow arbeitet von Moskau aus, wo er die von ihm gegründete Internetzeitung *The Insider* leitet, die ausgesprochen mutig auftritt. Im Mittelpunkt der Publikationen steht das Anprangern von Korruption in Russland, wo man mit Journalisten nicht zimperlich umgeht, bis hin zu deren Ermordung. Roman war früher aktiver Dissident und wurde nach eigenen Angaben schon hundertmal festgenommen. Bei einer Gelegenheit unterbrach er eine Rede des damaligen russischen Präsidenten Dmitri Medwedew, indem er vor versammeltem Publikum rief: »Warum sollen wir so einem zuhören? Er hat sämtliche Menschen- und Freiheitsrechte gebrochen!« Daraufhin wurde er von Sicherheitspersonal abgeführt. Schließlich wandte er sich von dieser Form des aktiven Dissidententums ab und konzentrierte sich auf den investigativen Journalismus. Weltweite Aufmerksamkeit erlangte sein Report im *Insider*, mit dem er 2017 eine russische Hackerattacke auf die Präsidentschaftswahlkampagne von Emmanuel Macrons Partei *La Republique en Marche* enthüllte. Der französischen staatlichen Cyberabwehr war es damals nicht gelungen, den Nachweis zu erbringen, dass der Angriff aus Russland kam. *The Insider* jedoch veröffentlichte den Namen eines gewissen Georgi Petrowitsch Roschka, den sie in

Metadaten von gehackten E-Mails gefunden hatten. Dabei war ihnen auch eine Liste mit Teilnehmern an Besprechungen in die Hände gefallen, an denen dieser Mann teilgenommen hatte. Außerdem wurde er als Spezialist in der »Militäreinheit 26165« geführt, einer Unterabteilung des militärischen Nachrichtendienstes GRU, die auch an den Hackerangriffen und Manipulationsversuchen der amerikanischen Präsidentschaftswahlkampagne 2016 beteiligt war.

Unsere Zusammenarbeit mit Roman Dobrochtow begann anlässlich von Berichten über die Verwicklung des Kreml in einen Staatsstreichversuch in Montenegro; damals hatten er und der Bellingcat-Mitarbeiter Christo Groze sich über eine Twitter-Diskussion kennengelernt. Grozev war in den Neunzigerjahren in Russland tätig und arbeitet heute von Wien aus. Sein Bestreben war schon immer, seine journalistische Tätigkeit und seine Erkenntnisse möglichst unabhängig zu verbreiten. Ein erster Ansatz dazu war seit 2014 ein Blog, in dem er sich auf das Thema Medien-Täuschungen durch den Kreml konzentrierte. Doch als journalistischer Einzelkämpfer gegen machtvolle Figuren setzte er sich natürlich einem sehr großen Risiko aus; deshalb suchte er nach einer Möglichkeit, sich an eine bestehende journalistische Organisation anzulehnen. So kamen wir schließlich zusammen. Dank Christos hervorragender sprachlicher Begabung, seines ausgesprochenen Reportertalents und seiner tiefen Einblicke in die Kremlbürokratie wurde er schnell zu einer wesentlichen Stütze unserer Arbeit. Nachdem er einmal bei einem Medienseminar in Moskau aufgetreten ist, wurde er aus Russland verbannt. Daher benötigte er einen Verbindungs- und Vertrauensmann vor Ort in Moskau, und das führte zu dem anhaltenden Kontakt mit Roman. Heute sprechen die beiden mehrmals am Tag miteinander, unterhalten sich über möglicherweise interessante Themen und wie man daraus eine Story machen könnte.

Im Zusammenhang mit den Ermittlungen wegen des MH17-Absturzes war dem internationalen »Joint Investigation Team« aus Kriminalbeamten und Staatsanwälten aus den betroffenen Ländern im Jahr 2017 sehr daran gelegen, die wahre Identität von zwei Männern in Erfahrung zu bringen, von denen der ukrainische Staatsschutz lediglich die Decknamen »Delfin« und »Orion« aufgezeichnet hatte. Diese beiden wurden vom JIT praktisch öffentlich zur Fahndung ausgeschrieben, und sofort bemühten auch wir uns, sie namhaft zu machen.

Als Erstes konnten wir in Zusammenarbeit mit *The Insider* und der amerikanischen Medienagentur McClatchey die Identität von »Delfin« ermitteln. Dabei stellte sich heraus, dass Nikolai Federowitsch alias »Delfin« der kommandierende Offizier gewesen zu sein schien; jedenfalls bedienten sich die anderen Gesprächsteilnehmer in Bezug auf ihn immer der grammatikalischen Höflichkeitsform *(vy)* im Russischen. Aus der Lektüre von prorussischen Online-Veröffentlichungen der ukrainischen Aufständischen konnte man entnehmen, dass es sich um einen russischen General handeln musste, dessen Aufgabe wohl unter anderem darin bestand, Separatisten in Krasnodon in der Südostukraine anzuleiten. Aus offenen Quellen konnten wir entnehmen, dass es einen russischen General im aktiven Dienst mit dem Vornamen Nikolai und dem Vatersnamen Federowitsch gibt sowie dem Familiennamen Tkatschow. Eigentlich brauchten wir Stimmaufzeichnungen von ihm, um sie mit den abgehörten Audios vergleichen zu können. Aber das Einzige, was sich zu Tkatschow im Internet fand, waren kurze Videos von einer Zeremonie in der Suworow-Militärakademie in Jekaterinburg. Christo fand heraus, dass Tkatschow als Vorsitzender eines Beratungsgremiums der Kadettenschule in Jekaterinburg fungiert hatte, und nahm sich die Mitgliederliste dieses Gremiums vor, die ebenfalls online einzusehen war und die eine Telefonnummer enthielt. Roman rief dort an und bestätigte, dass er Tkatschow persönlich erreicht hatte. Er bat ihn um ein Interview, indem er behauptete, mit offizieller Erlaubnis einen Artikel über die Militärakademie in einer offiziellen Zeitschrift des russischen Verteidigungsministeriums verfassen zu wollen. So kamen wir in den Besitz einer authentischen Stimmaufzeichnung von Tkatschow, die wir an zwei unabhängige Institute zur wissenschaftlichen Stimmanalyse weiterleiteten. Das Forensische Wissenschaftliche Zentrum von Litauen hielt es für »höchstwahrscheinlich«, dass die Stimmproben alle von der gleichen Person stammten. Das National Center for Media Forensics an der Universität von Colorado in Denver stellte eine Wahrscheinlichkeit von vierhundertachtundzwanzig fest; das bedeutet, dass die Stimmproben mit vierhundertachtundzwanzigmal mehr Wahrscheinlichkeit von der gleichen Person stammten als von einer anderen Person. Dem *Insider* hatte Tkatschow bei dem Telefongespräch gesagt, dass er während der Zeit des Abschusses im Juli 2014 kein eigenständiges Kommando geführt habe. Damals stand er im Dienst der Streitkräfte der Russischen Föderation; damit war er der ranghöchste russische Offizier, mit dem wir im Zusammenhang mit diesem Fall bisher Kontakt hatten.

Dann kam »Orion« an die Reihe. Auch diese Ermittlung erfolgte in Zusammenarbeit mit *The Insider* und McClatchy. Der Mann mit diesem »Rufnamen« wurde in den Gesprächen auch gelegentlich mit »Andrej Iwanowitsch« angesprochen. Er prahlte damit, über einen Buk-Lenkwaffenstarter zu verfügen, und kündigte an, damit alsbald ukrainische Militärflugzeuge abschießen zu wollen. In dem Blog eines früheren Kämpfers aufseiten der Separatisten wurde an einer Stelle einmal ein russischer Militärberater in Luhansk namens »Andrej Iwanowitsch« erwähnt. In diesem Blog-Post wurde auch darauf hingewiesen, der Mann habe eine auffallend hohe Stimme, was auf die vorhandenen Telefonaufzeichnungen von »Orion« ebenfalls zutraf.

Zuerst versuchten wir die Einkreisungsmethode zu wiederholen, die bei »Delfin« so erfolgreich gewesen war: Wir wollten eine authentische Stimmprobe gewinnen und sie wissenschaftlich abgleichen lassen. Aber »Andrej Iwanowitsch« ist in Russland ein sehr häufiger Name. Außerdem hatten wir unsere Zweifel, ob ein GRU-Offizier am Telefon seinen echten Vor- und Vatersnamen verwenden würde. Zum Glück hatte die ukrainische Staatssicherheit neben den abgefangenen Anrufen auch die Telefonnummern der Beteiligten bekannt gegeben. Die Nummer von »Orion« war inzwischen zwar abgeschaltet, aber wir wühlten uns durch Sharing-Apps für Kontaktdaten, die in Russland sehr populär sind, wie beispielsweise »TrueCaller«. In diesen Apps werden die Kontaktdaten aller User zugänglich gemacht, sodass sich Identitäten durch Crowdsourcing ermitteln lassen. Namen erscheinen dabei aber nicht so, wie der tatsächliche Inhaber es festgelegt hat oder wie er tatsächlich heißt, sondern in der Form, wie sie – mehr oder minder willkürlich – in den Kontaktlisten der anderen Teilnehmer gespeichert sind. So erklären sich manche eigenwillige Schreibweisen. In diesen offenen Quellen fanden wir eine Nummer unter dem Eintrag »Oreon«. Bei einem anderen Ukraine-Projekt, das mit dieser Recherche gar nicht in Zusammenhang stand, hatten wir ebenfalls Zugang zu Handy-Metadaten bekommen, zu denen auch diese Nummer gehörte und aus denen ersichtlich war, dass vier verschiedene russische Handys Telefonkontakt mit »Oreon« hatten. Das glichen wir mit der Sharing-App ab. Eine gehörte einem »Iwannikow«, eine andere, zu unserer Überraschung, »Andrej Iwanowitsch GRU« aus Husky.

Daraufhin durchsuchten wir das Internet nach einer Kombination dieser russischen Telefonnummer mit dem Nachnamen »Iwannikow« und stießen prompt auf zwei Treffer: eine russische Open-Source-Database sowie eine inzwischen abgeschaltete E-Commerce-Seite, deren Kundenliste und Kundenbestellungen geleakt worden waren. In der Telefonliste wurde der volle Name mit »Oleg Wladimirowitsch Iwannikow« angegeben; dazu ein Geburtsdatum und eine Anschrift genau gegenüber der russischen Militärakademie in Moskau. In der Kundenliste fand sich eine Bestellung einer speziellen Atemmaske für Sporttraining, die an eine andere Adresse geliefert werden sollte. Ein Abgleich mit Google Maps und Yandex Maps ergab, dass die angegebene Hausnummer in jener Straße nicht existierte. Ein Mitarbeiter von *The Insider* suchte den Ort auf, und es stellte sich heraus, dass diese Wohnstraße in eine mehrspurige Straße mündete beziehungsweise so weiterlief. Und als der Mitarbeiter dort eintraf, stand er vor der Hauptverwaltung der GRU.

Nach unserer Annahme handelte es sich bei dem »Andrej Iwanowitsch« aus den abgehörten Gesprächen um den Decknamen von Oleg Wladimirowitsch Iwannikow. Unter Verwendung dieses Klarnamens stießen wir nun auf eine ganz normale Wohnsitzanmeldung und fanden heraus, dass es sich um einen auf Raketensysteme spezialisierten Offizier handelte. Wir stießen auch auf ein Foto aus dem Jahr 2012 von Iwannikow, hatten aber immer noch keine Stimmprobe. Daher griffen wir einfach zum Telefonhörer und riefen auf der Festnetznummer bei der unter Oleg Iwannikow angegebenen Adresse an. Irgendein Verwandter ging an den Apparat und antwortete, Iwannikow sei nicht zu Hause. Später versuchten wir es erneut, und diesmal rief der Verwandte: »He, Oleg, willst du jetzt mit dem Typen sprechen?« Aus dem Hintergrund kam die Antwort: »Nein, jetzt passt es mir nicht«, in der auffallend hohen Fistelstimme, die genauso klang wie »Orion« in den abgehörten Gesprächen. Doch für eine hieb- und stichfeste forensische Analyse war die Tonqualität nicht ausreichend.

Danach warteten wir monatelang darauf, dass seine Mobilnummer irgendwo auf einer der Messenger-Apps auftauchte. Doch sie blieb lange Zeit stumm. Im März 2018 war es so weit.

Wir hatten uns vorgenommen, so zu tun, als wollten wir mit einem anderen Oleg Wladimirowitsch Iwannikow sprechen; eine Verwechslung aufgrund der Namensgleichheit. Der Oleg Iwannikow, auf den wir es abgesehen hatten, war tatsächlich am Telefon und sprach mit seiner »markanten« Stimme. Damit hatten wir eine Stimmprobe – und damit hatten wir letztlich auch »Orion« festgenagelt: die erste nachweisliche Verbindung zu einem höheren Offizier auf ukrainischem Boden, der mit dem Abschuss von MH17 in Verbindung gebracht werden konnte.

Im Laufe dieser Ermittlung hatten wir darüber hinaus viel Erfahrung im Ermitteln russischer Offiziere gewonnen, die eigentlich lieber anonym bleiben wollten. Das sollte sich bald als äußerst wertvoll erweisen. Im gleichen Monat, als der Kontakt zu Iwannikow zustande kam, brachen Skripal und seine Tochter auf der Parkbank in Salisbury zusammen. Da sich die britischen Ermittler schwertaten, die Verdächtigen zu identifizieren, veröffentlichten sie Fotos von den beiden Rucksackmännern, die von Überwachungskameras aufgenommen worden waren, und baten die Bevölkerung um Mithilfe. Da schalteten auch wir uns ein.

Bis an die Grenzen von Open Source

Gleich nach dem Attentatsversuch auf Skripal sprang der Desinformationsapparat des Kreml an und lief schnell auf Hochtouren. Innerhalb von vier Wochen spuckten allein RT *(Russia Today)* und *Sputnik* siebenhundertfünfunddreißig Artikel aus, die sage und schreibe hundertachtunddreißig unterschiedliche Versionen des Ereignisses »berichteten« – das alles vor dem Hintergrund einer ganzen Reihe von Verschwörungstheorien.

Laut einigen dieser Geschichten wurden die Skripals gar nicht vergiftet. Anderen zufolge bestanden Kontakte zum organisierten Verbrechen. Oder es hieß, Skripals Tochter Julia habe das Nowitschok-Gift aus Russland nach Salisbury mitgebracht. Oder die harsche Reaktion der britischen Regierung sei mit »Russophobie« zu erklären. Oder die Amerikaner hätten das Nervengift geliefert oder Ukrainer oder Iraner; es wurde auch noch eine Reihe weiterer Länder genannt. Als RT diesbezüglich befragt wurde, antworteten sie: »Wir können uns nur wundern, wie lange man im Vereinigten Königreich gebraucht hat, bis auch sie das altbewährte Spiel gespielt haben, RT zu beschuldigen, nur weil wir die journalistische Kühnheit besessen haben, Fragen zu stellen und Auskünfte über Fakten erlangen zu wollen.« Die kontrafaktische Internetgemeinde schloss sich der vom Kreml gesteuerten Desinformationskampagne an und weitete sie teilweise aus. Entweder wurden die russischen Äußerungen nachgeplappert oder weitere haltlose Behauptungen aufgestellt.

Wir machten uns indessen einfach an die Arbeit, insbesondere nachdem die britische Polizei die Fotos der beiden Skripal-Verdächtigen aus Überwachungskameras im September 2018 veröffentlicht hatte. Als Erstes luden wir die Aufnahmen von »Alexander Petrow« und »Ruslan Boschirow« auf Suchmaschinen für eine reverse Bildsuche. Das ergab keine Resultate. Dann durchsuchten wir Skype nach möglichen Namen-Varianten. Wieder nichts. Wir checkten alle möglichen russischen Nachrichtenseiten und Twitter – alles vergebens.

Christo leitete unser Bellingcat-Ermittlungsteam in dieser Angelegenheit zusammen mit Daniel Romein in den Niederlanden, der sich schon früher bei den MH17-Recherchen als wichtiger Mitarbeiter bewährt hatte; all das in engster Abstimmung mit und Zuarbeit durch *The Insider* in Moskau. Aric führte die Ergebnisse zusammen und betrachtete noch einmal alles mit unvoreingenommenen Augen, was bei solchen komplexen Ermittlungen oft sehr hilfreich sein kann.

Wie sich herausstellte, war es nicht möglich, mit den Standardmethoden aus Open-Source-Quellen die Identität der beiden Russen zu ermitteln. Also mussten wir weiter gehen und geleakte Daten anzapfen. Bereits seit über zwanzig Jahren landeten Hunderte von solchen Datensätzen auf russischen Torrent-Websites. Das sind Websites, von denen man beispielsweise unter Copyrightschutz stehende Filme herunterladen kann. Die Leute können ihre Files von dort in einzelnen Segmenten herunterladen, die von einer ganzen Reihe anderer User dort eingestellt wurden; durch diese Methode ist es für die Behörden ungemein schwer, eine einzige Quelle dingfest und damit für Copyright-Verstöße haftbar zu machen. Bei diesen geleakten russischen Datensätzen handelte es sich um Passdaten, Adressen und Wohnsitzangaben, Kraftfahrzeughalterdaten, oftmals nach Städten gruppiert. Es war möglich, dass man in einem Datensatz aus dem Jahr 2012 fündig wurde oder in einem aus 2014. Ursprünglich waren diese Datensätze legal veräußert worden, beispielsweise an russische Firmen, die etwas über den Hintergrund von Job-Bewerbern in Erfahrung bringen wollten. Als Käufer kamen auch Kriminelle infrage, die nach Adressen von Opfern suchten. Wenn solche Datensätze nicht mehr aktuell waren, landeten sie oft auf Torrent-Websites. Bellingcat hatte im Lauf der Zeit so viele wie möglich heruntergeladen. Zu der Zeit, als die Skripal-Ermittlungen liefen, verfügten wir bereits über 100 Gigabyte solcher Daten; das entspricht etwa tausend ganz unterschiedlichen Datensätzen.

Dazu zählten auch die Passagierlisten von Flügen, die von russischen Flughäfen aus gestartet waren. Allerdings fehlten diejenigen vom März 2018, als »Petrow« und »Boschirow« von Moskau nach London geflogen waren. Im russischen Internet besteht auch die Möglichkeit, gezielt nach solchen Informationen zu suchen. Dafür gibt es einen Datenschwarzmarkt, insbesondere, wenn es um Informationen zu Personen geht. Mit dem Einsatz solcher Mittel gelangten wir an die Grenzen (oder überschritten sie) dessen, was wir als die Bellincat-Methode definiert hatten. Im Prinzip beschränken wir uns auf offen zugängliche Quellen, und im Allgemeinen reicht uns das auch. Zuvor hatten wir uns lediglich einmal aus Crowdsourcing-Mitteln erworbener kommerzieller Satellitenbilder für die MH17-Recherchen bedient und diese anschließend zusammen mit unseren Ergebnissen für alle sichtbar veröffentlicht. Aber in diesem Fall würde die Einkaufsquelle kein legaler kommerzieller Anbieter sein. Bis jetzt blickten wir also auf eine verschlossene Tür, wussten aber, wo man den Schlüssel erwerben konnte.

Über derartige Dilemmata hatten wir bereits bei früheren Gelegenheiten debattiert. Solche Diskussionen helfen dabei, festzulegen, wie weit man mit bestimmten ethischen Prinzipien gehen kann. Im Prinzip halten wir daran fest, dass alle unsere Informationen aus offen zugänglichen Quellen stammen müssen. Nur ganz ausnahmsweise gehen wir aus wohlerwogenen Gründen auch einmal darüber hinaus. Wir waren von Anfang an auf verschiedene Formen von Zusammenarbeit angewiesen – schon zu der Zeit, als unsere Recherchegemeinschaft via Twitter Formen annahm, bis zu solchen hochkomplexen Ermittlungen. Dabei greifen unsere Partner (Menschenrechtsaktivisten, unabhängige Rechercheure, Nachrichtenagenturen) unter Umständen auch stärker auf traditionelle Methoden der Informationsbeschaffung zurück. Dazu zählen auch anonyme Quellen, die bei einer Offenlegung ernsthaft gefährdet wären.

Wir können und wollen Informationen aus solchen verdeckten Quellen nicht einfach ignorieren. Wenn wir aber einmal über die offenen Quellen hinausgehen, dann lassen wir besondere Sorgfalt hinsichtlich des Wahrheitsgehalts dieser Informationen walten; gerade weil sie aus »geheimen« Quellen stammen, behandeln wir sie mit großem Vorbehalt und suchen stets nach ergänzenden oder verifizierenden Fakten.

Hinsichtlich der Passagierlisten der Moskau-London-Flüge im fraglichen Zeitraum fanden wir online jemanden mit Zugang zum entsprechenden Buchungs- und Check-in-System der russischen Fluglinien und bezahlten 200 Euro für den entsprechenden Datensatz. Dieser Datensatz enthielt zwei für uns wesentliche Anhaltspunkte: die angeblichen Geburtsdaten der Verdächtigen und ihre Passnummern. Allein die Tatsache, dass sich diese lediglich um drei Ziffern unterschieden, war schon verdächtig genug. Nun mussten wir sie mit den Identitätsnummern vergleichen, die in Russland für jeden Bürger ausgegeben werden. Schon im Fall von »Orion« waren wir online auf jemanden gestoßen, der behauptete, Zugang zu solchen Daten bei der entsprechenden russischen Behörde zu haben. In Slack-Chats machten wir uns darüber in der Weise lustig, dass wir meinten, bei der »persönlichen Beziehung« dieses Kontaktmannes mit seinen intimen Verbindungen zur russischen Staatsbürokratie handele es sich wahrscheinlich um seine Großmutter, die in irgendeinem trüben Büro im Innenministerium eine völlig untergeordnete Stellung hat und nach Feierabend zur Gehaltsaufbesserung auf Anforderung die einschlägigen Dokumente durchkämmt. Deswegen bezeichneten wir unsere Quelle seitdem als »Babuschka« (»Großmütterchen«). Die Dienste von Babuschka erhielt man allerdings nicht umsonst. Für jede einzelne Identifizierung wurden 100 Euro fällig.

Bevor wir bezahlten, wollten wir sichergehen, dass Babuschka uns wirklich mit dem Material versorgen konnte, das wir suchten. Allerdings ist der Name Boschirow im Russischen so selten, dass eine entsprechende Anfrage sofort Verdacht erregt hätte. Möglicherweise hätte Babuschka ihrerseits erst einmal eine Online-Suche gestartet und wäre schnell darauf gestoßen, wie brisant dieses Material war. Im Gegensatz dazu klang »Alexander

Petrow« auf den ersten Blick vollkommen unverdächtig – ein Allerweltsname. In der Aeroflot-Passagierliste war zu Petrow außerdem ein angebliches Geburtsdatum angegeben. Deswegen fragten wir bei Babuschka zunächst an, ob es in der zentralen Meldebehörde Unterlagen zu diesem Namen in Kombination mit dem angegebenen Geburtsdatum gäbe. Wir erhielten vier Treffer. Wenn wir alle entsprechenden Akten einsehen wollten, war eine entsprechende Zahlung fällig. Aric sprach in diesem Zusammenhang von der »nuklearen Option«, dem letzten Mittel. Anfangs zögerten wir noch. Doch dann fühlten wir uns aufgrund der Dreistigkeit der russischen Desinformationskampagne doch ermutigt, zu diesem äußersten Mittel zu greifen. In einem RT-Interview hatten die beiden angeblichen Experten für Sporternährung nämlich inzwischen behauptet, sie seien nur deswegen nach Salisbury gefahren, um die hohe Spitze des Vierungsturms der dortigen Kathedrale zu bewundern.

Christo befand sich gerade in einer Besprechung und checkte immer wieder heimlich unter dem Konferenztisch sein Handy, ob die vier Akten mit den Meldeunterlagen, die er nun angefordert hatte, schon angekommen waren. Babuschka musste ihrerseits wohl am Arbeitsplatz in ihrer Behörde gewesen sein, denn die vier Datensätze wurden umgehend übermittelt. Christo klickte nun auf den ersten Dateianhang mit dem Namen Alexander Petrow und dem entsprechenden Geburtsdatum. Er scrollte auf der Suche nach dem gespeicherten Passbild herunter. Nein, das war nicht der Petrow, nach dem wir suchten. Dann öffnete er den zweiten Anhang, scrollte wieder herunter – und tippte eilig »Hab ihn gefunden« in unseren Slack-Chat. Passbild anbei. Kein Zweifel: Das war er. Anschließend schrieb Christo: »Zwei Dinge sind hier merkwürdig« und hängte einen Stempel aus der »Petrow«- Meldeunterlage an: *Keine Informationen weitergeben.* Außerdem war die Spalte mit »biografischen Angaben« weitgehend leer geblieben; es gab nur eine handschriftliche Bemerkung: »Siehe hierzu Brief. S.S.« Die Abkürzung bedeutet *Soverschenoo Sekretno*: Topsecret.

»Das schreit ja geradezu SPION«, schrieb Christo. »Die Existenz dieser Person beginnt überhaupt erst 2009. Es handelt sich eindeutig um eine falsche Identität … Jetzt haben wir eine Story.«

Laut dem Meldebogen handelte es sich um einen Mann Ende dreißig namens »Alexander Jewgeniwitsch Petrow«, der erst seit 2009 in den Akten der Meldebehörde existierte. Die Petrow-Identität stammte nicht aus einer obskuren, verstaubten Amtsstube, sondern aus einem Moskauer Spezialbüro, das für die Ausgabe von Papieren an Kremlmitarbeiter und Geheimdienstagenten zuständig ist.

Der russische Präsident Putin persönlich hatte sich in einem Interview mit RT auch über die beiden Verdächtigen ausgelassen und erklärt: »Es handelt sich selbstverständlich um ganz normale Bürger … Ich kann Ihnen versichern, dass hier nichts Besonderes und schon gar nichts Kriminelles vorliegt.« Das war gelogen, und wir konnten es beweisen.

Die Ermittlungen und Recherchen von Bellingcat nehmen oft mehrere Monate in Anspruch. Aber seitdem dieses Interview am 13. September 2018 bei RT gesendet worden war, waren gerade erst ein paar Minuten vergangen. »Es empfiehlt sich, jetzt gleich etwas über unsere Erkenntnisse bekannt zu geben«, sendete ich im Chat den anderen zu. »Die Sache ist gerade ganz heiß. Wir sollten schnell sein.«

Entlarvt

In Washington war es noch früh am Morgen. Unsere neueste Mitarbeiterin, die Chefredakteurin Natalia Antanova, las schläfrig die jüngsten Twitter-Meldungen. Bis vor Kurzem hatte Bellingcat nur eine Handvoll angestellte Mitarbeiter gehabt, die von vielen freiwilligen Beiträgern und Zuarbeitern unterstützt wurden. Aber inzwischen standen wir am Beginn einer größeren Umorganisation und Konsolidierung. Unser lose geknüpftes investigatives Netz sollte eine straffere Struktur erhalten. Innerhalb eines Jahres sollte die Zahl der festen Mitarbeiter verdreifacht werden, um auch mich selbst von meinen geballten Aufgaben als Chefermittler, Chefsprecher, Chefredakteur, Verwaltungschef und maßgeblicher Fundraiser zu entlasten. Natalia Antanova sollte bei dieser angestrebten Professionalisierung eine wichtige Rolle spielen, indem sie die redaktionelle Verantwortung für unsere Publikationen übernahm.

An diesem Vormittag schien sich alles um das Interview zu drehen, das der russische RT-Fernsehsender mit den beiden Verdächtigen im Skripal-Fall geführt hatte. Antanova ist in Kiew geboren, verbrachte ihre Jugend und Schulzeit aber in North Carolina. Einer ihrer Großväter war ein Sowjet-General; sie hatte sofort erkannt, dass »Petrow« und »Boschirow« sich vor der Kamera sehr unwohl fühlten und gar keine Lust auf den Fernsehauftritt hatten. Als der Moderator der Sendung in der Absicht, eine »harmlose« Erklärung für die Reise zu geben, eine zweideutige Anspielung machte, die beiden könnten vielleicht ein Männerpaar auf Hochzeitsreise sein, war »Petrow« und »Boschirow« anzusehen, wie empört sie waren; sie wären um ein Haar ausfallend geworden. Natalia musste das Video anhalten, weil sie sich kaum mehr einkriegte vor Lachen.

Angesichts des schamlosen und höchst durchschaubaren TV-Theaters bei dieser Sendung musste man unwillkürlich an die ebenfalls schlecht inszenierte Pressekonferenz mit den russischen Generälen nach dem Absturz von MH17 denken. Durch nichts werden Open-Source-Ermittler wie wir mehr angestachelt als durch solche offenkundigen Lügen. In dem Interview wurde behauptet, die Reise der beiden nach Salisbury sei lange im Voraus geplant gewesen. Aber aus den uns zur Verfügung stehenden Passagierlisten ging eindeutig hervor, dass die Aeroflot-Tickets erst am Abend zuvor gegen 22 Uhr gekauft worden waren und dass sie gleich online eingecheckt hatten.

Die uns von »Babuschka« aus Moskau übermittelte »Akte Petrow« enthielt noch einige andere verdächtige Anhaltspunkte. Die drei anderen, ebenfalls mitbestellten Meldeunterlagen auf den gleichen Namen und die gleichen Geburtsdaten entpuppten sich als »normale« Meldeunterlagen mit allem, was dazugehörte: eine vollständige Liste aller früheren, abgelaufenen Dokumente einschließlich der Pässe und früherer Wohnadressen. Bei dem Alexander Petrow, der erst seit November 2009 existierte, fehlten diese Angaben. Aber wenn er keinen Pass besaß, wie konnte dann eine ihm zugeordnete Passnummer in der Passagierliste von Aeroflot auftauchen?

Durch unseren allerersten Bericht zu dem Skripal-Fall erzielten wir bei den Nachrichtenagenturen weltweit große Aufmerksamkeit; außerdem wurde unsere Website von Besuchern und Lesern geradezu überschwemmt. Gleichzeitig artikulierte sich in der Netzöffentlichkeit große Besorgnis wegen der kriminellen Aktionen der Russen im Ausland. Wir hatten erwartet, dass die russischen Medien die Affäre herunterspielen oder schönreden würden, aber es lief anders. Sowohl die Kreml-Presse als auch die Anti-Kreml-Presse brachten die Sache groß heraus. Die Bombe explodierte also schneller, als wir erwartet hatten. Ein russisches Presseorgan hatte sich die Meldeakten des anderen Verdächtigen »Ruslan Timurowitsch Boschirow« beschafft. Sie enthielten jedenfalls ein Foto des ziemlich schüchternen blonden Mannes mit Goatee aus der Interview-Vorführung beim Sender RT. Auch hier fand sich der Stempel *Keine Informationen weitergeben* sowie das handgeschriebene *Soverschenoo Sekretno* (Topsecret). Auch in diesem Fall hatte eine Ausgabestelle, die hauptsächlich für VIPs und Geheimdienstler zuständig ist, eine neue Identität kreiert – diesmal im Jahr 2010.

Unter dem Stempel *Keine Informationen weitergeben* befand sich eine Reihe von Ziffern, die wie Telefonnummern aussahen. Russische Reporter wählten sie einfach mal, und am anderen Ende der Leitung hob jemand aus dem Verteidigungsministerium ab, offenbar im Hauptquartier des militärischen Nachrichtendienstes GRU. *The Insider* gelang es sogar, an Daten zu Grenzüberschreitungen von »Petrow« und »Boschirow« zu gelangen, die eine stattliche Anzahl von Flügen in verschiedene Länder in der Zeit von Mitte 2016 bis September 2018 betrafen.

September 2018 veröffentlichten wir auch unseren ersten Beitrag zu der vermutlichen Identität von »Petrow«. Die beiden Männer waren nach London, Paris, Amsterdam, Frankfurt, Genf und Tel Aviv gereist. Aus einer Quelle in der Staatsanwaltschaft eines westeuropäischen Landes erfuhren wir, dass die beiden in den Niederlanden verhaftet worden waren, aber dazu gab es keine Hintergrundinformationen. In europäischen Medien hieß es im Frühjahr 2018, dass zwei nicht identifizierte russische Spione für kurze Zeit auf niederländischem Territorium festgehalten worden waren. Dabei ging es offenbar um einen Versuch, sich in das Spiez-Labor in der Schweiz zu hacken, wo Untersuchungen über Chemiewaffenangriffe in Syrien durchgeführt wurden. Spiez war auch mit der chemischen Analyse des bei den Skripals verwendeten Nervengifts befasst.

Jedenfalls handelte es sich bei den beiden Russen nicht um Spezialisten oder Verkäufer für Sporternährung, und sie hießen in Wirklichkeit auch nicht »Petrow« oder »Boschirow«. Unsere Hypothese lautete, dass es sich um GRU-Offiziere handelte, die verschiedene Geheimaktionen in Westeuropa ausführten. Daher nutzten wir Verbindungen zu früheren russischen Offizieren, um in Erfahrung zu bringen, wo künftige Geheimagenten vor fünfzehn bis zwanzig Jahren ausgebildet worden waren, als

»Boschirow« und »Petrow« vermutlich am Anfang ihrer Berufslaufbahn standen. Zu jener Zeit hatte die Fernöstliche Hochkombikommandoschule, eine Militärakademie in Sibirien, den besten Ruf hinsichtlich der Ausbildung von Experten für geheime Kommandoaktionen.

In den sozialen Medien fanden sich lediglich unvollständige Fotos oder Fotoserien von Jahrgangsbüchern oder Kameradentreffen aus jener Zeit; damit erzielten wir keine Treffer.

In einem 2018 veröffentlichten Artikel über die Geschichte dieser Akademie wurden sieben Absolventen erwähnt, denen die hoch angesehene Auszeichnung *Held der Russischen Föderation* verliehen worden war. Außerdem stießen wir auf ein Foto von Absolventen, die auf verschneitem Boden in Tschetschenien aufgereiht standen. Einer der Männer in der obersten Reihe hatte eine gewisse Ähnlichkeit mit »Boschirow«. Die Ähnlichkeit war wirklich etwas vage, aber das brachte uns auf die Idee, der Abkürzung DVOKU (für die sibirische Militärakademie) im Suchbegriff noch »Tschetschenien« und »Held der Russischen Föderation« hinzuzufügen. Damit landeten wir auf der Website einer Milizeinheit, auf der ein Oberst namens Anatolij Tschepiga erwähnt wurde. Diesen Namen gaben wir sowohl bei Google als auch bei zwei russischen Suchmaschinen ein, erzielten aber keine Treffer. Unter diesem Namen gab es keine Social-Media-Profile, keine Fotos. »Held der Russischen Föderation« ist eine der höchsten Auszeichnungen Russlands und wird nur vom Präsidenten persönlich vergeben. In aller Regel werden die Ausgezeichneten auch in der Öffentlichkeit vorgestellt. Die Tatsache, dass dieser Mann unsichtbar war, erschien daher verdächtig.

Daraufhin kämmten wir unsere geleakten Datensätze aus Russland durch und stießen zweimal auf einen Anatolij Tschepiga: einmal in Chabarowsk, einer Stadt im Fernen Osten Russlands nahe der Grenze zu China (2003) und einmal in

Moskau (2012). Als Kontakt in Chabarowsk war »x/y 20662« eine Abkürzung für die Militäreinheit 20662, die SpezNas-Einheit der 14. GRU-Brigade angegeben. Die SpezNas-Einheit unter GRU-Kommando spielte im zweiten Tschetschenien-Krieg eine gewisse Rolle und hielt sich Ende 2014 nahe der Ukraine auf. Laut der Website der militärischen Freiwilligenorganisation wurde Tschepiga die Helden-Auszeichnung »für die Durchführung einer friedensstiftenden Mission« verliehen – was insofern eigenartig erschien, als es 2014 keine militärischen Aktionen in Tschtschenien gab und Russland auch (noch) nicht im Syrien-Konflikt involviert war. Damit gab es nur einen denkbaren Schauplatz: die Ukraine. Laut Meldeamtsliste wohnte ein Anatolij Wladimirowitsch Boschirow, geboren am 5. April 1979, in Moskau. Doch obwohl wir jeden Stein im Internet umdrehten, fanden wir kein Foto von dem Mann in offenen Quellen. Babuschka hatten wir in diesem Fall eigentlich nicht anzapfen wollen, weil wegen des seltenen Nachnamens Boschirow sofort die Alarmglocken geläutet hätten. Doch weil die offenen Quellen partout nichts hergaben, gingen wir das Risiko mit Babuschka ein und kauften die entsprechende Meldeakte. Und damit hatten wir ihn. Das Tschepiga-Foto aus dem Jahr 2003 zeigte eindeutig »Boschirow«.

Kaum hatten wir das veröffentlicht, kam es zum bisher größten Aufruhr rund um einen Bellingcat-Artikel. In den Schlagzeilen wurde unsere Erkenntnis weltweit herumposaunt; gleichzeitig zeigten sich die Medien verwundert, wie es einem Haufen von »Freizeit-Ermittlern« gelingen konnte, russische Geheimagenten zu entlarven. Wie nicht anders zu erwarten, wütete im Netz die kontrafaktische Internetgemeinde gegen Bellingcat. Dmitrij Peskow, der Pressesprecher von Präsident Putin, bestand darauf, es gäbe »keine Daten«, wonach eine Person namens Anatolij Tschepiga jemals die Auszeichnung zum Helden der Russischen Föderation erhalten habe. Außerdem stritt er ab, dass die Fotobilder von Tschepiga und »Boschirow« identisch seien – es handele sich um eine zufällige Ähnlichkeit. Fünf verschiedene Medien machten Leute ausfindig, die Tschepiga persönlich kannten und bestätigten, dass dieser unter dem Namen »Boschirow« in dem RT-Interview aufgetreten sei.

Einige Reporter von *Radio Svoboda* in Prag durchkämmten in den sozialen Medien systematisch die Fotos und Videos von allen Männern, die jemals die sibirische Militärakademie besucht hatten, auf der Suche nach einem möglichst hochauflösenden Bild von der »Heldenwand« der Akademie, wo die Soldaten mit der höchsten russischen Militärauszeichnung präsentiert wurden. Eine der Aufnahmen an einem Ende der Heldengalerie aus der Zeit zwischen Juli 2014 und März 2016 zeigte womöglich Tschepiga. Aber die Bildauflösung war zu schlecht, um eine eindeutige Aussage treffen zu können. Wir nahmen diesen Faden auf und fanden in dem russischen sozialen Netzwerk Odnoklassiki die Aufnahme eines Besuchers der Akademie aus dem Jahr 2017, auf dem die Neuzugänge der Heldenwand zu sehen waren, darunter ganz klar und mit Namen: Oberst Anatolij Tschepiga.

Von Putin kam dazu nur ein schlechtgelauntes Dementi, begleitet von einer nicht ganz überzeugend klingenden Beschuldigung Skripals als »Dreckskerl« und »Vaterlandsverräter«. Auch der russische Außenminister Sergej Lawrow äußerte wenig später seine Missbilligung: »Bellingcat steht in enger Verbindung mit westlichen Geheimdiensten, über die sie Informationen fließen lassen, um die öffentliche Meinung zu beeinflussen.«

Während sich in jenen Tagen der Mediensturm um uns herum austobte, unterrichteten die britischen und niederländischen Ermittlungsbehörden die Öffentlichkeit über die Identität jener vier Russen, von denen man annahm, dass sie zu der Abteilung innerhalb der GRU gehörten, die den Cyberkrieg im Internet betreibt. Die vier waren im April 2018 mit der offenbaren Absicht in die Niederlande eingereist, sich in das Computersystem der OVCW (Organisation für das Verbot chemischer Waffen) mit Sitz in Den Haag einzuhacken. Der Name eines dieser Männer fand sich auch in einer geleakten Liste russischer Fahrzeughalter. Die Registrierungsadresse seines Lada lautete »Komsomolskij Prospekt 20«, und das ist nichts anderes als die Adresse der Cyberkrieg-Abteilung der GRU. Das veranlasste uns dazu, im Internet nach weiteren Fahrzeugen zu suchen, die unter dieser Adresse registriert waren, und wir stießen tatsächlich auf einen Datensatz von dreihundertfünf Personen, komplett mit Privatanschriften, Klarnamen, Altersangaben, Passnummern und Handynummern, die an dieser Adresse ihre Fahrzeuge angemeldet hatten. Damit hatten wir durch Zufall auf einen Schlag eine so große Anzahl von Geheimagenten enttarnt wie selten zuvor in der Geschichte der Spionage.

Aber das war nur eine der erstaunlichen Nebenwirkungen im Fall Skripal. Als Nächstes wollten wir auch den Klarnamen des anderen Verdächtigen, »Alexander Petrow«, herausfinden. Was wir hatten, waren die Fotos dieses Mannes aus drei Quellen: dem RT-Interview, dem Steckbrief der britischen Polizei und dem Meldebogen von »Petrow«. Da wir mit reverser Bildersuche nicht weiterkamen, versuchten wir es mit Social-Media-Fotos und -Videos der Absolventen der Militärakademie, falls er dort ebenfalls Kadett gewesen war wie sein Kollege – aber vergeblich. Dann nahmen wir noch Gruppenfotos der SpezNas-Einheit unter die Lupe, bei der Tschepiga gedient hatte. Auch nichts.

In dem »Petrow«-Meldebogen gab es einzig einen Hinweis auf einen früheren Ausweis, der 1999 in St. Petersburg ausgegeben worden war. Wir durchsuchten Dutzende von geleakten Datensätzen, fanden aber keine Spur von der angeblichen Ausweisnummer; daher gingen wir davon aus, dass hier irgendetwas gefälscht worden war. Aber warum wurde St. Petersburg ausdrücklich erwähnt? Bei früherer Gelegenheit hatten wir einen GRU-Agenten, der in den Staatsstreichplan in Montenegro verwickelt gewesen war, identifiziert, wobei sich herausstellte, dass er für seine Tarnidentität seinen echten Vornamen, sein Geburtsdatum und Geburtsort beibehalten hatte; nur der Nachname hatte sich geändert. Vielleicht galt dasselbe für »Petrow«, dessen Vor- und Vatersname mit »Alexander Jewgeniwitsch« angegeben war, sowie als Geburtsdatum der 13. Juli 1979. Diese Angaben tippten wir nun in sämtliche Datensätze über Einwohner, Handybesitzer oder Fahrzeughalter aus St. Petersburg ein, über die wir verfügten. Die Suche ergab zwei Treffer aus den Jahren 2003 bzw. 2006 von einer Person mit dem Namen Alexander Jewgeniwitsch plus übereinstimmendem Geburtsdatum. Der Nachname lautete Mischkin. Der Datensatz enthielt ferner eine Telefonnummer, die aber nicht mehr in Betrieb war. Aber das war immerhin ein weiterer Anhaltspunkt. Nun durchsuchten wir die geleakten St. Petersburger Daten nach der Telefonnummer, um herauszufinden, ob irgendwelche anderen Personen in dieser Stadt damit in Verbindung gebracht werden konnten. Das ergab acht Treffer aus der Zeit zwischen 2003 und 2006, sodass man vorsichtig vermuten konnte, es könnte sich um eine Wohngemeinschaft gehandelt haben, wie sie in Sowjetzeiten ziemlich häufig waren und später manchmal von Studenten fortgeführt wurden. Wir checkten die Adresse in den russischen Yandex Maps. Sie befand sich gegenüber der Medizinischen Militärakademie.

Da das Ausweispapier von »Petrow« in Moskau ausgestellt worden war, wollten wir im nächsten Schritt herausfinden, ob sich unter dem Namen »Alexander Jewgeniwitsch Mischkin« in der russischen Hauptstadt irgendetwas Brauchbares ergab. Ein Open-Source-Datensatz spuckte eine Mobilnummer aus. Wir gaben diese Nummer zusammen mit dem Namen in unsere geleakten Moskauer Datensätze ein und bekamen tatsächlich einen Treffer in Form einer Autoversicherungsnummer für einen Volvo XC90 aus dem Jahr 2013. Einer öffentlich zugänglichen russischen Datenliste, in der sich die Registrierungsabfolge von Fahrzeugen nachverfolgen ließ, konnten wir entnehmen, dass der Wagen nach dem Import aus Schweden zuerst in St. Petersburg angemeldet und später in den Choroschewo-Mnewniki-Bezirk überführt worden war – jenen Stadtteil im Norden von Moskau, in dem die GRU residiert. Das war großartig, aber noch kein schlüssiger Beweis. Dann fanden wir eine Website, auf der neuere Angaben zu Fahrzeugversicherungen zu haben waren, auf dem Stand von 2014. Hier gab es tatsächlich eine präzise Anmeldeadresse für Alexander Mischkins Volvo: Choroschewskoje Chaussee 76B – nichts anderes als die Zentrale der GRU.

Nun kontaktierten wir in Social-Media-Netzwerken Hunderte Studenten der Medizinischen Militärakademie, die zu Anfang des Jahrhunderts dort ihr Studium absolviert hatten, also etwa in der Zeit wie möglicherweise Mischkin. Von den meisten kam keine Reaktion; einige antworteten, sie könnten sich an niemanden namens Mischkin erinnern. Lediglich einer, der darauf bestand, anonym bleiben zu wollen, bestätigte, dass Alexander Mischkin Absolvent der Militärakademie war und außerdem der Mann, die in dem RT-Interview unter dem Namen »Petrow« aufgetreten war. Dieser Quelle zufolge waren alle Teilnehmer aus Mischkins Abschlussjahrgang vom russischen Geheimdienst kontaktiert und dringend ermahnt worden, dessen Identität nicht preiszugeben.

Wenn der Sicherheitsapparat des Kreml schon so dicht an der Sache dran war, konnten wir es nicht riskieren, bei Babuschka den Meldebogen anzufordern, ohne die dahinterstehende Person zu gefährden. Aber es gelang uns, aus einer anderen Quelle den Scan einer Kopie von Mischkins Ausweis mit dem Ausstellungsjahr 2001 zu erlangen. Diese Quelle war nicht zu dem kleinsten Hinweis über sich selbst bereit, sodass wir auch hier eine verdeckte Quelle in Kauf nehmen mussten.

Aber auf dem Ausweis befand sich ein Passfoto von Mischkin, und damit war eindeutig geklärt, dass es sich um den »Petrow« aus den Fernsehinterview handelte. Um auf Nummer sicher zu gehen, kontaktierten wir einen forensischen Experten, der sich unter anderem mit computerbasierter Gesichtsanalyse und Alterssimulation befasst: Hassan Ugail von der Universität Bradford. Er fertigte einen Vergleich zwischen dem Ausweisfoto von Mischkin aus dem Jahr 2001 und dem »Petrow«-Passbild von 2016 an und kam zu dem eindeutigen Schluss, dass es sich um dieselbe Person handelt.

Um alles abzusichern, ging *The Insider* noch einen Schritt weiter. Kurz vor unserem Bericht über »Petrows« wahre Identität schickte Roman einen Reporter in den im Ausweis von 2001 erwähnten Geburtsort von Mischkin, nach Loyga. Es handelt sich um ein winziges Dorf im Norden Russlands im Oblast Archangelsk. Dieser Ort mit tausend Einwohnern ist so abgelegen, dass es nicht einmal eine Straße dorthin gibt, sondern lediglich eine Schmalspurbahn, die die Verbindung zur Außenwelt herstellt. Der Reporter unterhielt sich vor Ort mit mehreren Bewohnern, die den »Petrow« aus dem Fernsehinterview alle als »ihren Dorfjungen« Mischkin wiedererkannten. Einige wussten, dass er Militärarzt geworden war und vor etlichen Jahren die Heldenauszeichnung erhalten hatte. Irgendjemand sagte dem Reporter, dass Mischkins Großmutter, eine ehemalige, im Dorf hochverehrte Ärztin, ein Foto von der Verleihungszeremonie in Ehren halte, auf dem Putin Mischkin die Hand schüttelt. Der gleiche Zeuge sagte, der Grund für diese außergewöhnliche Ehrung sei geheim, aber nach Einschätzung der Dorfbewohner könne sie nur im Zusammenhang mit der Annexion der Krim 2014 stehen. Oder es ginge um Hilfe für den früheren ukrainischen Präsidenten Viktor Janukowitsch, vermutlich bei dessen Flucht nach Russland im gleichen Jahr.

Wir publizierten unsere Ermittlungen umgehend, und wieder wurde ein Knüller daraus. Es war uns tatsächlich gelungen, die beiden Skripal-Attentäter zu identifizieren: Es handelte sich bei den beiden also um den kriegserprobten GRU-Obersten Anatolij Tschepiga und den russischen Militärarzt Alexander Mischkin, der vielleicht um der Sicherheit willen im Umgang mit dem Nervengift mit von der Partie war. Erst anschließend stellte sich heraus, dass die beiden keineswegs allein gehandelt hatten: Der Anschlag war von einem größeren Team durchgeführt worden.

Der dritte Mann

Die britische Terrorabwehr und die Geheimdienste gingen angeblich davon aus, dass ein dritter russischer Agent bei dem Skripal-Anschlag zu einer Art Aufklärungsmission in Salisbury mit von der Partie war. Die russische Nachrichtenseite Fontanka.ru berichtete, ein fünfundvierzigjähriger Russe sei am gleichen Tag wie die beiden Verdächtigen, aber mit einem anderen Flugzeug unter dem Namen Sergej Fedotow nach London geflogen – und seine Passnummer sei den beiden anderen verdächtig ähnlich. Zusammen mit *The Insider* erhielten wir Reisedaten eines fünfundvierzigjährigen »Sergej Wjatscheslawowitsch Fedotow«. Diese Identität gab es seit 2010. Und dieser »Fedotow« war einige Jahre zuvor nach Bulgarien gereist – zufällig wenige Tage, bevor dort ein prominenter Geschäftsmann, sein Sohn und eine dritte Person auf im Detail ungeklärte Weise vergiftet worden waren.

Wir brauchten Monate, um die Identität von »Fedotow« zu knacken. Das erwies sich als wesentlich schwieriger als bei Tschepiga und Mischkin, von denen die britische Polizei Fahndungsfotos veröffentlicht hatte und die im russischen Fernsehen aufgetreten waren. In diesem Fall hatten wir erst einmal weiter nichts als den Tarnnamen. In Zusammenarbeit mit *The Insider*, der tschechischen Wochenzeitung *Respekt* und der bedeutendsten finnischen Zeitung *Helsingin Sanomat* durchsuchten wir das Internet nach Anhaltspunkten, aber inzwischen hatte der Kreml jegliche Hinweise auf alle drei Männer löschen lassen.

Von *Fontanka* übernahmen wir zuerst die Information und Passagierdaten über den Flug von »Sergej Fedotow«, der einige Stunden vor den beiden anderen in Russland abgeflogen, aber in Heathrow gelandet war, nicht in Gatwick. Mit Namen und Geburtsdatum durchsuchten wir Hunderte von geleakten Datensätzen und kamen auf vier mögliche Treffer, darunter eine Moskauer Adresse eines »Sergej Wjatscheslawowitsch Fedotow«. Doch dann begannen bereits die Unstimmigkeiten. Die Moskauer Daten gaben den Geburtsort als Apuschka an, ein kleines Dorf im nordöstlichen Russland. In den Datenunterlagen der dortigen Region tauchte diese Person aber nicht auf. Angeblich arbeitete »Fedotow« für eine Firma namens *Business-Courier*, die nur von 2004 bis 2008 existiert hatte und von der sich keine Spur irgendeiner tatsächlichen geschäftlichen Tätigkeit finden ließ. Bei der angegebenen Adresse handelte es sich offenbar um die Wohnung einer ganz anderen Familie Fedotow. Als wir so weit waren, kontaktierte Christo von Wien aus jemanden mit Zugang zu Daten der polizeilichen Reiseverfolgung; aus dieser Quelle erhielten wir Details zu »Fedotows« Passunterlagen. Die Ausgabestelle war die gleiche wie bei »Petrow« und »Boschirow«, die nur Reisedokumente für VIPs und Geheimdienstler bearbeitet. Was wir am dringendsten brauchten, war ein Foto von »Fedotow«. Dazu brauchten wir eine Kopie seines Personalausweises oder seines Passes, und zu dem Zweck kontaktierten wir jemanden, der Zugang zu RosPassport hatte, der zentralen Datei in Russland. Aber dort war nichts mehr zu holen. Wir wussten aber, dass entsprechende Ausweisunterlagen einmal existiert haben mussten, denn in den Reiseverfolgungsunterlagen waren sie ja vorhanden. Die naheliegendste Erklärung war, dass die Dateien von den russischen Behörden »gesäubert« worden waren. In den russischen Unterlagen würden wir das gesuchte Foto wohl vorläufig nicht finden. Daher checkten wir die Einreisestellen verschiedener Länder, in die er gereist war, und versuchten sogar in den Hotels etwas zu finden, wo er abgestiegen war. Endlich fanden wir eine Quelle, die uns ein Foto von seinem gescannten Pass schicken konnte, und damit hatte »Fedotow« endlich ein Gesicht.

Aber natürlich fehlte noch der richtige Name. Da wir wussten, dass die GRU-Agenten oftmals die Tarnidentität auf der wahren Identität aufbauen und diese nur in einigen Punkten abändern, durchsuchten wir wiederum Hunderte von Meldedaten nach »Fedotow«, dem Vatersnamen plus dem angeblichen Geburtsdatum. Diese Kombination von Suchbegriffen führte nicht weiter. Danach versuchten wir es mit dem Vornamen »Sergej« und dem Geburtsdatum. Das erbrachte viel zu viele Treffer und nichts Verdächtiges. Dann kombinierten wir den Vatersnamen mit dem Geburtsdatum. Das erzielte fünfzehn Treffer in den Moskauer Meldedaten von 2012. Einer fiel sofort auf. Die Adresse dieser Person lautete Narodnoe Opoltschenije 50, eine Unterkunft der diplomatischen Militärakademie, in Russland auch GRU-Konservatorium genannt, mit etwa hundert Eliteabsolventen pro Jahrgang. Sein Klarname lautete Denis Wjatscheslawowitsch Sergejew.

Mit diesen Informationen durchkämmten wir noch einmal die vorhandenen Datensätze und erzielten weitere Treffer, darunter die Adresse der Militäreinheit 22177 – wiederum das GRU-Konservatorium. In geleakten Reise-Datensätzen fanden wir Aufzeichnungen über Zugreisen zwischen Moskau und St. Petersburg, Sammelbuchungen mit Leuten, deren Wohnadressen oder Kfz-Zulassungen in der Choroschewskoje Chaussee 76B registriert waren, der GRU-Zentrale. Es erwies sich aber als unmöglich, ein authentisches Foto von Denis Sergejew zu ergattern, um es mit dem »Fedotow«-Foto aus dem Ausweis vergleichen zu können. Die Russen hatten ihn gründlich aus den Akten entfernt.

Um der Recherche in dieser schwierigen Situation eine Richtung zu geben, gingen wir von der Überlegung aus, dass die Studenten am elitären GRU-Konservatorium vorwiegend aus Spezialeinheiten rekrutiert werden, insbesondere solchen, wo sie bereits Kampferfahrung sammeln konnten. Durch Zufall tauchte der Name Denis Sergejew in einem Buch über die Kämpfe in der russischen Republik Dagestan im Jahr 1999 auf. Damals waren islamistische Kampfgruppen aus dem benachbarten Tschetschenien in Dagestan einmarschiert. Der russischen Armee gelang es rasch, wieder die Kontrolle über das Gebiet zu erlangen und die Islamisten zu vertreiben, aber dieser Konflikt mündete in den zweiten Tschetschenien-Krieg. 1999 war Sergejew Anführer einer Einheit von Fallschirmjägern und bei einem Gefecht mit den Islamisten verwundet worden. Wir stießen sogar auf einen Dokumentarfilm aus der Zeit, in dem diese Kämpfe ausführlich dargestellt sind, und dazu gehörte sogar ein Interview mit Sergejew.

Einen Screenshot aus der Dokumentation sowie das Ausweisfoto von »Fedotow« leiteten wir sogleich an Professor Ugail von der Universität Bradford weiter, der bereits die Gesichtserkennungsanalyse bei den Petrow/Mischkin-Fotos durchgeführt hatte. Bei Sergejew verfügten wir allerdings nur über ein gescanntes Passbild sowie über den Scan aus dem Film in geringer Auslösung. Für seine Computeranalysen verwendete Ugail einen Lernalgorithmus, der bereits anhand von Millionen von Gesichtern »dazugelernt« hatte. Bei diesem Verfahren gilt eine Übereinstimmung oder Annäherung von 70 Prozent als ausreichend, um eine Identität zu bestätigen. Hier lag die Quote bei 78,2 Prozent.

Blieb noch die Frage zu beantworten, welche Rolle Sergejew bei dem Skripal-Attentat eigentlich gespielt hatte. Wir setzten uns mit Kollegen vom Nachrichtenprogramm *BBC Newsnight* in Verbindung; laut deren Quellen bekleidete Sergejew den Rang eines Generalmajors, war also Tschepiga und Mischkin übergeordnet. Vielleicht war er der Chef dieser Operation. Durch einen Kontakt zu einem Russen, der bei einer Mobilfunkfirma arbeitete, erhielten wir die Metadaten jener Handynummer, die unter Sergejews Tarnnamen »Fedotow« registriert war. Damit konnten wir sämtliche Bewegungen von Fedotows Handy während der vergangenen zwei Jahre von Mai 2017 bis Mai 2019 nachverfolgen, also auch während der Zeit des Skripal-Anschlags. In Russland fuhr er täglich von seiner Wohnung in Moskau zu verschiedenen über die Stadt verstreuten GRU-Büros einschließlich der Zentrale in der Choroschewskoje Chaussee. Ein überraschender Anruf bestätigte noch einmal die Identität von Sergejew und »Fedotow«: Er kam von Sergejews Ehefrau.

Damit waren wir in der Lage, sämtliche Ortsveränderungen von Sergejew in den Tagen des Skripal-Attentats zu rekonstruieren. Es begann mit dem Kauf des Tickets nach London am Abend vor dem Abflug. Er erschien überpünktlich am Flughafen, aber bei Aeroflot hatte sich der Abflug ohnehin um zwei Stunden verspätet. Während der Wartezeit kommunizierte er via Telegram, Viber, WhatsApp und Facebook Messenger; außerdem erhielt er einen Anruf von jemandem, den wir über die Kontaktdaten-Sharing-App GetContact als »Amir – Moskau« identifizierten. Diese Person blieb weiterhin ein wichtiger Kontakt während der gesamten London-Reise.

Die Nummer von »Amir« gab keine weiteren Details zum Handyinhaber preis und hinterließ auch keinen Metadaten-Fußabdruck. Sehr wahrscheinlich handelte es sich um einen der nicht registrierten Anschlüsse für die russische Staatssicherheit.

Als die beiden Attentäter ihre erste Fahrt von London nach

Salisbury, offenbar zur Sondierung des Terrains, unternahmen, blieb Sergejew in London. Einmal verließ er sein Hotel; gegen Mittag pingte sein Handy an einer Funkzelle am Oxford Circus im Zentrum von London. Später gab es zwischen Mittag und 13:30 Uhr mehrmals Kontakt mit einer Funkzelle nahe Embankment. Laut den Ermittlungen der britischen Polizei fuhren Tschepiga und Mischkin an diesem Tag um 12:50 Uhr von Waterloo Station nach Salisbury ab. Dieser Bahnhof liegt zehn Minuten zu Fuß von Embankment entfernt. Hatten sich die beiden Attentäter mit ihrem Supervisor persönlich getroffen, etwa um Instruktionen zu erhalten oder für die Übergabe eines Objekts? Darüber konnten wir nur Mutmaßungen anstellen.

Am Abend jenes Tages, nach der Rückkehr von Tschepiga und Mischkin aus Salisbury, rief Sergejew zweimal bei »Amir« in Moskau an. An dem Vormittag, als das Giftattentat stattfand, hielt sich Sergejew in seinem Hotel in Paddington auf und kommunizierte erneut mit »Amir«. Anschließend fuhr er eilig zum Flughafen Heathrow, um seinen geplanten Rückflug nach Moskau zu erreichen. Er kam ungefähr zu der Zeit, als die Attentäter das Wohnhaus Skripals in Salisbury erreichten, am Terminal 4 an. Als Sergejews Aeroflot-Flug Kurs Richtung Moskau nahm, rangen Vater und Tochter Skripal bereits mit dem Tod.

Risiken verschiedener Art

Nach dem Fernsehinterview der beiden Skripal-Attentäter, in dem sie behauptet hatten, lediglich als Touristen nach Salisbury gereist zu sein, verschickte der Sender sein jährliches Weihnachtsgeschenk, diesmal in Form einer Schokoladenkathedrale. Es zeugt von einem eigenartigen Verständnis von Humor, sich auf diese Weise über einen doppelten Mordversuch lustig zu machen, bei dem als Nebenfolge eine unschuldige Zivilistin ums Leben kam – es sei denn, man wollte damit kundtun, dass man überhaupt nichts ernst nehmen muss, dass man alles infrage stellen kann und dass es unmöglich ist, irgendjemanden zur Verantwortung zu ziehen.

Bellingcat vertritt die genau entgegengesetzten Überzeugungen, weshalb Moskau uns mit Verachtung begegnet. Während die medialen Handlanger sich in Witzen ergehen, ist die Militärfraktion im Kreml jedoch keineswegs zu Scherzen aufgelegt, sondern ihnen ist es im Sinne des Wortes todernst. Amerikanische Geheimdienste sind laut einer Untersuchung von BuzzFeed News davon überzeugt, dass russische Agenten oder gedungene Mörder in den Jahren vor dem Skripal-Attentat auf britischem Territorium vierzehn Personen ermordet haben. In einigen Fällen handelte es sich um zweifelhafte »Selbstmorde«, bei anderen um schwer erklärliche Herzinfarkte.

Christo in Wien sah sich mit Hassattacken auf Twitter konfrontiert, die in regelrechte Drohungen ausarteten. Er erstattete deswegen Anzeige bei der Polizei, will sich aber nicht einschüchtern lassen. Roman legt einen unvergleichlichen Mut an den Tag, indem er in Russland bleibt und sich nicht davon abhalten lässt, die Korruption und Missetaten der Führungsschicht anzuprangern. Er hält es für die beste Rückversicherung, stets sichtbar im Rampenlicht zu bleiben und mit auswärtigen Organisationen wie Bellingcat eng zusammenzuarbeiten. Wenn man eine Person tatsächlich einmal ausschaltet, hört die kritische Berichterstattung über die Regierenden keineswegs auf, sondern sie wird im Gegenteil verstärkt, wie man es beim Fall des ermordeten saudischen Journalisten Jamal Khashoggi erlebt hat.

Die größte Gefahr geht in meinen Augen allerdings nicht von staatlichen Akteuren aus, sondern von verstörten Individuen, die die Verdrehtheiten der kontrafaktischen Internetgemeinde für bare Münze nehmen und daraus den Schluss ziehen,

Leute wie wir müssten beseitigt werden. Ich erhalte oft anonyme Botschaften mit wirklich bedrohlichem Inhalt. Es ist nicht immer leicht, darauf angemessen zu reagieren: In den meisten Fällen hat man es einfach mit irgendeinem Idioten zu tun, der einen erschrecken will, aber man weiß nie, ob nicht doch jemand wirklich etwas Böses im Schilde führt.

Nachdem sich unser amerikanischer Kollege Robert Evans öffentlich über das Shitposting in dem Bekenntnisschreiben des Mörders von Christchurch geäußert hatte, entdeckte er auf der extrem rechtslastigen Plattform 8chan ein Bild von sich, das wie ein Steckbrief gestaltet war und ihn mit einem Loch im Kopf von einer Pistolenkugel zeigte. Auf ihn war eine »Belohnung« von fünfzehn Bitcoin-Bountys ausgesetzt, nach damaligem Wert entsprach das sechzigtausend Dollar. Das einzige Wort in dieser Message lautete »Peng«. Darauf antwortete ein anderer 8chan-Poster: »Ohne Witz? Für so viel mach ich es.« Das war sicher eine leere Drohung. Aber der eine oder andere 8chan-Witzbold schreckt unter Umständen vor Blutvergießen nicht zurück.

Bei einer anderen Gelegenheit nahm sich eines unserer Recherche-Teams, die »Bellingcat Anti-Equality Monitoring Group« (Beobachtung und Untersuchung von Verstößen gegen Gleichbehandlung), verschiedener Neonazi-Gruppierungen in der Ukraine an. Unsere Anti-Equality-Group nimmt hauptsächlich faschistoide Bewegungen in der Ukraine, in Armenien und Kirgistan ins Visier, die sich gegen LBGT, Feministinnen und ethnische Minderheiten richten. In einem der Berichte wird beispielsweise erwähnt, dass ukrainische Neonazis das umfangreiche Manifest des Christchurch-Attentäters (»Der große Austausch«) als gedrucktes Buch veröffentlichen. Diese wiederum sandten an zwei unserer Mitarbeiter Todesdrohungen mit dem Wortlaut: »Der Tag, an dem du hängen wirst, ist nahe, Nigger«. Diese E-Mails enthielten im Anhang auch ein Video mit dem

Titel »Weg mit den Itzigs«, in dem Fotos von unseren Mitarbeitern und anderen Journalisten in einem Wald aufgestellt waren, wo auf sie geschossen wurde. Wir zeigten das bei Polizei und Justiz an und arbeiteten unverdrossen weiter. Über die zunehmende Bedeutung der extremen Rechten in der Ukraine gab es noch sehr viel zu sagen, und wir sprachen es aus.

Cyberangriffe bilden ebenfalls eine ständige Gefahr. Den Versuch einer Cyberspionage-Einheit des russischen Militärgeheimdienstes mit dem Spitznamen »Fancy Bear«, sich 2015 und 2016 bei uns einzuhacken, habe ich bereits weiter oben erwähnt. 2019 kam man einer Phishing-Attacke auf die Spur, bei der mehr als dreißig Nutzer des speziellen E-Mail-Services für verschlüsselte Nachrichten ProtonMail aufs Korn genommen wurden, darunter Christo und Roman sowie etliche Journalisten des *Guardian*, der BBC, Mitarbeiter von Nichtregierungsorganisationen, private Ermittler sowie Mitarbeiter an Hochschulen. All diese verschiedenen Betroffenen hatten eines gemeinsam: Sie befassten sich beruflich mit Russland. Parallel dazu musste Roman Dobrochtow in St. Petersburg einen Offline-Angriff auf sein Handy hinnehmen, mit dem er im August 2019 keine Verbindung mehr bekam. Als er sich bei seinem Provider beschwerte, erklärte man ihm, er habe an dem Tag eine Ersatz-SIM-Karte verwendet. Was überhaupt nicht stimmte. Wenn man so eine Ersatz-SIM-Karte haben möchte, muss man in ein Service-Center seines Providers gehen (in dem Fall MTS) und einen Ausweis vorzeigen. Entweder hatte sich jemand mit einem gefälschten Ausweis als Roman Dobrochtow ausgegeben, oder das Sicherheitssystem von MTS, des führenden Anbieters in Russland, war geknackt worden.

Die Risiken für Open-Source-Ermittler gehen weit über die Gefahren für Leib und Leben oder Bedrohungen aus dem digitalen Raum hinaus. Man ist auch psychischem Stress ausgesetzt.

Nach dem Massaker in der Moschee in Christchurch veröffentlichte einer der leitenden Mitarbeiter des *Digital Forensic Research Lab* beim Atlantic Council eine eindringliche Warnung. Ebenso wie ich hatte er viele Stunden damit verbracht, Bildmaterial von den Gewaltausbrüchen des Columbine-Massakers, des Boston-Marathon-Attentats, aus dem Libyen-Konflikt und dem syrischen Bürgerkrieg online anzuschauen. Wie soll man anders online Erkenntnisse gewinnen, wenn man sich nicht ständig solche schrecklichen Bilder und Videos ansieht. Eines Tages war er in Washington eine Straße entlanggegangen und hatte zufällig beobachtet, wie ein von einem Lieferwagen heruntergefallener Blumenkohl von einem nachfolgenden Lkw zerquetscht wurde. Sofort bekam er eine Panikattacke, was sich in Hyperventilieren und starkem Herzklopfen äußerte. Der Anblick des Blumenkohls hatte ihn eindeutig an die vielen Bilder von schrecklichen Kampfwunden und zerschmetterten Köpfen erinnert, die er immer wieder auf den Bildern mit ansehen musste.

»Mit der Zeit kamen zu solchen Panikattacken noch Albträume und plötzlich einschießende Angstvorstellungen hinzu«, berichtet Carvin. »Den einen Moment sah ich meine Kinder fröhlich zu Hause spielen, und plötzlich waren sie in ein Kampfgebiet versetzt oder in einen Terroristenangriff geraten. Solche Bilder drängten sich immer wieder vor mein geistiges Auge – bei Konferenzen, beim Abendessen, bei Verabredungen mit Freunden, wenn ich den Müll rausbrachte. Ich wusste gar nicht, wie ich das vermeiden könnte. Mit der Zeit stand ich dermaßen unter Strom, dass ich vor allem in der Öffentlichkeit und zusammen mit meiner Familie immer in Alarmstimmung war. Einmal standen wir am Straßenrand, schauten dem Umzug zum Nationalfeiertag am 4. Juli zu, und ich ertappte mich dabei, wie ich die auf der anderen Straßenseite parkenden Autos misstrauisch beäugte. Aus irgendeinem Grund überlegte ich mir bereits, in welche Richtung der Kühler zeigte, damit wir im Falle einer Massenschießerei hinter einem Motorblock in Deckung gehen konnten.«

Carvin suchte ärztliche Hilfe bei einem Psychiater und erhielt die Diagnose Posttraumatische Belastungsstörung (PTBS) – die sonst vorwiegend bei Soldaten vorkommt, die in Kampfhandlungen verwickelt waren. Psychologen sprechen in solchen Fällen auch von indirekter oder sekundärer Traumatisierung oder auch von »emotionaler Ansteckung«. Professor Gavin Rees vom »Dart Centre for Journalism and Trauma«, einem Projekt der Columbia University, New York, beschreibt es so, dass in solchen Fällen Körper und Geist nicht mehr im Einklang stehen. »Im Kopf wissen wir zwar, dass die im Video gezeigten Ereignisse sich in weit entfernten Weltgegenden abspielen, aber das psychisch-emotionale System reagiert so, als ereignete sich das alles ganz in der Nähe. Weil unzensierte und unbearbeitete traumatische Bilder von Grausamkeiten regelrecht durch die Nachrichtenkanäle und Social Media fluten und für jedermann verfügbar sind, registrieren wir zunehmend solche Störungen bei den Menschen. Das gilt insbesondere für die Aufnahmen von Enthauptungen durch den IS oder das von Fassbomben verursachte Gemetzel in Syrien.«

Wer vorübergehend traumatisierendem Bildmaterial ausgesetzt ist, kommt vielleicht auch nur mit vorübergehenden Beschwerden davon. Wer vielleicht nur für kurze Zeit, aber immer wieder solchen Bildern ausgesetzt ist, bekommt dauerhaft Probleme. Viele Mitarbeiter von Bellingcat haben sich stundenlang Bilder von mit Körperteilen übersäten Kriegsschauplätzen ansehen müssen; daher haben wir gelernt, uns innerlich dagegen abzuschotten und die Bilder auf dem Monitor vom eigenen Leben zu trennen. Aber das gelingt nicht immer, wie man an Carvin sehen kann, bei dem es eine Zeit lang gutging, bis es ihn auch erwischte. Man denkt, dass man damit umgehen kann, und dann funktioniert es plötzlich nicht mehr. Man kann auch nicht einfach alles vergessen, was man gesehen und gehört hat.

Den tiefsten Eindruck hinterlassen Dinge, die einen unvorbereitet erwischen. Aus eigener Erfahrung kann ich sagen, dass ich natürlich damit rechnen musste, zu sehen, wie Menschen von Schüssen getroffen werden und sterben, wenn ich mir Material aus Kriegsgebieten anschaue. Darauf habe ich mich innerlich eingestellt. Aber als ich mir die vielen Fotos vom Wrack der MH17 ansah, entdeckte ich auf einem Bild ein Spielzeug, das genauso aussah wie eines, das meiner Tochter gehört, und das hat mich zutiefst erschüttert.

»Storyful«, ein Redaktionsdienstleister in Irland, der sich auf Nachrichten aus sozialen Netzwerken spezialisiert, hat sehr einfühlsame Praktiken entwickelt, mit deren Hilfe die Mitarbeiter mit solchen psychischen Belastungen umgehen können; dort werden die Mitarbeiter auch zeitweise von ihren Aufgaben entbunden, wenn die Belastung zu stark wird, und es finden regelmäßig Gruppentherapien statt, um traumatische Erlebnisse abzuarbeiten. Auf der anderen Seite habe ich schon unglaubliche Geschichten gehört, beispielsweise über durchaus bekannte Menschenrechtsorganisationen, wo ja ähnliche Probleme entstehen; dort wird den Mitarbeitern einfach gesagt, sie sollten sich zusammenreißen, das sei eben Teil des Jobs. Doch bei etlichen Mitarbeitern kam es dann zu allen möglichen Störungen; die Palette reichte von rüdem, unhöflichem Betragen am Arbeitsplatz über Drogenmissbrauch bis hin zu sexuellen Problemen.

Um mit dem Problem der indirekten oder sekundären Traumatisierung besser umgehen zu können, haben wir für die Mitarbeiter von Bellingcat und vor allem für die vielen »Bürger-Rechercheure«, die uns unterstützen, eigens einen Ratgeber zusammengestellt. Er wurde von der erfahrenen Open-Source-Investigatorin Hannah Ellis zusammengestellt, die unter anderem betont, dass starke persönliche Betroffenheit im Hinblick auf das Bildmaterial oder ein Ereignis die emotionale Reaktion verstärkt – beispielsweise, wenn das Opfer jemandem ähnlich sieht, den man kennt, oder wenn es sich um etwas handelt, mit dem man vertraut ist. Wenn man mit einem solchen problematischen Thema gut vertraut ist, hat das zwar den Vorteil, dass man sich gut auskennt und quasi »Experte« ist; der Nachteil besteht darin, dass man verletzlicher wird. Während all der Jahre, in denen wir uns immer wieder mit dem Abschuss von MH17 befassten, habe ich es unwillkürlich stets vermieden, mit den Familienmitgliedern der Opfer in Kontakt zu treten. Im Rückblick verstehe ich jetzt, warum: Ich hatte instinktiv das Bedürfnis, zwischen mir und dem Bildmaterial keine emotionale Verbindung zustande kommen zu lassen. Wenn man unsere Aufgaben gut erledigen will, muss man auch die grausamsten Fakten einfach als juristisches Beweismittel ansehen und darf sich nicht von emotionalen Dingen ablenken oder beeinflussen lassen.

Wer sich als Bürger-Ermittler betätigt, sollte gelegentlich auch bei sich selbst »Ermittlungsarbeit« leisten, also auf sich selbst achten: Veränderungen in unserem Verhalten, ein größeres oder geringeres Schlafbedürfnis, Albträume, vermehrter oder schwindender Appetit, Isolation oder Ablehnung von anderen Menschen, zunehmender Konsum von Alkohol oder Medikamenten – all das können Warnzeichen sein. Es ist wichtig, zwischendurch Urlaub vom Bildschirm zu nehmen. Ein gesundes Maß an sozialen Kontakten und gegenseitige Unterstützung durch Kollegen, die ähnliches Material anschauen, hilft Widerstandskraft aufzubauen. Heutzutage spricht man in solchen Zusammenhängen viel von »Resilienz«.

Zu guter Letzt sollten wir uns auch fragen: Müssen wir uns wirklich alles ansehen, was da angeboten wird? Das Internet macht es sehr einfach, aber wir müssen keineswegs alles anklicken, wie ich es leider bei dem Video mit dem Massaker von

Christchurch getan habe. Kein Mensch muss derartige Bilder in seinem Gedächtnis speichern.

Was das Problem der körperlichen Unversehrtheit anbelangt, bleibe ich einfach so vorsichtig wie sonst auch. Es gibt einige Länder, in die ich nicht reisen werde; Sie können sich sicher vorstellen, welche. Aber außer der üblichen Vorsicht im Alltag gibt es sonst keinen Grund zur Panik. Unsere Gegner könnten versuchen, mir etwas anzutun. Andererseits ist Bellingcat längst über meine Person hinausgewachsen. In dem Jahr nach den Ermittlungen im Fall Skripal hat Bellingcat ein erstes richtiges Büro in Den Haag eröffnet, neben der Postadresse in Leicester. Wir haben einen fest angestellten Geschäftsführer, einen Computeradministrator und Verwaltungskräfte, die uns unterstützen, insgesamt fast zwanzig Leute. Wir sind immer noch flink und äußerst innovativ, aber wir haben auch einen Anker als ein etabliertes, kleines Unternehmen. Auch wenn es wahr ist, dass ich wenig dagegen tun könnte, falls wir angegriffen werden, so können unsere Gegner andererseits nichts dagegen ausrichten, wie wir weiterwachsen.

FÜNFTES KAPITEL

Die nächsten Schritte – die Zukunft der Gerechtigkeit und die Macht der künstlichen Intelligenz

Achtzehn Männer in orangefarbenen Overalls knieten auf dem Boden; ihre Hände waren hinter dem Rücken gefesselt, die Köpfe von Kapuzen verhüllt. Neben ihnen stand ein bärtiger Libyer, der auf Arabisch von einem Blatt Papier ablas, was den Gefangenen unmittelbar bevorstand. Dann hoben fünf Schützen ihre Sturmgewehre und drückten ab. Fünf der Opfer mit den Kapuzen auf dem Kopf fielen vornüber. Dann kam eine zweite Reihe dran, dann eine dritte. Zum Schluss blieben drei Mann übrig. Wieder knallten die Schüsse. Dem Text zufolge, der dieses Video auf Facebook begleitete, handelte es sich bei diesen Opfern um »Terroristen«, die am 17. Juli 2017 in Bengasi exekutiert wurden.

Seit 2011 standen meine ersten Gehversuche im Bereich Online-Recherche, Faktenverifizierung und Ermittlungen im Zusammenhang mit dem Konflikt in Libyen durch den Aufstand gegen Gaddafi.

Diese Erschießungen durch den bärtigen libyschen Militärkommandeur Mahmoud al-Werfalli und sein Todeskommando, die einfach auf Facebook gepostet wurden, markierten einen Wendepunkt in der noch jungen Geschichte der Open-Source-Investigationen. Nach der Absetzung und Tötung von Gaddafi breitete sich im ganzen Land die Gewalt aus. Eine mächtige Gruppe regulärer Streitkräfte bildet die »Libysche Nationalarmee« unter dem Kommando des über fünfundsiebzigjährigen Chalifa Haftar. Sie steht in Opposition zu der allgemein anerkannten Regierung in der Hauptstadt Tripolis. Zu Haftars Armee gehört eine brutale Spezial- und Eliteeinheit, die Al-Saiqua-Brigade, zu der auch Werfalli gehört. Im August 2017 erging ein Haftbefehl des Internationalen Strafgerichtshofs in Den Haag. Werfalli wurde des dreiunddreißigfachen Mordes in der Umgebung von Bengasi im Jahr zuvor angeklagt. Erstmals in der Geschichte stammte fast das gesamte Beweismaterial aus Postings in sozialen Medien.

Im März 2015 hatte ich in Istanbul an einer Podiumsdiskussion über oppositionelle Aktivisten und die Flut von Videos teilgenommen, die sich aus Syrien in die sozialen Medien ergossen. Im Publikum erhob sich ein Syrer, der mit ganz sanfter Stimme sprach. Er hatte für eine Organisation gearbeitet, die Filme von Protesten aufnahm, und sagte nun, er und seine Kollegen wären anfangs davon ausgegangen, dass das Verbreiten solcher Filme die Assad-Truppen abschrecken und daran hindern würde, weitere Massaker wie das in Hama 1982 zu begehen; dort hatte das Regime fern von den Augen der Öffentlichkeit einen Aufstand mit brutalter Gewalt erstickt. Inzwischen *sah* die Welt aber beinahe täglich zu, und trotzdem fand die Gewalt kein Ende. Worin liegt der Sinn, fragte der syrische Aktivist, sein Leben für ein bisschen Bildmaterial zu riskieren? An diese Frage muss ich immer wieder denken. Da riskierten Menschen ihr Leben, und wir saßen einfach da und schauten uns Bildmaterial an. Vielleicht erschien noch ein Beitrag bei Bellingcat und es gab einen kurzen Aufruhr bei Twitter sowie ein paar vereinzelte Meldungen in den Abendnachrichten. Sollte das alles gewesen sein?

Durch die Causa Werfalli hatte sich gezeigt, dass Bellingcat mehr bewirken konnte, als berichtenswerte Fakten aufzudecken oder nachzuweisen. Ob wir es nun ausdrücklich beabsichtigten oder nicht, wir schufen mittlerweile gerichtsfeste Beweismittel, waren oft die Ersten, die schlüssige Beweisketten entdecken, und die Einzigen, die sie liefern konnten. Damit war auch unsere Verantwortung erheblich gewachsen.

Wir beschlossen, uns die sieben in dem Haftbefehl gegen Werfalli zitierten Videos noch einmal vorzunehmen, um genau zu analysieren und der Öffentlichkeit zu erklären, was in diesem Bildmaterial rechtlich relevant war. Diese Expertise wollten wir insbesondere auch den Strafverfolgungsbehörden zur Verfügung stellen, um ihnen zu einem besseren Verständnis dessen zu verhelfen, was sie in den Händen hielten. Der erste Schritt bestand darin, die Aufnahmeorte der Videos so genau wie möglich zu lokalisieren, und wir luden die Öffentlichkeit dazu ein, sich über die Verifikationsplattform Check daran zu beteiligen. In dem auf Facebook gezeigten Video der Exekution auf dem sandigen Platz in oder bei Bengasi erwähnte Werfalli selbst bei seiner »Urteilsverkündung« das Datum; anhand der Schattenlängenmessung mithilfe der SunCalc-App konnten wir feststellen, dass dieses Kriegsverbrechen morgens um 6:37 Uhr begangen wurde. Die genaue Verortung erwies sich als schwieriger, denn die Aufnahme war von einem leicht erhöhten Standort aus gemacht worden, weshalb charakteristische Landmarken im Gelände kaum auszumachen waren. Der Bildausschnitt zeigte hauptsächlich ein staubiges, offenes Gelände mit zwei halb verwischten Reifenspuren im Sand, die ungefähr parallel liefen, dazu flache Hügel und da und dort trockenes Gebüsch. Einmal hob sich der Blickwinkel der Kamera für ein paar Momente, sodass man in einiger Entfernung einen Zaun und dahinter eher verwischt ein paar flache Gebäude erkennen konnte.

Wir machten ein paar Screenshots, die wir zu einer Art Panoramabild zusammensetzten; dabei achteten wir darauf, so viel visuelle Information wie möglich auf einen Blick zu erhalten. Die undeutlich zu sehenden grauen Betongebäude hatten anscheinend keine Türen, so als handle es sich um ein unfertiges Bauwerk. Noch im Bau befindliche Objekte in Bengasi zu identifizieren ist nicht so einfach, denn Bengasi ist eine ziemlich große Stadt, in der es viele schadhafte Gebäude oder eben unvollendete Bauprojekte gibt. Ein Twitter-User, @ROELart, gab uns den Tipp, die Stelle könnte sich im Südwesten von Bengasi befinden. Satellitenbilder von der angegebenen Gegend zeigten, dass der Sand dort signifikant grauer war als an anderen Stellen in und rund um Bengasi, was man schon als ersten Treffer bezeichnen konnte. Auf Wikimapia wurde erwähnt, dass einige Gebäude dort von den Einheimischen als »die Chinesen-Bauten« bezeichnet wurden; es handelte sich um eine geplante Siedlung, mit deren Bau um 2009 begonnen worden war, der aber zwei Jahre später, nach dem Ausbruch des Bürgerkriegs, zum Stillstand gekommen war. Die Libysche Nationalarmee von General Haftar hatte die Gegend im Januar 2017 erobert. Online fanden wir sogar ein Foto von den »Chinesen-Bauten«, und sie ähnelten stark denjenigen auf dem Exekutionsvideo. Auch die zusätzlich herangezogenen Luftaufnahmen von Google Earth von dieser Stelle wirkten vielversprechend. Das Problem bestand allerdings darin, dass es hier Hunderte von annähernd identischen unvollendeten Gebäuden gab.

In Social-Media-Videos aus dem Juni 2017 konnte man sehen, wie Werfalli und seine Soldaten mit Bulldozern Waffen ausgruben, die von ihren Gegnern offenbar in dieser Gegend mit den Häuserskeletten vergraben worden waren. Im Hintergrund konnte man einen Zaun erkennen, ähnlich demjenigen, der auf dem Exekutionsvideo kurz ins Bild kam. Auf Google Earth fanden wir ebenfalls einen derartigen Zaun, der ein offenes Gelände mit kleineren Vegetationsflecken abgrenzte. Und auf Satellitenfotos ähnelten diese wiederum dem Gebüsch auf dem Exekutionsfoto. Wir fanden ferner noch ein Foto aus der Vogelperspektive mit Reifen- bzw. Fahrspuren im Sand in der

Nähe der Gebäude. Beim Vergleich von Luftbildern vom 14. Juli 2017 mit jenen der Exekution am 17. Juli 2017 fielen auch noch dunkle Flecken auf dem Boden auf. Sie ließen sich mithilfe von TerraServer gut erkennen; TerraServer liefert die für Normalnutzer bestmögliche Hochauflösung. Diese dunklen Flecken befanden sich genau an den Stellen, wo die Opfer in dem Video im Sand knien mussten. Nun hatten wir sogar die Blutspur der Tat gefunden.

In Kriegszeiten können Täter meist nicht sogleich zur Rechenschaft gezogen werden. Auch noch etliche Jahre nach dem Erlass des Haftbefehls gegen Werfalli bewegte er sich frei in Libyen. Es erschien sogar noch ein weiteres Video von ihm in den sozialen Medien, wo er erneut Gefangene exekutieren ließ. Aber davon darf man sich nicht entmutigen lassen. Die Justiz arbeitet langsam, und man muss dementsprechend langfristig denken. In diesem Zusammenhang erinnere ich mich beispielsweise an die »Caesar«-Fotos, die Aufnahmen eines syrischen Militärfotografen, die er selbst außerhalb Syriens veröffentlichte. Er arbeitete für die Assad-Armee und fotografierte die Leichen der Menschen, die in den Kerkern des Regimes ermordet wurden. Splitternackte Männer, deren Rippen und Schlüsselbeine sich deutlich abzeichneten, weil sie halb verhungert waren; manchen war die Häftlingsnummer auf die Haut geschrieben. Der unter dem Decknamen »Caesar« bekannt gewordene Fotograf unbekannter Identität fing irgendwann an, Kopien von seinen Aufnahmen zu machen und aus seinem Büro hinauszuschmuggeln. Als er im August 2019 aus Syrien flüchtete, nahm er 53275 Fotos auf USB-Sticks mit. Es kam wiederholt vor, dass die Opferfamilien erst durch ein »Caesar«-Foto erfuhren, was mit ihrem verschwundenen Verwandten geschehen war. So auch im Fall des vierzehnjährigen Achmad al-Musalmani, der in einem Minibus zur Beerdigung seiner Mutter unterwegs war, als er von einem Soldaten aufgegriffen wurde, weil er einen Anti-Assad-Song auf seinem Handy hatte. Nach jahrelanger Suche entdeckte sein Onkel den Leichnam des Jungen auf einem der »Caesar«-Fotos.

Im März 2015 machte uns Twitter-User @ArtWendeley auf ein besonders bemerkenswertes Foto in dem Archiv aufmerksam, auf dem eine Vielzahl von Leichen auf dem Boden lagen, vermutlich in einer nicht verschließbaren Garage. Man konnte mindestens neun nackte männliche Leichen zählen, die auf dem Rücken aufgereiht auf einem staubigen Betonboden lagen; unmittelbar dahinter befand sich eine Parkgarage. Außerdem waren ein paar Bäume und einige Gebäude im Hintergrund zu erkennen. Ein anderer Twitter-User, @pfc_joker, meinte, bei der höchsten Erhebung handele es sich um den Dschabal Qasiyun, einen über eintausendeinhundert Meter hohen Berg, von dem aus man die gesamte Stadt Damaskus überblicken kann. Online sahen wir uns in dieser Gegend verschiedene Orte und Gebäude an, die als Militäreinrichtungen infrage kamen, und entdeckten schließlich eine Stelle, die passen konnte, das Militärkrankenhaus 601, das über eine Kfz-Werkstatt verfügte, die auch auf Google Maps erkennbar war. Wir führten eine umfangreiche Ortsbestimmung durch, indem wir jede halbwegs markante Stelle auf den Aufnahmen mit Satellitenbildern abglichen. Das erwies sich tatsächlich als Volltreffer. Auf Google Earth konnte man sogar erkennen, dass sich diese Einrichtung nur wenige Schritte unterhalb des Präsidentenpalastes befand. Wenn er gewollt hätte, hätte Assad sich an den Rand des Palastgrundstücks begeben können, und er hätte die in der Sonne verwesenden Leichen gesehen.

Eines Tages werden derartige Open-Source-Nachweise vielleicht als Beweismittel vor Gericht verwendet werden. Aber in diesem Zusammenhang stellt sich die Frage: Wenn man als Untersuchungsrichter oder als Staatsanwalt dereinst im Jahr 2035 syrische Kriegsverbrechen, die 2020 begangen wurden, zur Anklage bringen will, wo findet man so etwas? Natürlich kann man versuchen, Youtube (oder seine künftigen Konkurrenten) systematisch zu durchkämmen. Aber wird alles, was irgendwann einmal hochgeladen wurde, immer noch abrufbar sein? Kann man es verifizieren? Wird man die Clips finden können? Ich muss dabei daran denken, wie man versucht, die Tagebücher von Teilnehmern des Zweiten Weltkriegs zu bewahren. Ähnlich wertvolle und authentische Dokumente sind heute solche Videos. Wir haben die Pflicht, all das zu speichern und aufzubewahren.

Eines der großen Paradoxe des Internets besteht darin, dass die Online-Welt ewig und flüchtig zugleich erscheint. Man liest einen Tweet und vergisst ihn gleich wieder, gerade weil man annimmt, dass er später wieder abrufbar ist. Aber das muss nicht so sein. Nehmen wir den Fall der schwedischen Live-Streaming-App Bambuser, die zu Beginn des syrischen Aufstands sehr beliebt und weit verbreitet war; viele Demonstranten haben dort die Protestmärsche in Videoclips dokumentiert. Nachdem das Assad-Regime das Internet in den Rebellengebieten abgeschaltet hatte, hörte natürlich auch das Streamen auf, aber bei Bambuser waren alle Videos von den Demonstrationen natürlich gespeichert. Jedenfalls so lange, bis Bambuser selbst dichtgemacht hat. Selbst diejenigen, die die Proteste gefilmt haben, sind nicht mehr Rechteinhaber der von ihnen gemachten Aufnahmen. Es häufen sich im Übrigen auch bei Youtube oder Twitter die Fälle, in denen wichtiges Bildmaterial ohne Vorwarnung von den Firmen gelöscht wurde, weil es (angeblich) die Standards der Plattformen verletzt. So hat auch Facebook im Sommer 2019 völlig überraschend »Graph Search« abgeschaltet, nachdem sie massiven Vorwürfen ausgesetzt waren, persönliche Daten der Nutzer auszubeuten. Für Experten auf diesem Gebiet war Graph Search aber ein sehr hilfreiches Tool, um veröffentlichte Inhalte leicht durchsuchen zu können, Orte zu verifizieren oder Likes oder Arbeitgeber beispielsweise. Das war immer sehr hilfreich, um Muster von Verdächtigen einer Straftat oder eines Rechtsmissbrauchs nachzuzeichnen oder in Videos Zeugenaussagen ausfindig zu machen. Aber eines Tages war dieses Tool verschwunden.

Autoritäre Staaten wiederum haben im Laufe der Zeit mitbekommen, dass man dem, was sich im Internet und in offenen Quellen tut, mehr Aufmerksamkeit schenken muss. Sie passen viel mehr auf, was da alles gezeigt wird. Der Kreml hat den russischen Soldaten mittlerweile verboten, Aufnahmen und Details von ihren Militäreinsätzen in sozialen Medien zu erwähnen oder Bildmaterial davon hochzuladen, und sie sind sehr schnell dabei, Datenlecks zu stopfen, falls es doch passiert. Moskau macht sich gern und rasch über Bellingcat lustig; aber alle diese neuen Verbote und ihre neue Wachsamkeit – ganz offenbar eine direkte Reaktion auf unsere Arbeit – sind umso mehr ein Beweis für die Richtigkeit und Wichtigkeit und die Effizienz unserer Ermittlungen und Recherchen.

Einige Beobachter der Szene hegen die Befürchtung, dass das goldene Zeitalter der Open-Source-Recherchen schon bald wieder vorbei sein könnte. Davon lassen wir uns nicht beunruhigen. Heute ist Bellingcat aktiver denn je. Unser Problem war nie ein Mangel an Information, sondern eher ein Mangel an Zeit. Hindernisse sind außerdem dazu da, überwunden zu werden. Nachdem Youtube 2017 damit begonnen hat, wichtige Video-Beweise zu löschen, haben Open-Source-Investigatoren endlich gelernt, das sofortige Abspeichern und spätere Archivieren von Bildmaterial ernst zu nehmen. Diese Maßnahmen der Plattform-Giganten haben im Übrigen auch endlich zu direkten Debatten mit Youtube und Facebook geführt, in denen wir klarmachen konnten, welche entscheidende Rolle auch im Sinne von strafrechtlicher Verantwortung sie bei alldem spielen – ob ihnen das gefällt oder nicht.

Auch unsere eigene Praxis mussten wir immer wieder kritisch hinterfragen. Vor Gericht haben nur lückenlose Beweisketten Bestand; das verlangt also einen hohen Dokumentationsstandard. Und das gilt selbstverständlich für sämtliche Inhalte in den sozialen Medien. Möglicherweise hat ein Ermittler ein bestimmtes Video auf Facebook gefunden, anschließend die Seite kontaktiert, wo es erschienen ist, und um mehr Material gebeten. Oder wir stoßen bei Youtube auf einen Clip. Was wissen wir über die Person, die ihn gepostet hat, und wie soll man das alles dokumentieren, um es gerichtsfest zu machen? Etwas anders gelagert waren die Probleme, wenn digitales Material vor Ort erstellt wurde, beispielsweise, wenn jemand einen Luftschlag aufnahm und diese Aufnahme außer Landes schmuggelte. All das muss für Richter vollkommen transparent nachvollziehbar und vor allem nachweisbar sein. Auch Menschenrechtsorganisationen sind dazu übergegangen, sich Archive anzulegen, wobei sie die Sammlung und Verwaltung ihres Materials recht unterschiedlich angehen. Manche sind ziemlich desorganisiert, jeder verwendet sein eigenes Klassifizierungssystem und unterschiedliche Datenträger etc. Wenn Richter keine Kenntnisse oder kein entsprechendes Bewusstsein haben, wie sie mit digitalem Material umgehen und es bewerten sollen, können entscheidende Beweise unberücksichtigt bleiben.

Der technische Fortschritt hat seit den Nürnberger Prozessen nach dem Zweiten Weltkrieg Einfluss auf Kriegsverbrecher- und internationale Strafgerichtsprozesse gehabt. Allein durch den schieren Umfang der Massenmorde der Nazis konnten Zeugenaussagen nicht mehr die ausschlaggebende Rolle spielen wie im klassischen Strafprozess. Später konnte man auf umfangreiches Dokumentationsmaterial zurückgreifen, das die Täter selbst angelegt hatten, bis hin zu Namenslisten auf frühen IBM-Computern. Diese wurden nun wesentliche Beweismittel neben militärischen Aufzeichnungen sowie Film- oder Fotomaterial von Kriegsberichterstattern. Der nächste technologische

Fortschritt im Gerichtswesen kam in den frühen Neunzigerjahren im Zuge der Balkan-Konflikte und des Völkermords in Ruanda, als man auf Fortschritte in der wissenschaftlichen Forensik wie DNA-Analysen zurückgreifen konnte, aber auch auf Datenanalysen durch Computer oder Auswertungen von Satellitenbildern zur Identifizierung von Massengräbern. Die Gründung des ständigen internationalen Strafgerichtshofs in Den Haag im Jahr 2002 fiel dann zeitlich mit dem Beginn der generellen Transformation der menschlichen Kommunikation und Dokumentation durch die Digitaltechnik zusammen. Mittlerweile bin ich auch Mitglied des technischen Beirats des Internationalen Strafgerichtshofs. In erster Linie geht es darum, der Justiz zu einem besseren Verständnis der Art und Weise zu verhelfen, wie Open-Source-Ermittlungen durchgeführt und auf die verhandelten Fälle angewendet werden können.

Das »Human Rights Center« (Zentrum für Menschenrechte) an der Universität von Kalifornien in Berkeley nimmt an der Schnittstelle von Online-Ermittlungsarbeit und deren Verwendung in der Justiz eine Schlüsselrolle ein. Nachdem dort festgestellt wurde, dass Fälle, die eigentlich am Internationalen Strafgerichtshof angeklagt werden müssten, manchmal schon im Stadium der staatsanwaltlichen Ermittlungen wegen schwieriger Beweislage scheitern, hat sich das Zentrum seit 2011 in diesem Bereich stark engagiert. Etliche Richter sind beispielsweise der Ansicht, dass sich die Strafverfolgungskammern viel zu sehr auf Berichte von NGOs (Nichtregierungsorganisationen) oder klassische Zeugenaussagen stützen, statt selbst direkte Beweise zu erheben. Wenn zwischen den ersten Beschuldigungen, ja, sogar der formellen Anklageerhebung, und dem eigentlichen Prozess zu viel Zeit vergeht, kommt es außerdem häufig vor, dass Zeugen einfach nicht vor Gericht erscheinen – teils, weil sie die grauenhaften Erinnerungen für sich selbst nicht noch einmal heraufbeschwören wollen und innerlich damit abgeschlossen haben, um in ihrem jetzigen Leben zurechtzukommen, teils weil sie eingeschüchtert wurden. Während solcher Zeitspannen wächst aber auch das Material in den Medien so gut wie täglich an; das kann durchaus eine Chance sein.

Es mag schwer oder unmöglich sein, an den Ort eines Kriegsverbrechens zu gelangen, aber Informationen und Aufzeichnungen in sozialen Medien sind immer erreichbar. Solche digitalen Inhalte können Zeugenaussagen von Überlebenden bestätigen und mit weiteren Fakten untermauern, unter Umständen aber auch die Quellen widerlegen. Digitales Material kann helfen, einzelne physische Beweisstücke in einen bestimmten Kontext einzuordnen. Außerdem können die Informationen aus sozialen Medien eine große Hilfe sein, wenn es darum geht, die Beziehungen von Verdächtigen oder Angeklagten untereinander zu klären. Das kann für Gerichte, deren Ziel es ist, auch die Verantwortlichen auf der höchsten Kommandostufe anzuklagen und nach einem Verfahren zu verurteilen, von sehr großem Wert sein. Wir haben dies in unseren Ermittlungen unter anderem im Fall des Abschusses von MH17 gezeigt, als wir die Profile und Posts von Angehörigen der 53. Brigade in den sozialen Medien systematisch auswerteten. So konnten wir die beteiligten Soldaten bis in hohe Kommandoebenen benennen.

Inzwischen hat das *Human Rights Center* ein ethisches Protokoll für Open-Source-Ermittlungen erarbeitet. Federführend waren Lindsay Freeman, Alexa Koenig und Eric Stover, die von einigen der klügsten Köpfe in diesem Feld der Justiz unterstützt wurden. Nachdem die Leiterin des Centers in Berkeley, Alexa Koenig, von Studenten immer wieder gefragt worden war, ob es denn ethische Richtlinien für derlei Online-Untersuchungen gäbe, entschlossen sie und ihr Team sich, einen solchen Code zu erarbeiten. Dabei griffen sie auf Erfahrungen und vorbildliche Beispiele aus relevanten Bereichen des Journalismus, der Justizpraxis und der Umfragepraxis bei sozialwissenschaftlichen

Untersuchungen zurück. Schließlich schälten sich drei Grundprinzipien heraus, die bei dieser Arbeit zu beachten und zu gewährleisten sind:

1. Sicherheit: Sowohl die körperliche wie die psychische Unversehrtheit von Rechercheuren, Beiträgern (Uploader), abgebildeten Personen sowie Inhabern von Daten muss gewährleistet sein.

2. Faktentreue: Die Verlässlichkeit von Fakten muss durch nachvollziehbare Erhebungsmethoden, transparentes Überprüfen und Peer Review gewährleistet werden.

3. Respekt: Die Menschenwürde aller Beteiligten muss durch Respektierung der Urheberrechte bei allen Arten von Quellenmaterial, der Beiträge Dritter an der Ermittlungsarbeit und durch Risikovorsorge für Beteiligte und Betroffene einer Ermittlung gewährleistet sein.

Bellingcat und andere Open-Source-Ermittler bewegen sich in einer sich ständig entwickelnden und verändernden Online-Welt, doch die Ermittlungsergebnisse von heute müssen jahrelang standhalten. »Der Druck wird weiterwachsen, und falls Assad noch ein paar Jahrzehnte weiterlebt, kommt vielleicht der Tag, an dem für ihn ein internationaler Haftbefehl ausgestellt wird«, sagt der ehemalige Staatsanwalt für internationale Strafsachen, der amerikanische Anwalt Stephen Rapp. »Auch für diese Art von Verbrechen muss der Grundsatz gelten: Du kommst in diesem Leben nicht ungeschoren davon.«

Was Assad anbelangt, sind viele Aktivisten nicht so optimistisch. Gleichwohl haben sie nach wie vor das größte Interesse an sorgfältiger Ermittlungsarbeit. Ihre Hoffnungen und Erwartungen sind längerfristig ausgerichtet – auf den Wiederaufbau des Landes. Eines Tages mag es von Bedeutung sein, die wahrhaftige Geschichte zu erzählen. Hadi, unser Partner bei *The Syrian Archive*, hat uns darauf hingewiesen, dass das Assad-Regime bereits eifrig damit beschäftigt ist, die Geschichte dessen, was sie angerichtet haben, mithilfe einer pseudowissenschaftlichen Dokumentation über den syrischen Bürgerkrieg umzudeuten und zu verfälschen. Wenn es in einem Land ein nennenswertes historisches Gedächtnis geben soll, darf es nicht von Leugnern von Kriegsverbrechen stammen.

Eine Blaupause für zukünftige Kriege

Auf die meisten Menschen im Westen wirkt der Konflikt im Jemen wie einer von vielen Konflikten in einem weiteren von vielen gescheiterten Staaten in einer ohnehin obskuren Weltgegend. Und sie meinen, dieser Krieg hätte nichts mit ihrem Alltag und ihrem Leben zu tun.

Aber er hat weltweite Auswirkungen. Erstens handelt es sich bei dem innerjemenitischen Konflikt um einen Stellvertreterkrieg zwischen den beiden Lokalmächten Saudi-Arabien und Iran. Zweitens ist dieser Krieg laut UN-Aussage von 2019 die weltweit schlimmste humanitäre Katastrophe der Gegenwart. 24 Millionen Menschen brauchen dort eigentlich Hilfe und Schutz, das entspricht 80 Prozent der Bevölkerung. Vier Jahre zuvor war im Jemen der Bürgerkrieg ausgebrochen, bei dem Zehntausende Menschen getötet worden waren, darunter mehr als siebzehntausend Zivilisten. Ein weiterer Grund für die Menschen im Westen, diesen Konflikt nicht einfach schulterzuckend abzutun, liegt in der Tatsache, dass die Vereinigten Staaten, Großbritannien, Frankreich, Kanada und weitere Nationen durch Waffenlieferungen, Ausrüstungen und sonstige logistische Unterstützung indirekt mitbeteiligt sind. Das ist alles andere als eine weit entfernte Tragödie, mit der niemand etwas zu tun hat.

Für Bellingcat hat der Konflikt im Jemen eine besondere Bedeutung. Hier haben wir zum ersten Mal unsere aktuellsten und am weitesten entwickelten Beobachtungs- und Ermittlungstechniken systematisch angewendet. Dazu gehörten auch die bestmöglichen und möglichst umfassenden Archivierungsmöglichkeiten von Anfang an. Unsere Tätigkeit hier sollte zu einer Art Blaupause für Open-Source-Recherchen in künftigen Konflikten werden.

Schon vor dem Ausbruch des Bürgerkriegs zählte Jemen zu den ärmsten Ländern im Nahen und Mittleren Osten mit einem Pro-Kopf-Bruttosozialprodukt von zweitausendvierhundert Dollar im Vergleich zu einhundertfünfunddreißigtausend Dollar auf der anderen Seite der Arabischen Halbinsel, in den Öl-Scheichtümern. Dabei zählte der Jemen gleichzeitig zu den am stärksten bewaffneten Staaten, schon an zweiter Stelle nach den USA nach einer jüngeren Übersicht. Als Ableger des Arabischen Frühlings 2011 hatte es Proteste gegen die jahrzehntelange Kleptokratie des Regimes von Präsident Ali Abdullah Salih gegeben. Nach dessen Absetzung ging die Macht an Abed Rabbo Mansur Hadi über, aber auch seine Herrschaft wurde von Aufständischen bedroht, vor allem von den Huthi-Rebellen. Diese schiitisch dominierte Gruppe eroberte im November 2014 die Hauptstadt Sana'a. Das wollte die unmittelbar benachbarte sunnitische Vormacht Saudi-Arabien unter keinen Umständen dulden. Eine von den Saudis geführte Koalition, die geheimdienstlich und militärisch von deren westlichen Alliierten unterstützt wurde, begann mit Luftschlägen zur Unterstützung der Regierung Hadi. Diese Bombardements richteten sich systematisch auch gegen zivile Ziele und Infrastruktur. Laut der Zahlen des »Armed Conflict Location & Event Data Project«, einer Nichtregierungsorganisation zur Erfassung von Konfliktdaten, gingen rund zwei Drittel der zivilen Verluste auf das Konto dieser Angriffe. Die Saudi-Koalition verhängte außerdem eine Seeblockade, wodurch der Nachschub an Lebensmitteln und Medikamenten in die Rebellengebiete der Huthi unterbrochen wurde. Eine Folge davon ist der schlimmste Cholera-Ausbruch seit Beginn der Aufzeichnungen – mehr als eine Million Menschen waren von dieser bakteriellen Infektionskrankheit betroffen. Auch die Huthi waren keine Engel und machten sich reihenweise verschiedenster Menschenrechtsverletzungen schuldig, darunter Folterungen, Entführungen, Granatenbombardements auf Zivilisten, das Verlegen Tausender von Landminen und die Rekrutierung von Kindersoldaten.

Einer der Gründe, warum auch der gegenwärtige Konflikt im Jemen zu den »vergessenen Kriegen« zählt, liegt darin begründet, dass eine herkömmliche Berichterstattung durch Journalisten vor Ort nicht möglich ist. Die Regierung erteilt kaum Visa an Journalisten, und wenn doch, werden sie meist von Leuten der Saudi-Koalition an der Einreise gehindert. Falls doch einmal ein Reporter ins Landesinnere gelangt, wird er von Aufpassern begleitet, was dazu führt, dass unvoreingenommene Gespräche mit Einheimischen so gut wie unmöglich sind. Eine der wenigen, denen es gelungen ist, diese Hindernisse zu umgehen, ist die Journalistin Rawan Shaif, die sich schon zu Beginn des Konflikts im Jemen niedergelassen hat. Gemeinsam mit unserem Senior-Ermittler Nick Waters hat sie die Hauptlast unseres ersten umfangreichen Bellingcat-Investigationsprojekts über diesen Krieg getragen.

Rawan Shaif ist in London aufgewachsen und hatte stets den Wunsch, besser zu verstehen, wie der jemenitische Teil ihrer Familie tickt. 2013 zog sie daher mit Mitte zwanzig in das Land dieses Teils ihrer Vorfahren. Sie war dort freie Mitarbeiterin für das Kinderhilfswerk Unicef. Als der Krieg ausbrach, begann sie mit journalistischen Arbeiten, zunächst als Kontaktperson für die BBC, schrieb Beiträge für die Zeitschrift *Foreign Policy*, die *New York Times* und andere Publikationen. Als die Bombardements der Saudi-Koalition immer mehr zunahmen, arbeitete sie systematisch daran, die Luftschläge mit Zeugenberichten vor Ort, Satellitenaufnahmen und Videos in sozialen Medien zu kombinieren. Nachdem im August 2017 jemand aus ihrem Freundeskreis im Zentrum von Sana'a erschossen worden war, verließ sie das Land wieder. Ein Jahr später nahm Rawan in London an einer von »Global Legal Action Network« (GLAN, eine grenzüberschreitende juristische Vereinigung gegen Menschenrechtsverletzungen) teil; hier ging es insbesondere darum, mit juristischen Mitteln, also mit Klagen vor Gericht, den Waffenexport in den Jemen zu unterbinden. Wenn Munition aus Großbritannien im Ausland eingesetzt wird, sehen die Vereinbarungen eigentlich vor, dass diese nicht gegen zivile Ziele gerichtet sein darf. GLAN hatte aber herausgefunden, dass dies sehr wohl der Fall war. Aber es handelte sich wohl um Einzelfälle; ein großflächiges Muster für den illegalen Einsatz konnte nicht nachgewiesen werden.

In Zusammenarbeit mit diesen Anwälten beteiligte sich Rawan Shaif an der Erstellung einer gegliederten Datensammlung und geeigneten Methoden, um die aus Open-Source-Quellen stammenden Beweise für Luftangriffe in Jemen zu protokollieren. Diese Arbeit begann mit dem Sammeln des Beweismaterials aus den Quellen und dessen Aufbereitung durch Verifizierung und Analysen. Danach wird dieses Material mit Indizien und Nachweisen aus NGO-Berichten und Nachrichten weiter untermauert. So werden die Ermittler zum Beispiel einen angeblichen Luftangriff auf ein ziviles Ziel in Jemen zu identifizieren versuchen, indem sie primäre und sekundäre Quellen heranziehen und das Ganze einzuordnen versuchen. Dann versuchen sie die sechs grundlegenden Fragen zu beantworten: Wo?, Wann?, Was?, Wie?, Wer? und Warum? Hierbei war stets absolut methodisches Vorgehen nötig. Die »Härte« der Beweise rangiert von »bestätigt« (aus mindestens drei verschiedenen Quellen), über »wahrscheinlich«, »schwach«, »andere Ursache der Explosion denkbar«, »unbestätigt« bis »unbekannt«.

Bei unserer Sammlung von Daten und Fakten verwenden wir eine sehr weit entwickelte Software, »Hunchly«, die stets protokolliert, was der Ermittler anklickt und ansieht, und jede Seite speichert, sodass wir gegebenenfalls den gesamten Prozess rückverfolgen oder nachvollziehen können, falls ein anderer Ermittler oder eine Staatsanwaltschaft irgendwann einmal Interesse daran hat.

Bellingcat testete diese neue Methode bei einem viertägigen Hackathon im Januar 2019, das gleichzeitig der Startschuss für das Jemen-Projekt unter der Leitung von Rawan Shaif und Nick Waters sein sollte. Der von Bellingcat und GLAN gemeinsam veranstaltete Event zog die Crème de la Crème der Open-Source-Investigatorenszene an – Reporter, Technikfans und Anwälte, die ungefähr hundert aktuelle Luftangriffe im Jemen unter die Lupe nahmen. Von dieser Zusammenarbeit erhofften wir uns, Maßstäbe für solide Standards in dreierlei Hinsicht zu gewinnen: für den investigativen Journalismus, für die wissenschaftliche Recherche und für Gerichtsprozesse. Wir teilten unsere Erkenntnisse auch mit dem neu geschaffenen *Yemeni Archive* (Jemen-Archiv), das von Experten von *The Syrian Archive* geleitet wurde; sie hatten ihre Aktivitäten inzwischen unter der Bezeichnung *Mnemonic* ausgeweitet. Dort wurden bereits mehr als hundertfünfzigtausend Einzeltitel digitalen Inhalts allein über den Jemen-Krieg gespeichert. Im Endausbau sollte es so sein, dass jedermann in der Lage sein sollte, eine Karte aufzurufen, ein Gebiet einzukreisen, Parameter zu setzen und über Geo-Schlagworte Social-Media-Posts für das markierte Gebiet zu finden. Oder man könnte mit wenigen Angaben bereits erfasste Munitionstypen oder -mengen abfragen oder sich auf Angriffe mit einem bestimmten Bombentyp fokussieren oder einen bestimmten Munitionshersteller oder ein bestimmtes Land.

Mnemonic hat sich zum Ziel gesetzt, auch noch zu weiteren Konflikten Material zu sammeln und zu archivieren, was später ausgedehntere und noch gründlichere Recherchen ermöglichen soll: beispielsweise alle Angriffe auf Brunnen und Wasserreservoire im Nahen und Mittleren Osten. Wenn so ein Datenarchiv einmal ausgebaut ist und man will sich anlässlich von Demonstrationen gegen ein autoritäres Regime irgendwo auf der Welt kundig machen, so könnte man dort beispielsweise leicht herausfinden, welche Art von Munition die Polizei gegen Demonstranten einsetzt. Und nebenbei lässt sich so feststellen, welche Firmen oder Länder Waffen und militärische Ausrüstung an Despoten verkaufen. Wenn eine Menschenrechtsorganisation einen Nachweis hinsichtlich eines bestimmten Tatvorwurfs führen will und zunächst nichts anderes vorliegen hat als eine Zeugenaussage, die Identität des Zeugen aber wegen dessen Gefährdung nicht preisgeben kann, bestünde die Möglichkeit, über zielgenaue Abfragen das Umfeld dieser Tat zu erkunden und digital gespeicherte Daten zu dem Ereignis abzufragen, die zumindest indirekte Beweise liefern. Journalisten hätten Zugriff auf eine Fülle von Themen und abgesichertem Material für ihre Artikel. Untersuchungsrichter und Staatsanwälte, die etwa einen Kriegsverbrecherprozess anstrengen wollen, hätten leichten Zugriff auf gerichtsfestes Beweismaterial. Ein paar Klicks würden ihnen zeitaufwendige Recherchearbeit ersparen.

Das Jemen-Projekt soll auch ein Muster dafür sein, wie Ermittler und Rechercheure bei künftigen Konfliktausbrüchen vorgehen können. Zu denken wäre an Gewaltausbrüche in Venezuela. Oder an neue »ethnische Säuberungen« in Myanmar. An Gewalttaten im Kongo. Wir haben jetzt eine Vorgehensweise und ein Nutzungssystem entwickelt, dessen Kosten wir beziffern können, und wir wollen es allgemein zugänglich halten, also nicht wie ein Rechteinhaber gegen Gebühr verwerten. Da wir selbst gar nicht die Möglichkeit und die Mittel haben, jeden Konflikt auf der Welt zu recherchieren, beschränkt sich

Bellingcat auf die Fälle, bei denen wir der Meinung sind, dass wir durch unsere Arbeit etwas bewirken können. Wir haben uns beispielsweise ausführlich mit den Luftangriffen im Jemen befasst, weil die Aufdeckung der dortigen Geschehnisse eventuelle gerichtliche Anklagen unterstützen können. Aber wir verfügen eben nur über eine begrenzte Anzahl von »hauptamtlichen« Investigatoren, die wiederum nur über einen begrenzten Umfang von Sprachkenntnissen verfügen. Deshalb halten wir unsere Kurse in Online-Investigation, die wir weltweit durchführen, für so wichtig. Wie stets bei Bellingcat, laden wir gerne andere zur Teilnahme an unserer Arbeit ein und freuen uns, wenn wir unser Wissen weitergeben können. Keine unserer Arbeitsweisen und Recherchemethoden beschränkt sich lediglich auf Kriegsereignisse. Mit den von uns entwickelten Techniken lassen sich gleichermaßen Umweltschäden, Anschläge und sonstige Gewalttaten von Extremisten oder Polizeigewalt recherchieren. Es handelt sich um ein sehr flexibles System, das in vielfältiger Weise angewendet werden kann.

Ich habe nie vergessen, was mich jener syrische Aktivist bei jener Podiumsdiskussion 2015 in Istanbul gefragt hat: welchen Sinn es habe, unter Einsatz seines eigenen Lebens Akte der Verletzung von Menschenrechten zu filmen oder sonst wie zu dokumentieren, wenn daraus keine Konsequenzen folgen. Damals war ich tatsächlich um eine Antwort verlegen. Heute ist genau dies meine Antwort.

Gefahren und Chancen künstlicher Intelligenz

Wahrscheinlich wird niemand den Moment vergessen, als er zum ersten Mal ein »Deepfake« gesehen hat. Einerseits muss man den technischen Fortschritt bewundern, der es möglich macht, Bild- und Videomaterial so täuschend echt zu verändern. Andererseits hegt man die schlimmsten Befürchtungen, was sich mit solch einem Tool alles anrichten lässt. 2018 hat der amerikanische Comedian Jordan Peele ein Deepfake-Video produziert, in dem Barack Obama seinen Nachfolger Donald Trump »a total and complete dipshit« (ungefähr: »einen Vollidioten«) nennt. Selbstverständlich hat der ehemalige Präsident Obama nie so etwas gesagt. Das Peele-Video sollte eine Warnung an die Öffentlichkeit sein. Das im Internet üblicherweise anzutreffende Informationschaos ist schon schlimm genug. Inzwischen besteht die Gefahr, dass man mithilfe von Deepfakes auch noch die Reste eines redlichen Diskurses im Internet zerstören kann. So etwas unterminiert natürlich unsere Verifikationsbestrebungen, mit denen wir falsche Behauptungen bisher entlarven konnten.

Ein ähnlicher Weckruf kursierte 2019: In einem Video, das schnell viral ging, konnte man die Sprecherin des Repräsentantenhauses und damit de facto die Anführerin der parlamentarischen Opposition gegen Trump, Nancy Pelosi, bei einer Ansprache sehen, bei der die Rede in einer Weise verzerrt war, als ob Pelosi lalle. Dabei handelte es sich um einen sogenannten »shallow fake«; damit bezeichnet man authentisches Bildmaterial, das in irgendeiner Weise verfremdet wurde: In diesem Fall hauptsächlich verlangsamt und bezüglich der Stimme manipuliert, sodass es den Eindruck erweckte, als sei Pelosi betrunken oder sonst wie nicht ganz zurechnungsfähig. Wenn ein auf so beinahe harmlose Weise verfremdetes Video schon eine solches Echo findet, was soll dann erst in fünf oder zehn Jahren passieren?

Retuschierte Fotos gibt es schon seit sehr langer Zeit. Insbesondere die Sowjetpropaganda in der ersten Hälfte des 20. Jahrhunderts hat davon reichlich Gebrauch gemacht. Wenn die Feinde Stalins hinter Gefängnis- oder Lagermauern verschwanden, verschwanden sie auch von den Fotos. Um das zu bewerkstelligen, musste man über einige handwerkliche Erfahrung in der Dunkelkammer verfügen, und zur Verbreitung des retuschierten Materials bedurfte es einer folgsamen Presse. Heute können Retuschen und Fälschungen leicht am Smartphone vorgenommen und gleich von dort aus mühelos in die ganze Welt gesendet werden.

Zum Begriff »Deepfake« gehört mehr als Foto- und Videomaterial. Mithilfe von künstlicher Intelligenz, K.I., kann man Fotos von Menschen zusammenbasteln, die nie existiert haben. Das demonstriert die Website »Which Face Is Real« (Welches Gesicht ist echt?), wo immer eine echte Aufnahme neben ein künstlich erzeugtes Gesicht gestellt wird. Sie sind kaum zu unterscheiden, was erschreckend ist. Mit gut gemachten Audio-Deepfakes wird schon seit Längerem schlimmer Unfug getrieben. Trickbetrüger verwendeten beispielsweise Sprechproben eines Firmenchefs, um dessen Stimme digital zu reproduzieren; damit kreierten sie eine mündliche Anweisung an einen seiner Mitarbeiter, dringend zweihundertzwanzigtausend Euro auf das Bankkonto des Betrügers zu überweisen. Eine von Tesla-Gründer Elon Musk unterstützte Forschungsfirma, OpenAI, hat einen Algorithmus geschaffen, der selbstständig sinnvolle Texte zu schreiben imstande ist; daraus können Automaten-Trolls entstehen, die mehr können als lediglich Spam versenden. Sie könnten Menschen in Debatten verwickeln, Verschwörungstheorien befördern oder sinnvolle öffentliche Debatten und Gespräche ganz einfach überrollen. Aus Angst vor Missbrauch hat OpenAI dieses Tool nie in die Öffentlichkeit gebracht.

Auch wenn Deepfakes eine besondere Herausforderung darstellen, können wir uns trotzdem informieren, vorbereiten und entsprechend reagieren. Wegen Deepfakes überängstlich und übervorsichtig zu sein wäre auch wiederum ganz unangebracht, denn es würde dazu führen, dass wir jede Art von Dokumentation skeptisch betrachten müssten, was in reinem Zynismus endet. Nichts wäre einfacher, um eine sorgfältig erstellte Open-Source-Ermittlung in Zweifel zu ziehen, als die Behauptung, dass man sowieso nichts mehr glauben kann. Ich bin mir ziemlich sicher, dass diese Behauptung bald zum Standard bei Desinformationskampagnen wird. Ich sehe die Tweets schon vor mir, die auf authentische Videos aus Syrien mit »Woher soll man wissen, dass es sich nicht um ein Deepfake handelt?« reagieren. Die Uninformierten schreiben dieser Technologie Fähigkeiten zu, die jenseits von deren augenblicklichen Möglichkeiten liegen.

Ein führender Experte in Bezug auf solche synthetischen Medien und ihren potenziellen Missbrauch, Sam Gregory von der Menschenrechtsorganisation WITNESS, gibt zu bedenken, dass wir nach wie vor die Möglichkeit haben, uns gegen diese Bedrohung besser zu wappnen und nicht mehr so naiv zu sein wie die Teile der Internetgemeinde, die sich auch in jüngerer Zeit mit vielen Formen von Desinformation ins Bockshorn jagen ließen. Als Erstes müssen wir verstehen lernen, welche Arten von Trickserelen technisch möglich sind. Man kann inzwischen ohne Weiteres Personen oder Objekte aus einem Video entfernen. Man kann Gesichter tauschen und Körperbewegungen verändern; dadurch lässt sich echtes, authentisches Bildmaterial in ein Marionettentheater verwandeln, in dem die Akteure tun und sagen, was der sprichwörtliche Drahtzieher dahinter will.

Als Nächstes muss man sich darüber klar werden, wie die Konsequenzen aus der Verwendung solcher »synthetischer Medien« aussehen. Dadurch würde unter Umständen die Legitimität jeder ernsthaften Berichterstattung, Information oder Untersuchung beschädigt. Die Reputation und das Öffentlichkeitsbild von Politikern und anderen Personen, die in der Gesellschaft eine Rolle spielen, ließe sich in jeglicher bösen Absicht nachhaltig untergraben. Das führt zu flächendeckendem Wählerbetrug.

Videoarchive könnten zu Angriffszielen werden; im Erfolgsfall wäre es möglich, an einmal gemachten Aufnahmen herumzudoktern.

Drittens sollte man unbedingt bedenken, wohin sich diese Technologie entwickelt. Deepfakes werden sich sicherlich »verbessern«. Die zugrundeliegende KI steht im technologischen und ökonomischen Wettbewerb ganz oben an der Spitze des Fortschritts; Software-Unternehmen, die bestrebt sind, einstige eher wissenschaftlich ausgerichtete Forschung zu kommerzialisieren, werden danach streben, die Hemmschwellen für deren Einsatz zu senken. Der Bedarf an Trainingseinheiten wird sinken (das ist die Anzahl der Bilder oder Tonbeispiele, die ein Algorithmus benötigt, um ein überzeugend wirkendes Fake zu erzeugen).

Viertens müssen wir uns darüber im Klaren sein, dass synthetische Medien sich zuallererst und vor allem in den gleichen Desinformationskanälen verbreiten werden, die wir jetzt schon bekämpfen: Microtargeting in sozialen Medien, massenweises Spamming, das Streuen von Desinformation durch allerlei attraktiv wirkende, alternative Medien-Outlets.

Eine mögliche richtige Reaktion oder Teilantwort auf diese schnell heraufdämmernden Probleme muss natürlich mediale Bildung sein. Die Herausforderung besteht darin, sich up to date zu halten. Diese Technologien entwickeln sich in hohem Tempo, und allfällige verräterische Hinweise, an denen ein Deepfake zu erkennen ist, werden ganz schnell nachgebessert. Eine weitere Gegenmaßnahme sollte ein engerer Schulterschluss zwischen etablierten Medien und Open-Source-Ermittlern sein, die am ehesten in der Lage sein dürften, Falschnachrichten zu erkennen und zu entlarven. Natürlich sollten sich auch die Firmen, die solche medienmanipulative Software herausbringen, ihrer ethischen Verantwortung bewusst sein und gleichzeitig mit ihrer Verfälschungssoftware auch Enthüllungs-Tools zur Verfügung stellen. Eine Möglichkeit wären fest integrierte Verifikationsdaten, sodass bei jeder Foto- oder Videoaufnahme Metadaten mit hochgeladen werden, die es Forensikern oder Social-Media-Plattformen erleichtern, Checks durchzuführen.

Die für Prüfung und Entwicklung zuständige Abteilung bei der *New York Times* hat ein »News Provenance Project« aufgelegt (Projekt zur Überprüfung der Herkunft von Nachrichten und Informationen). Auch hier werden die technischen Möglichkeiten und Voraussetzungen erprobt, und es wird geprüft, wie sich Metadaten fest mit Bildmaterial verbinden lassen, etwa durch ein elektronisches Wasserzeichen, das die Authentizität des Inhalts sichert beziehungsweise verifiziert. Dort hat man auch schon mit einer Blockchain-Technik bei der Publikation von Bildern experimentiert. Diese Technik ist von den Kryptowährungen bekannt, wo eine Art gemeinsames Kontoblatt bei jeder Transaktion insgesamt weitergegeben wird, um Fälschungen zu verhindern. Auch Facebook hat bereits zehn Millionen Dollar bereitgestellt, um eine »Deepfake Detection Challenge« zur Enttarnung von Fälschungen in Gang zu bringen. Das soll Wissenschaftler ermutigen, nach Wegen zu suchen, wie synthetische Medien zuverlässig identifiziert werden können.

Im Augenblick beunruhigt mich das Deepfake-Problem nicht allzu sehr. Fotos und Videos sind keine Gebilde, die im luftleeren Raum schweben. Sie sind Teil einer Daten- oder Informationskette. Nehmen wir als Beispiel das Obama-Video mit dessen angeblicher Aussage über Trump. Stellen wir uns vor, es sei eines schönen Tages ohne weitere Erklärung bei Youtube aufgetaucht und anschließend viral gegangen. Bellingcat und viele andere hätten in dem Fall sofort gecheckt, was auf diesem Youtube-Kanal sonst noch hochgeladen worden ist. Wie steht es um die Glaubwürdigkeit und Herkunft dieser Quelle? Ist das Bildmaterial schon einmal an anderer Stelle erschienen?

Wer hat es zuallererst auf Twitter oder Facebook geteilt? Welche Seiten haben diese User sonst noch geliket? Und so weiter und so fort. Außerdem stehen echte Ereignisse immer in einem Realzusammenhang. Wann soll Obama das gesagt haben? Wo – bei welcher Gelegenheit? Gibt es einen Nachweis, dass er sich tatsächlich zu der angeblichen Zeit an dem angeblichen Ort aufgehalten hat? Falls hinsichtlich eines Videos irgendwelche Zweifel entstehen, geht man bei der Recherche sofort in die Tiefe. Wenn es sich tatsächlich um ein Deepfake-Video handelt, wird sich das in aller Regel recht bald herausstellen, und dann ist nur derjenige blamiert, der den Clip in die Welt gesetzt hat. Wenn sich auf diese Weise bei den Menschen ein gesunder Skeptizismus (und kein Zynismus) entwickelt im Hinblick auf das, was ihnen online alles vor die Nase gesetzt wird, dann kann das nur gut sein. Statt das Pelosi-Video für bare Münze zu nehmen oder alles kritiklos hinzunehmen, was bei Facebook automatisch wiedergegeben wird, sollte das Publikum verlangen, dass nur solches Bildmaterial gezeigt wird, was von Organisationen mit zuverlässigem Ruf geprüft wurde.

Man sollte KI auch im Hinblick auf künftige Open-Source-Recherchen durchaus optimistisch sehen. Lernende Maschinen oder die Verwendung von Datenblöcken, mit deren Hilfe ein Computer unabhängig »lernen« kann, könnten sich bei der Verarbeitung von großen Datenmengen als hilfreich erweisen. Im syrischen Bürgerkrieg übersteigt die Zeitdauer für die Betrachtung des hochgeladenen Bildmaterials inzwischen die Dauer des Krieges selbst. Bisher hat *The Syrian Archive* 3,5 Millionen Einzeltitel digitalen Inhalts gespeichert (ungefähr 1,5 Millionen Youtube-Videos plus 2 Millionen Clips oder Fotos von Facebook und Twitter). Das Archiv beschäftigt drei Vollzeitkräfte und vier oder fünf sonstige Mitarbeiter. Insgesamt wurden von ihnen bisher mehr als achttausend Einzeltitel aus dieser Datensammlung verifiziert – was zwar eine beachtliche Leistung darstellt, aber auch bedeutet, dass nach wie vor neunundneunzig Prozent unbearbeitet und nicht verifiziert daliegen. Die einzige realistische Schlussfolgerung lautet, die Videos durch entsprechend »geschulte« Computer laufen zu lassen.

Und in der Tat verwendet *The Syrian Archive* seit 2017 KI beispielsweise dazu, den Gebrauch von Streumunition zu erkennen, indem man die Maschine mit Bildern von entsprechenden nicht explodierten Granaten bzw. Sprengkörpern und dann vom Explosionsvorgang selbst gefüttert hat; solche Explosionen vollziehen sich nach einem bestimmten Muster, das Algorithmen lernen können. Nach einiger Zeit kann die KI selbstständig arbeiten und wird alle Streubomben-Vorfälle in den Millionen von Clips kennzeichnen. Dann können sich die Mitarbeiter ganz auf die gekennzeichneten Videos konzentrieren, um Erkenntnisse darüber zu gewinnen, wie diese Art von Munition im Lauf des Krieges verwendet wurde. *The Syrian Archive* hofft, in Bälde auch über KI zu verfügen, die Angriffe auf Rettungskräfte und Krankenhäuser erkennt, ferner den Einsatz von Brandmunition sowie die Gegenwart von Panzern und Hubschraubern.

»Forensic Architecture«, eine Gruppe von Wissenschaftlern an der Universität von London, die bewusst neuartige Methoden anwenden, entwickelt Digital-Modelle, um Menschenrechtsverletzungen zu dokumentieren. Auch sie haben für die Auswertung von Material lernende Maschinen verwendet. Dabei ging es vor allem um die Rolle Russlands bei den Kämpfen in der Ostukraine, insbesondere in der Schlacht von Ilowajsk im August 2014, einige Wochen nach dem Abschuss von MH17. Eine entsprechende KI fraß sich durch zweitausendfünfhundert Stunden Bildmaterial von Youtube aus der fraglichen Region und aus der Zeit der Kämpfe auf der Suche nach Bildern, in denen Panzer zu sehen sind. Dann sahen sich die Rechercheure die Ergebnisse an und konnten bestätigten, dass dort immer wieder ein bestimmter Panzertyp auftaucht, von dem man weiß, dass er zu jener Zeit nur von den Russen verwendet wurde.

Benetech, eine gemeinnützige Organisation für soziale Unternehmen, die Gemeinden mit Software für soziale Zwecke unterstützt, machte eine zufällige, völlig unerwartete Entdeckung, als man dort ein häufig auftretendes Problem bei Online-Untersuchungen zu lösen versuchte: Da wird ein Video von mehreren Usern heruntergeladen und anschließend in leicht veränderten Versionen wieder und wieder hochgeladen, was große Verwirrung stiftet und sehr viel Zeit kostet. Benetech entwickelte nun ein KI-Tool, das diese einförmige Masse durchkämmt, identische Versionen des Videos herauszieht und einen einzigartigen elektronischen Fingerabdruck entwickelt, bestehend aus bis zu fünfhundert alphanumerischen Zeichen, die jedem Clip zugeordnet werden. Diese Fingerabdrücke lassen sich leicht abgleichen; die Clips werden in eine Rangfolge entsprechend ihrer Übereinstimmung gebracht. Das Überraschende dabei: Wenn man sich Clips ansah, die knapp unterhalb der Schwelle der Identität lagen, identifizierte die KI unterschiedliches Material des gleichen Ereignisses. So hat man ganz unbeabsichtigt eine Möglichkeit geschaffen, praktisch automatisch Videos zu finden, die in enger Beziehung zueinander standen: ein großer Vorteil für die Investigatoren.

Bei Bellingcat sprechen wir oft mit Computerspezialisten über die Frage, wie wir die Berge von Daten und Datenbanken effizient bearbeiten können, wie etwa die geleakten russischen Datenbanken, die wir heruntergeladen haben. Damit könnten wir beispielsweise unser Wissen über die Art und Weise, wie die GRU falsche Identitäten anlegt, hernehmen und eine KI entwickeln, die praktisch die gesamte in diesen Datenbanken erfasste Bevölkerung der Russischen Föderation nach entsprechenden Profilen durchsucht. Statt sich manuell durch diese Datenberge zu wühlen, kann die KI für diese Zwecke aussichtsreiche oder »verdächtige« Identitäten vorschlagen. Ein anderes Tool, das von Open-Source-Investigatoren inbrünstig herbeigesehnt wird, wäre ein Hilfsmittel für die reverse Bildsuche in Videos, mit der man blitzschnell checken könnte, ob in einem Video enthaltenes Bildmaterial bereits früher irgendwo verwendet wurde – das ist sehr oft ein entscheidender Aspekt, wenn man die Authentizität und Originalität von digitalem Content beurteilen muss. Wir hoffen auch, dass es bald eine Methode gibt, Social-Media-Postings automatisch nach bestimmten Gesichtspunkten erfassen und durchsieben zu können. Als es im Zusammenhang mit unseren langwierigen und ausführlichen Untersuchungen zu MH17 darum ging, die Bewegungen der 53. Brigade nachzuvollziehen, waren zwei von unseren Bellingcat-Mitarbeitern ein Jahr lang damit beschäftigt, sich durch Social-Media-Profile zu klicken und dort erschienene Fotos anzuschauen, um herauszufinden, wer alles zu dieser Militäreinheit gehörte. Sicherlich werden wir solche Aufgaben eines Tages automatisieren können, indem wir Computern vorgeben, beispielsweise nach Trägern von Uniformen oder Militärkleidung zu suchen, nach Erwähnungen von Militäreinheiten in den Posts und Messages der User. Vielleicht kann die Maschine die Ergebnisse für die Weiterbearbeitung durch Rechercheure auch bereits mit grafischen Darstellungen verbinden, wie die ermittelten Soldaten untereinander vernetzt sind, und vor allem hochrangige Militärangehörige identifizieren, um die wir uns vor allen anderen kümmern müssen. Auf diese Weise lassen sich die Aktionen von Militärkräften nachverfolgen, denen Fehlverhalten und Verbrechen vorgeworfen werden. Eine Komplikation besteht allerdings darin, dass ein derartiges Tool für sämtliche Geheimdienste weltweit von höchstem Interesse wäre. Für uns lautet die Frage daher: Falls wir eine solche Suchmaschine erfolgreich entwickeln würden, sollten wir sie dann auch öffentlich zugänglich machen?

Technik und technischer Fortschritt liefern viele Antworten, helfen aber auch dabei, überhaupt erst einmal die richtigen Fragen zu stellen. Peter de Kock arbeitete in einer Undercover-Ermittlungseinheit der holländischen Polizei und war unter anderem auch an deren Ermittlungen zu dem MH17-Abschuss beteiligt, bei dem so viele Niederländer ums Leben kamen. Während auf holländischer Seite zeitweilig ein Stab von sechzig Leuten aus den Sicherheitsdiensten daran herumwerkelte, mit den Ermittlungen voranzukommen, hatte er beobachtet, wie vergleichsweise rasch und mühelos es Bellingcat gelang, die Fahrt des Buk-Lenkwaffenstarters allein aus offenen Quellen zu rekonstruieren. Als er seine Kollegen darauf hinwies, reagierten einige durchaus interessiert, aber die höheren Stellen waren konservativ, und man blieb bei den traditionellen Ermittlungsmethoden. Kurze Zeit nach Abschluss der niederländischen MH17-Ermittlungen beendete de Kock seine Doktorarbeit über »Prognosen von kriminellem Verhalten«. Inzwischen hatte ihn auch der Ehrgeiz gepackt, Daten und Erkenntnisse der Datenwissenschaft für die Polizeiarbeit zu nutzen; daher gründete er seine eigene Firma »Pandora Intelligence«. Bei einem von deren wichtigen Projekten geht es um die Verbesserung der Arbeit von Rettungs- oder Noteinsatz-Leitstellen unter Zuhilfenahme von OSINT (Open Source Intelligence). Im herkömmlichen Verlauf nimmt jemand in der Einsatzleitstelle einen eingehenden Notruf entgegen, notiert die wichtigsten Daten und Fakten zu dem Notfall und brieft auf dieser Grundlage ein Einsatzteam. Mithilfe des von Pandora Intelligence entwickelten Systems werden die Worte des Anrufers augenblicklich in Schriftform aufgezeichnet und alle relevanten Angaben festgehalten: Adresse, Telefonnummer, gegebenenfalls Kfz-Kennzeichen etc. Diese Daten werden automatisch und gleichzeitig in Open Sources wie beispielsweise soziale Medien und natürlich in die behördlichen Datenbanken der Polizei eingespeist. Auf diese Weise werden blitzschnell weitere Anhaltspunkte und Suchbegriffe generiert, die ihrerseits wieder in die Medien und Datenbanken eingegeben werden; daraus entsteht eine ganze Faktenkaskade, die in Echtzeit an die Einsatzstelle zurückgemeldet wird und dort auf dem Bildschirm erscheint, noch während der Diensthabende dort telefoniert, sodass er dem Anrufer unter Umständen gezielte Fragen stellen kann. Außerdem lassen sich auf diese Weise mögliche Beweise sichern, die sonst vielleicht in der Hektik übersehen würden.

Wohin die Reise geht

Die Vergangenheit, Gegenwart und Zukunft aller Open-Source-Ermittlungen lassen sich auf einen Nenner bringen: Zusammenarbeit.

Diejenigen, die systematisch Desinformation betreiben, verfügten niemals über größere und bessere Möglichkeiten als heute, und wer sie aggressiv einsetzt, findet online ein sehr großes Publikum. Dagegen müssen möglichst viele von uns ankämpfen, und wir müssen es gemeinschaftlich tun, nicht im Sinne der kleinlichen und schädlichen Informationseifersucht, die ein typisches Kennzeichen des Old-School-Journalismus war. Zum Glück haben auch traditionelle Medien die Botschaft und Bedeutung dieser neuen Herangehensweisen verstanden und sind bereit, sich einzubringen. Die *New York Times*, bei der ich im Februar 2013 mit einer Titelgeschichte über den Waffenschmuggel in Syrien einen frühen Durchbruch erzielen konnte, hat inzwischen eine eigene Abteilung aufgebaut, das »Visual Investigations Team« (Bildmedienermittlung), wo echte Spezialisten und Könner arbeiten, darunter der ehemalige Bellingcat-Mitarbeiter Christiaan Triebert, unser früher Beiträger Christoph Koettl, der zuvor bei *Amnesty International* war, sowie der Open-Source-Pionier Malachy Browne, der früher bei *Storyful* war. Dieses Team zeichnet mittlerweile für einige der wirkmächtigsten Reportagen in diesem Tempel der Medienlandschaft verantwortlich, da sie die Hintergründe der Chemiewaffenangriffe im Syrienkrieg, das Massaker in Las Vegas 2017 und die Ermordung von Jamal Khashoggi 2018 aufklären und zusammen mit Bellingcat die Umstände des Absturzes von Flug PS752 im Januar 2020 im Iran klären konnten. Obwohl diese Abteilung erst seit wenigen Jahren arbeitet, gewann sie bereits einen Pulitzer-Preis, zwei Emmys und einen Overseas Press Club Award (Preis der Auslandspresse).

Nachdem Bellingcat einen Workshop bei der BBC durchgeführt hatte, wurde auch dort eine entsprechende Abteilung für Open-Source-Investigation eingerichtet, die vor allem auf Afrika ausgerichtet ist, das bisher von Online-Ermittlungen ziemlich unberührt war. Das »BBC African Eye«-Team stellte einen weiteren früheren Bellingcat-Mitarbeiter ein, Aliaume Leroy. Umgehend brachte ihnen im September 2018 eine haarsträubende Reportage mit dem Titel »Anatomy of a Killing« (Anatomie eines Mordes) sehr viel Anerkennung ein, in dem die Hintergründe eines Youtube-Videos analysiert wurden, das zeigt, wie kamerunische Soldaten zwei Frauen und ihre beiden kleinen Kinder an einem Straßenrand einfach umbringen. Die Regierung von Kamerun hatte zunächst schlichtweg geleugnet, dass es dieses abscheuliche Verbrechen überhaupt gegeben habe, und denunzierte das Video als »Fake News«. Aber mit Unterstützung von Amnesty und Bellingcat gelang es dem BBC-Team, die Schuldigen zu identifizieren. Schließlich musste die Regierung eingestehen, dass es sich um Soldaten ihrer Armee gehandelt hatte, und die sieben Tatbeteiligten aus dem Video wurden vor Gericht gestellt. Diese BBC-Investigation wurde 2019 mit einem Peabody Award geehrt, einer hochangesehenen amerikanischen Auszeichnung für besonders qualitätvolle, anerkennenswerte Leistungen in Rundfunkmedien.

Auch an anderen Stellen in der traditionellen Medienwelt sind Teams, die ebenfalls auf Verifizierung fokussiert, andererseits mit der Aufdeckung von Desinformation beschäftigt sind, inzwischen weit verbreitet. Das *Wall Street Journal* hat einen »Deepfake«-Stab aus jungen Redakteuren und journalistischen Hilfskräften aus allen Ressorts zusammengestellt, die die Reporter und Redakteure bei der Recherche unterstützen sollen, welche Nachrichten und Inhalte als authentisch zu bewerten sind. Die Nachrichtenagentur Reuters schult ihre Mitarbeiter im Erkennen von Falschinformationen und baut ebenfalls ein Team zur Verifikation von Bildmaterial auf.

Wenn man sich vor Augen führt, wie viel Information mittlerweile aus sozialen Medien stammt, dann kommen auch die klassischen Nachrichtenmedien gar nicht umhin, Kapazitäten zur Online-Verifizierung aufzubauen, sofern sie sich selbst nicht angreifbar machen wollen. Andererseits werden diejenigen, die auf Open-Source-Beobachter und -Ermittler verzichten, immer häufiger wesentliche Knüller und Trends verpassen. Auf der obersten Führungsebene vieler Organisationen – von Medienunternehmen bis zu Menschenrechtsaktivisten, Hilfsorganisationen und Ähnlichen – ist die Erkenntnis aber noch nicht so richtig angekommen, was eigentlich möglich wäre.

Um wenigstens die junge Generation in die Lage zu versetzen, diese Möglichkeiten kennenzulernen und damit umzugehen, hat Bellingcat in den Niederlanden ein Pilot-Trainingsprogramm für Universitätsabsolventen auf die Beine gestellt. Damit sollen denjenigen, die Journalismus, Datenwissenschaften und Visuelle Medien studieren, Grundlagenkenntnisse vermittelt werden, durchaus auch in dem Sinne, dass sie ihr Wissen weitergeben. Mit finanzieller Unterstützung der niederländischen Regierung führten wir das erste Projekt in Utrecht mit zwanzig Studenten im Alter zwischen achtzehn und fünfundzwanzig Jahren durch. Die Veranstaltung erwies sich als dermaßen erfolgreich, dass wir fünf weitere Seminare folgen ließen. Über einen Zeitraum von mehreren Wochen gab es jeweils einen Seminartag über Techniken der Verortung *(geolocalisation)*, der Zeitbestimmung, wann ein Foto oder Video aufgenommen wurde *(chronolocalisation)*, wie man soziale Medien unter bestimmten Gesichtspunkten durchkämmt und so weiter, entsprechend den bei Bellingcat entwickelten Methoden.

Sobald sie die Grundlagen gelernt haben, leiten wir die Teilnehmer bei entsprechenden Übungsprojekten an. Die besten Such- oder Untersuchungsergebnisse bieten wir den örtlichen Medien zur Veröffentlichung an. Bei dem ersten Seminar in Utrecht erzielten wir damit sofort bemerkenswerte Ergebnisse, darunter vor allem die Rekonstruktion eines Terroristenanschlags im März 2019 in Utrecht selbst, bei dem ein Mann Schüsse auf die Fahrgäste einer Straßenbahn abgefeuert hatte, wodurch drei Menschen zu Tode kamen und sieben verletzt wurden. In offenen Quellen hatten unsere Seminarteilnehmer Einzelheiten zur Person des Attentäters entdeckt, die den holländischen Ermittlungsbehörden entgangen waren.

Für die Zukunft hoffen wir, solche Seminare auch in Großbritannien, Deutschland, Frankreich, den Vereinigten Staaten und anderen Ländern abhalten zu können. Die Nachfrage ist da. Alles, was wir brauchen, sind genügend Seminarleiter. Sobald das einmal eingespielt ist, wollen wir uns auch mit Angeboten an Schüler wenden. Das muss gut vorbereitet sein, und man muss behutsam vorgehen. Wir können Teenager natürlich nicht mit irgendwelchem grausamem Bildmaterial konfrontieren. Aber ein durchdachtes Lernprogramm in Grundlagen der Verifizierungstechniken sollte im 21. Jahrhundert zur Grundausbildung der jungen Menschen gehören, die sich auf das Erwachsenenleben vorbereiten. Wir sind uns selbstverständlich darüber im Klaren, dass die meisten Seminarteilnehmer, die bei uns etwas über Online-Verifikation lernen, diese zeitraubende und arbeitsintensive Betätigung dann nicht im Alltag fortsetzen. Aber wenn sich aus einer Gruppe von fünfundzwanzig Teilnehmern später ungefähr drei damit weiterbeschäftigen oder dies sogar zu ihrem Beruf machen, ist damit schon viel gewonnen. Diejenigen, die sich danach nicht weiter in die Materie vertiefen, haben jedoch einen tiefen Einblick gewonnen. Sie wissen, was möglich ist und was man von der Verifikation von Informationen erwarten kann.

Für alle, die daran interessiert sind, haben wir ein kostenfreies »Bellingcat Online Investigation Toolkit« (Werkzeugkasten für Online-Ermittlungen) entwickelt; dort findet man alles von Links zu Satellitenkarten bis hin zu Techniken der Verifizierung von Videos, Firmenregister und Flight-Tracker. Damit lassen sich beispielsweise digitale Hinweise auf die Bildung einer neuen politischen Vereinigung finden, oder man beschäftigt sich mit konkreten Themen der eigenen Gemeinde oder Nachbarschaft, indem beispielsweise dokumentiert wird, was passiert, wenn in einer bestimmten Gegend die Mülltonen übervoll sind, sich der Inhalt über die Straße verteilt und Ungeziefer anzieht, während in einem unmittelbar angrenzenden Wohnviertel alles blitzblank ist. Davon könnte man Fotos machen, die vom Handy mit einem Hinweis auf den Aufnahmeort versehen werden, und sie an einen zentralen Server schicken. Auf diese Weise lässt sich die Nachbarschaft mobilisieren, man könnte eine Datensammlung anlegen und eine gut vorbereitete Geschichte über die Gefährdung der öffentlichen Gesundheit an Journalisten oder Behörden schicken. Lokale Medien könnten sich ebenfalls auf diese Weise engagieren. Sie waren und sind von dem allgemeinen Rückgang im Nachrichtengeschäft mit am stärksten betroffen, müssen um ihre Existenz und jede Einnahme kämpfen. Gerade mit solcher Berichterstattung über Themen von lokalem

Interesse könnten sie sich ein neues Betätigungsfeld erschließen, das ihnen so schnell keiner streitig macht.

Derartige Reportagen aus der Nachbarschaft klingen auf den ersten Blick natürlich nicht so spannend wie eine internationale Kriegsberichterstattung, aber auch sie könnten einen weltweiten Bezug haben. Jeder derartige Bericht, ob es sich um das Thema Gesundheitsgefährdung, die Einwanderung von Wildtieren oder eine Umweltschädigung handelt, könnte andere Menschen an ganz anderen Orten dazu bringen, das Thema für ihre Gegend aufzugreifen. Daraus könnte eine internationale Gemeinschaft engagierter Menschen entstehen, die sich von gelungenen Reportagen an einem Ort zu ähnlichen Ermittlungen und Veröffentlichungen an einem anderen Ort inspirieren lassen.

Die sozialen Medien bieten Enttäuschten und Frustrierten eine Zuflucht, und für einige Menschen ist das durchaus hilfreich. Bellingcat kann man als ein Ergebnis dieses Prozesses auffassen. Gleichzeitig haben sich aber auch destruktive Online-Gemeinschaften gebildet, die Lügen verbreiten, Gewalt provozieren und Gesellschaften spalten. Wenn sich normale Bürger zu Investigativgemeinschaften zusammenschließen, merken sie zum einen, dass sie keineswegs machtlos sind, und zum anderen, dass sie nicht allein sind, sondern dass wir gemeinsame Interessen haben, die uns einen.

Was mir schon seit Anbeginn meiner Tätigkeit in der Open-Source-Recherche Kopfzerbrechen bereitet, ist die Tatsache, wie sehr Frauen hier unterrepräsentiert sind. Eine ähnliche Unausgewogenheit ist mir im Internet auch schon an anderen Stellen aufgefallen, vor allem in der Zeit, als ich mich intensiv mit Gaming befasst habe und eine Gruppe von vierzig Spielern geführt habe, von denen neununddreißig Männer waren. Es lediglich damit zu erklären, dass Frauen sich angeblich nicht für virtuelle Kämpfe mit Licht- oder Zauberschwertern interessieren, greift zu kurz. Die Ursachen liegen tiefer. Das Internet war von Anfang an eine bevorzugte Spielwiese junger Männer, die hier Ablenkung und Kumpel fanden. Gaming wurde zu einem derart zentralen Bestandteil ihres Lebens, dass sie sich vorstellten, alle menschlichen Beziehungen funktionierten nach der dort verwendeten Grundregel: Wenn du das Ziel erreichst, kannst du alles haben, was du willst. Wenn sich dann herausstellte, dass es im wahren Leben etwas komplizierter zugeht, entwickelte ein Teil von ihnen echte Ressentiments, sodass sich aus Online-Kumpeltum eine Art Selbstmitleids-Bruderschaften bildeten, die ihrem Abscheu gegenüber Frauen mit Online-Mobbing Luft verschafften. Schon seit zwanzig Jahren fallen mir auf Messaging-Plattformen immer wieder die abseitigsten Kommentare über Frauen auf.

Zum Glück ist die Open-Source-Gemeinschaft nicht in dieses Abseits geraten, aber es kommt immer wieder vor, das Investigatoren von der kontrafaktischen Internetgemeinde verbal angegriffen werden. Besonders bösartige Pöbeleien und Anfeindungen richten sich dabei gegen Frauen. Die Chefredakteurin von Bellingcat, Natalia, macht jedenfalls diesen Umstand dafür mitverantwortlich, dass sich vor allem in der Anfangszeit ganz überwiegend Männer für unser Feld der Online-Recherche interessiert haben. Frauen, die sich zu weit aus dem Fenster lehnten, wurde massiv angegriffen, erinnert sich Natalia.

Bellingcat war immer bemüht, sich gegen diesen Trend zu stemmen. 2015 brachten wir in großer Aufmachung eine Aufforderung an die Open-Source-Gemeinde heraus, in der wir mehr Chancen und Führungsrollen für Frauen einforderten. Eine unserer freien Mitarbeiterinnen, Rayna Stamboliyska, die in Paris als Consultant für Risk-Management arbeitet und vorwiegend über Cybersicherheit schreibt, hat eine Liste von dreißig Frauen zusammengestellt, die als Pionierinnen der Open-Source-Investigation von Anfang an dabei waren: Frauen, die bei der BBC, Reuters, ProPublica, Channel 4 News, Storyful, First Draft News, Columbia University, MIT und anderen Organisationen arbeiteten. Allein durch die Zusammenstellung dieser Liste setzte Rayna ein Zeichen, mit dem sie die Produzenten von Nachrichtensendungen, Talkshows, Think Tanks und andere Veranstalter daran erinnerte, auch an diese Frauen zu denken, wenn sie Leute in ihre Sendungen oder zu Konferenzen einladen oder wenn sie selbst hochqualifizierte Investigatorinnen einstellen möchten.

Zu Beginn meiner Tätigkeit verfügte ich über keinerlei Mittel, irgendjemanden einzustellen, daher war ich in puncto Mitarbeit auf Leute angewiesen, die sich freiwillig zur Verfügung stellten. Seitdem Bellingcat finanzielle Unterstützung und eigene Einnahmen hat, habe ich mich bemüht, einen Mitarbeiterstab auf- und auszubauen. Bei unserem fünfjährigen Bestehen 2019 hatten wir die Parität von Männern und Frauen erreicht. Was die Erweiterung des Mitarbeiterkreises anbelangt, liegt mir im Moment viel daran, ihn sozusagen auch geografisch zu erweitern, indem wir Mitarbeiter aus Asien, Afrika und Lateinamerika anwerben.

Mir wird oft die Frage gestellt, ob Bellingcat nicht die Konkurrenz von Nachahmern fürchten muss, hinter denen finanzstarke Medienkonzerne stehen. Das macht uns keine Sorgen: Bellingcat hatte nie den Ehrgeiz, mit großen Medienimperien zu konkurrieren. Wir hatten von Anfang an zwei Ziele: Zu welchem Thema auch immer Faktenbeweise zu finden und den Bereich der Open-Source-Investigation auf viele weitere Themenfelder auszuweiten. Seitdem haben wir viel erreicht, und zwar in beiderlei Hinsicht. Als Pioniere auf diesem Gebiet haben wir immer noch große Vorteile, weil wir als Knotenpunkt eines Netzwerks von Experten, Beobachtern, Menschrechtsaktivisten, Akademikern und engagierten Bürgern fungieren, die stets bereit sind, sich selbst an Recherchen und Ermittlungen zu beteiligen.

Ich erhalte laufend E-Mails von Leuten, die fragen, wie und ob sie freiwillig bei Bellingcat mitarbeiten können. Bisweilen fordern wir unser Umfeld direkt dazu auf, sich an einem Projekt zu beteiligen, beispielsweise wenn es darum geht, Fotos oder Gegenstände oder Hintergründe auf Fotos zu identifizieren, um Fälle von Kindesmissbrauch aufzuklären und die Verantwortlichen zur Rechenschaft zu ziehen. Wir sind stets bemüht, immer mehr »einfache« Bürger als Freiwillige in die Arbeit von Bellingcat miteinzubeziehen. Anderen Organisationen ist es bereits gelungen, große Erfolge in dieser Richtung zu erzielen, insbesondere *Amnesty International*, die mittlerweile sowohl über ein »Digital Verification Corps« verfügen, das hauptsächlich aus Unistudenten besteht, die bei Open-Source-Ermittlungen zusammenarbeiten, als auch über eine »Decoder Platform«, zu der jedermann Zutritt hat und wo es darum geht, nicht leicht verständliche Texte, Zeichen, möglicherweise geheime Codes zu entschlüsseln. Für die nahe Zukunft hoffen wir, die Expertisen unserer Freiwilligen mit der Effizienz lernender Maschinen kombinieren zu können. Wenn es Bellingcat gelungen ist, in einem Youtube-Video einen wertvollen Bildbeweis zu entdecken – zum Beispiel den Einmarsch oder Truppenbewegungen in einem Gebiet, wo bestimmte Truppen angeblich gar nicht vor Ort sind oder operieren –, dann könnte man mithilfe von KI umfangreiche Datenbanken mit anderen Videos ähnlichen Inhalts durchkämmen lassen und erhielte relativ schnell eine Liste von ein paar hundert Clips. Diese könnten wir dann in einer Sektion für Freiwillige einstellen, sodass diese Mitarbeiter das vorgefilterte Material genauer unter die Lupe nehmen könnten. So ließen sich zum einen große Mengen Bildmaterial verarbeiten, zum anderen könnte so eine Gruppe von Freiwilligen besonders befähigte und kenntnisreiche Investigatoren vorschlagen, die in komplexen Fällen ihr Spezialwissen zur Verfügung stellen. Vor allem anderen aber ermutigen wir alle unsere Mitarbeiter und Teilnehmer, auf der Grundlage ihrer Kenntnisse eigene Recherchen zu betreiben und ihre Kenntnisse anschließend mit uns zu teilen.

Inzwischen besetzt Bellingcat eine Nische und eine Position, die nicht leicht zu definieren ist. Wir sind keine richtigen Journalisten, wir sind auch keine hauptamtlichen Menschenrechtsaktivisten, auch keine Computerexperten, Archivare, keine wissenschaftlichen Forscher, justiziellen Ermittler, sondern eine neuartige Mischung aus allen diesen Bereichen. Die Bellingcat-Methode hat sich weit über die Ursprungsprinzipien von »Identifizieren, Verifizieren, Erweitern« hinausentwickelt. Wir verfolgen eine sowohl ethische wie gesellschaftliche Mission und zielen vor allem darauf ab, Verantwortlichkeit festzumachen. Wir wollen die Vorhut der Open-Source-Investigation bleiben. Wir haben den Ehrgeiz, große Enthüllungsgeschichten herauszubringen. Wir suchen stets nach Beweisen und bestehen auf dem Vorrang von Fakten. Wir wollen eine Firewall gegen Desinformation errichten. Und wir wollen so viele Menschen wie möglich ermutigen, bei uns mitzumachen.

Das Ganze hat mit einer Freizeitbeschäftigung angefangen. Inzwischen sind wir Bellingcat. Aber das ist erst der Anfang.